Human Resource Management in Public Sector

Fourth Edition

21世纪公共行政系列教材

公共部门人力资源管理

中国人民大学行政管理学系 ◎ 组编
孙柏瑛　祁凡骅 ◎ 编著

（第四版）

中国人民大学出版社
· 北京 ·

总　序

历史经验表明，发展水平和现代化水平越高的社会，公共行政也越发达，因而就越需要公共行政科学。公共行政科学对我国经济和社会发展的重要性，正随着我国社会主义现代化进程的推进而日益显现出来，并呈现出良好的发展前景。

公共行政是对政府及其他社会部门、社会公共事务的组织与管理。行政管理学是研究和运用于国家事务、社会公共事务的管理科学与艺术。它通过研究、传播行政管理的知识、艺术信息，培养公共行政的职业人才，改善政府和社会公共部门管理、服务的质量，提高效率，最终达到实现公共利益的良好目的。

在传统社会中，公共行政管理和其他领域中的管理一样，主要依靠管理人员的经验和悟性。现代行政管理要求从业者具有与其相适应的职业道德和品质，要求管理人员掌握适应这种管理要求的知识和技能。从当前来看，随着社会的政治民主与科学技术的全面进步，公共行政的职能迅速扩展，公共行政部门迅速增加，公共行政中的分工协作日益增强，社会对政府公共行政质量的要求越来越高，“职业化”成了公共管理领域的一个重要趋势，不经专门化的教育培训，就不可能胜任管理岗位的要求。所以，在现代社会，通过专门教育培养专业型的公共行政管理人才，不仅是时代的迫切要求，也是人们的共识。这是由公共行政自身发展的规律所决定的，公共行政教育成为公共行政职业化的主要途径。

中国人民大学是我国改革开放以来，率先在国内开展行政管理学教学与科研的高校之一。1990 年，中国人民大学行政管理学研究所成为国内第一家行政管理硕士学位授予单位，1998 年，中国人民大学行政管理学系又成为第一批博士学位授予单位，形成了本科、硕士、博士和在职岗位培训多种教育层次，具有公共行政的理论与实践、中国行政管理与改革、公共政策、公共组织与人力资源管理、比较公共行政等多个研究方向。所有这一切，是社会发展对政府和其他公共组织管理的职业化的迫切需要，从而也是对行政管理学教育迫切需要的结果。

自威尔逊以来，公共行政学经历了100多年的发展历程，在此发展历程中，可谓百家争鸣，多重典范竞存。公共行政学的内容也因社会改革与发展而日新月异，美不胜收。今天，公共行政学呈现出整合政治学、管理学、社会学、心理学、经济学、文化学、哲学、信息科学等多学科理论与方法的特性，成为一门方法多元、内容丰富、学派林立的学科。在科学发展的殿堂之中，公共行政学获得了重要的席位。

为了传播公共行政的理念、理论、方法与技术，适应中国社会公共行政职业化教育、发展与训练的需要，我们组织编写了"21世纪公共行政系列教材"，教材范围涉及公共行政学科的基本层面。

"21世纪公共行政系列教材"的编写坚持理论联系实际的科学精神，紧密追踪国内社会变革的实践，及时吸收国际上新的有益的学术思想，在我们长期教学与科研的基础上，在我们与国内外兄弟院校学术交流的基础上，力争有所突破，再上新台阶，再创新水平，站在时代和学术前沿的起跑线上。我们热切希望公共行政学界和实际工作部门的同志们给予批评指正。在这里，我们谨向"21世纪公共行政系列教材"的读者、学习者和批评者致以敬意。

"21世纪公共行政系列教材"编委会

第四版前言

1999 年，《公共部门人力资源管理》首版问世，迄今已有 14 年，感谢读者对本书的厚爱，使它成为国内众多高校公共管理、公共事业管理和行政管理等专业本科生、硕士研究生以及培训进修生必修课程的教材。伴随着莘莘学子学业和生涯发展之路，本书与他们一起成长。

1998 年是新中国成立后行政管理体制改革历史上留下浓墨重彩的一年。那年，政府经历了一次较大规模的以精简和重组为主题的机构改革，政府职能转变与权责关系配置问题广受瞩目，同时受到关注的还有公务员的去留及其途径。这促使大家思考政府改革中的人事管理发展的方向和进路，期待政府能够实现高水平、高效率人事管理目标。而那时，人力资源开发与管理对国人而言还是一个十分生僻的领域，本书的出版发挥了新知识普及的作用，人力资源开发的理念、思想培养了新一代的公共管理者和领导者。知识的传播让人力资源开发与管理观念成为公共组织的实践行动和改革议程，这让笔者感到十分欣慰。

在本书修订的过程中，中国人民大学出版社朱海燕编辑为笔者提供了大力的支持和帮助。她不仅无私地提供了大量建议，而且亲手制作了专栏模版供我们参考。编辑辛斐提供了很多具体而热心的服务；编辑孟庆晓对书稿进行了专业的审读和编辑加工。正是中国人民大学出版社诸位编辑的努力工作，让《公共部门人力资源管理（第四版）》更加规范、更加精致，更具有可读性。在此，笔者对她们致以深深的感谢！

公共部门人力资源管理实践发展日新月异，本书虽竭力包容重要知识点，但难免挂一漏万。书中有不妥之处，敬请广大读者和专家批评指正。

孙柏瑛

2013 年 5 月于中国人民大学求是楼

第三版前言

公共部门人力资源管理是一套不断回应现实实践问题而获得自身发展动力的知识体系。适应复杂的外部环境变迁，面向组织发展的战略目标，开发组织人力资源的能力，提升组织员工的综合素质，是公共部门人力资源管理的特质所在。故此，在人事管理作为一个独立的研究领域并转型为当今的人力资源开发与管理模式的一个多世纪里，组织人力资源管理的发展历程就是不断经历挑战，回应、解决问题，适应环境，发展知识以及管理工具的螺旋上升的过程，展示着特定环境中组织人力资源管理的成长方向。

本教材的第三版即是当今公共部门人力资源开发与管理知识演进的综合体现。承蒙读者的多年厚爱，《公共部门人力资源管理》成为大家认同的精品教材。然而，近年来，随着公共部门改革的提速，政府的开放性和透明性不断增强，公共部门人力资源管理从理念思维到技术工具都在快速更新。为了满足读者对公共部门人力资源管理新知识、新技能、新方法的需求，教材修订的内容也动态地反映了知识体系中新的变化。其中，新修订的第三版对中国公务员制度的发展完善、公共部门人力资源战略管理议程、绩效管理与绩效考核目标和技术、组织人员培训与开发技术、公共部门员工薪酬规划和管理等内容进行了较大幅度的知识更新，期待能够给读者带来更有价值的管理知识。

中国人民大学出版社公共管理分社的编辑们为敦促本教材的修订付出了大量的努力和心血，衷心致谢！

孙柏瑛

2009 年 9 月　北京　太阳园

目　录

第二篇　公共部门人力资源战略与配置

第三篇　公共部门人力资源的获取、激励与发展

第四篇 公共部门人力资源的保障、维持与流动

导论

公共部门人力资源管理的性质

0.1 公共部门人力资源管理的含义与特性

0.1.1 人力资源与人力资源管理的一般含义

“人力资源”是现代社会颇为时尚的管理术语。但是，人们对它的定义并不完全相同。有人认为，人力资源是在现有生产过程中投入的劳动力的总量，即现有组织内的劳动人口存量；有人则认为，人力资源是在一定区域范围内所有具有劳动能力的人口的总和，既包括现有在生产过程中投入的劳动力人口，也包括即将进入生产过程的潜在的劳动人口和暂时失去工作职位但仍有劳动能力的失业或待业人口等。这样看，前者注重的是现实的人力资源构成，而后者则从更广泛的意义上使用人力资源范畴。

目前，人们通常从广义角度理解人力资源的内涵，以重视各种不同存在形式的人力资源的发展状态。因此，一般意义的人力资源的含义是，在一定范围内能够作为生产性要素投入社会经济活动的全部劳动人口的总和。它可分为现实的人力资源和潜在的人力资源两部分。现实的人力资源是指一个国家或一个地区在一定时间内拥有的实际从事社会经济活动的全部人口，包括正在从事劳动和投入经济运行的人口以及由于非个人原因暂时未能从事劳动的人口，他们有时被称为“劳动力资源”。潜在的人力资源则是指处于储备状态，正在培养成长，逐步具备劳动能力的；或虽具有劳动能力，但由于各种原因不能或不愿从事社会劳动，并在一定条件下可以动员投入社会经济生活的人口总和，如在校的青年学生、现役军人、从事家务劳动的家庭妇女等。

一个国家或地区的人力资源有两个基本构成要素。第一个要素是人力资源的数量，这是标志人力资源总量的基础性指标，是人力资源量的特征。一国的人口数量与广义的人力资源数量呈明显的正相关性，反映了国家人力资源绝对量的水平。而人力资源的相对量是指现实的人力资源数量在国家总人口中所占的比重。现实人力资源数量投入得越多，就意味着就业人口越多，表明该国家或地区经济发展具有一定优势。第二个要素是人力资源的质量，这是衡量一国人力资源总体素质的指标，反映人力资源质的因素。人力资源的质量因素对于国家和社会发展的作用比人力资源的数量因素更为重要。人力资源的质量综合体现在劳动者个体和人力资源整体的健康情况、知识水平、技能水平和劳动态度四个方面。提高一国人力资源的质量是现代人力资源发展的重要目标和方向，尤其是在以信息、知识和技术密集为特征的知识经济时代。

“人力资源管理”是国家和各种组织对本国或本组织未来和现在的人力资源进行统计、规划、投资、成本收益核算、培训、使用、保障、研究和发展等一系列组织、决策的活动。宏观的人力资源管理是指国家对人力资源整体的管理，它立足于社会经济发展的总体规划，有计划地投资于人力资源管理领域，开拓人力资源培养、继续教育的路径和专业，保证人力资源整体结构的适应性与合理性。微观的人力资源管理是指组织对其管辖范围内的人力资源进行的各种管理活动。其中家庭作为人力资源培养投资的重要来源之一，也是微观人力资源管理和成本效益核算的一个方面。

现代人力资源管理的理念与价值，是建立在 20 世纪中叶以后西方经济学家对人力资本理论论证的基础之上的。美国经济学家西奥多·舒尔茨在人力资本理论领域作出了重大贡献，他的著作《由教育形成的资本》和《论人力资本投资》等，比较全面、系统地提出了人力资源发展的理论和人力资源对经济增长与社会丰裕所具有的巨大意义，奠定了现代人力资源管理的基础。舒尔茨被公认为“人力资本理论之父”，并于 1979 年获得了诺贝尔经济学奖。

人力资本理论要义

人力资本投资对于人类社会进步具有决定性作用。从二战后的历史经验看，单纯从自然资源、资本资源和技术资源等生产要素的投入，无法探明现代社会生产力提高的全部原因。一个极为重要的要素被经济学家们遗漏了，这个要素就是人力资本。由此得到的新观念是，资本总体上可分为物质的（货币的）资本和人力资本两大部分。

人力资本获得是投资开发的结果，构成人力的知识和技能是一种资本形态。作为一项经济活动，人力资本的取得不是无代价的，其成长过程需要消耗各种稀缺的资源，也就是说，需要消耗资本投资。人力投资是对获得人的知识、能力和素质付出的各项货币形态的开支。人力即是投资的结果。因此，并不是一切人力资源都是重要资源，只有通过一定方式投资，掌握了知识、技能的人力资源才是生产要素中最重要的资源。

人力投资的结果是将货币资本或财富转换为人的知识和能力形态，使人力具有了使用价值与价值。人力资本投资的核算集中体现在人力资源身上的知识、技能、资历、经验、工作熟练程度等因素。当人的素质既定后，人力资本则可以表现为从事工作的总人数以及劳动力市场上的总工作时间。

人力投资是国家或组织为开发人力而进行的资金和机会安排。从货币形态看，人力投资表现为组织为提高人力资本的增值率而提供的各项开支，例如教育、培训支出、保健支出和劳动力迁徙支出等。

人力投资的目的是要获得投资收益。经验表明，人力资本投资的预期收益率往往高于其他生产要素的投资。

在舒尔茨之后，人力资本理论得到了长足的发展，著名的理论还有加里·贝克尔的“人力资源的微观经济分析理论”以及爱德华·丹尼森的“人力资源的经济统计分析理论”等。

人力资本理论带来了整个人事管理的价值革命。这一革命首先发生在企业界，然后推广至公共行政组织。人们对传统的人事管理模式和理念进行了创新，开辟了现代人力资源管理的新天地。正像著名的管理学家彼得·德鲁克在《亚洲华尔街日报》撰文的题目那样：“传统的人事部门，再见!”

0.1.2　公共部门人力资源管理的内涵

公共部门的人力资源管理是整个社会人力资源管理系统的一部分。对“公共部门”的界定，决定了本书人力资源管理的研究范围，因此，我们必须从公共部门的概念与范畴解释入手进行研究。

公共部门是相对于私营部门的一种重要的组织形态。在比较传统的意义上，公共部门是以公共权力为基础、以公共财政拨款维持运行的组织体系。公共部门的公共权力产生于社会，并凌驾于社会，公共权力具有明显的强制性。公共部门的存在具有合法性，它们依法管理社会公共事务，不以市场取向或利润、营利为存在的目的，其目标是谋取社会公共利益，对社会与公众负责。因此，其产出是维持社会存在与发展所必需的公共物品、公共秩序与安全、社会价值的分配。这样的界定，一般将拥有公共权力、执行社会公共事务管理与各种纠纷的裁决等职能的部门视为公共部门。在一个国家中，立法机关、行政机关、司法检察机关等，构成国家政权的组织体系。而随着国家行政权的扩大和行政机构在社会经济、政治、文化等各方面管理功能的放大，政府作为公共部门的这一角色变得越来越突出了。

第二次世界大战后，随着行政权的扩大，政府管理经济与社会各方面事务的形式也发生了重大变化。政府转变了传统的“守夜人”和社会生活的仲裁者的角色，直接介入了人们社会生活的各个方面。政府直接投资办企业，提供公共物品；直接开办公立学校，使更多的平民子女接受国民教育；授权委托其他社会组织分担一部分社会事务管理责任。因而，具有原公共部门一部分内在性质的组织范围明显扩大了。在广义上，它包括国家政权组织，尤其是管理社会公共事务的行政组织，同时也包括由政府直接投资、在所有制形式上属于国有的公营企业、公立学校、公立医院与得到行政授权的机构等。

由此可见，公共部门是泛指拥有公共权力、依法管理社会公共事务、以谋取社会的公共利益为目的的组织体系，以及由政府投资开办、以国有制形式运作的公营企业、公立学校、公立医院等组织体系。

在本书的论证过程中，我们考虑了公共部门具有的一般特性；在写作中，又突出了国家行政机关人力资源管理的地位与性质，即将国家行政机关的人力资源管理作为主要的分析模型。同时，我们也兼顾阐述了国有企业、事业单位人力资源管理环节中的特定规范，如职位评价体系、工资体系等。

之所以这样选择，是基于以下思考：第一，国家行政组织在公共部门中的地位日益重要，而其人力资源管理的大多数方面都具有公共部门人力资源管理的普遍性、一般性和代表性，如人力资源规划、人才甄选录用、人力资源开发、培训，等等。第二，随着行政组织社会公共事务管理范围的扩大，行政组织中人力资源的数量、种类和专业也呈复杂趋势。政府不仅使用行政事务管理人员，而且更多地使用各类专业技术人员。因此，我们将政府作为公共部门人力资源管理的范本，力求把握公共部门人力资源管理的特性与本质。当然，我们也没有忽视公共部门其他组织体系人力资源管理独具特色的方式、措施与手段。

因此，我们将本书的公共部门人力资源管理定义为：以国家行政组织和相关的国有企事业单位人力资源为主要分析对象，研究管理机关依据法律规定对其所属的人力资源进行规划、录用、任用、薪酬保障等管理活动和过程的总和。

我国的事业单位及其人事管理改革

在我国，事业单位是属于公共部门的一个庞大的组织体系。据统计，截止到2005年底，我国事业单位总计125万个，工作人员超过3 035万人。近年来，从业人数不断增加。其中，专业技术人员1 983.7万人，占全国专业技术人员总数的47.3%。

事业单位是相对于企业单位而言的。根据《事业单位登记管理暂行条例》（国务院第252、411号令），事业单位是指国家为了社会公益目的，由国家机关举办或者其他组织利用国有资产举办的，从事教育、科研、文化、卫生、体育、新闻出版、广播电视、社会福利、救助减灾、统计调查、技术推广与实验、公用设施管理、物资仓储、监测、勘探与勘察、测绘、检验检测与鉴定、法律服务、资源管理事务、质量技术监督事务、经济监督事务、知识产权事务、公证与认证、信息与咨询、人才交流、就业服务、机关后勤服务等活动的社会服务组织，具有一定公益性质。组织机构大致可以分为财政全额拨款、参照公务员、差额拨款和自收自支四种类型。

目前，我国事业单位面临着改革，须明确其组织的性质和角色地位。由于事业单位分布领域广、种类繁杂、功能不一，相互间的差异极大，所以事业单位必然遵循分类改革、分类管理的原则。2011年，事业单位分类改革在全国铺开，而伴随着组织的转型，组织内的人力资源管理模式也将出现相应的变化，在雇佣制度、招募制度、绩效制度和薪酬制度、退出制度等方面发生改变，逐步形成与组织性质相一致的人力资源管理方式。

公共部门人力资源管理包括宏观管理和微观管理两部分。宏观的公共部门人力资源管理是指，整个公共组织系统为了保证其工作的性质与人力资源的整体结构相互匹配以及发展的需要，对公共部门内外的人力资源供求状况进行宏观和中长期统计、预测、规划，制定人力资源管理的基本制度、政策、管理权限和管理标准，维持公共部门人力资源管理、流动和人才市场的秩序，其目的是奠定和发展公共部门人力资源管理的良好环境。微观的公共部门人力资源管理是指，每个具体的行政组织、政府工作部门以及其他相关的企事业单位，依法对本部门内现实的人力资源进行开发、管理的活动和过程。宏观的公共部门人力资源管理与微观的公共部门人力资源管理不是截然分离的两个体系，而是有机地结合在一起的，它们互为条件、相互保障，共同形成公共部门人力资源管理系统。

公共部门的人事管理以往通常使用“人事行政管理”这一概念，而今天我们使用“公共部门人力资源管理”这一术语，是否只是追求一种时尚呢？不是。如前所述，“公共部门人力资源管理”概念的使用，是建立在全新的理论与管理思维之上的，它带来的是公共部门人事管理理论和实践观念的全面更新。

（1）人事行政管理将人视为一种成本或生产、技术要素，是对组织资本资源的消耗，而人力资源管理则将人本身看做资源，与其他物质资源的一次性开发、使用不同的是，人力资源可以持续不断地开发和有效使用，它本身就能够给组织带来巨大的投资回报和效益。

（2）人事行政管理一般将组织的工作人员看成是被动的工具，他们的存在无非是要满足组织工作的需要，与组织工作相比，人的地位是附属性的，因此，在人事行政管理过程中，组织比较强调管制、监控等方面的功能。人力资源管理将组织中的人作为组织发展的主体，人与工作相比，前者具有广泛的能动性，他们身上形成、赋有和可以开发的知识和技能，使他们能够主动地适应不同种类与性质的工作的需要，完成组织的工作任务。因此，人力资源管理注重的是塑造组织人才成长的环境，尊重员工主体地位的态度和发展激励、保障、服务、培训等引导性、开发性的管理功能。

（3）人事行政管理的内容比较简单，主要包括录用、考核、奖惩、薪酬保障等管理活动；人力资源管理的内容则大大地丰富了，不仅包含人事行政管理的基本内容，而且适应现代社会发展和人力资源发展的需求，重视和增强了一些新的管理内容，如公共部门人力资源的预测与规划、人员测评与人员甄选、人力资源的开发培养、人力资源投资收益分析等，使人力资源管理与组织发展紧密地结合在一起。

（4）人事行政管理强调的是组织成员的现状，比较注重现有人员的使用，而不重视其素质的进一步开发；人力资源管理强调的是人力资源使用和开发并重，既要充分发挥现有人员的智慧和才能，又要充分挖掘人员的潜能，使其在未来发展中具有较大的弹性，这就是现代人力资源管理的“全方位拓潜”的功能。

0.1.3　公共部门人力资源及其管理的性质

公共部门的人力资源是国家人力资源总体结构中的一部分，因此毫无疑问，它具有一般人力资源所具备的一切基本性质。这些性质反映了人力资源本身的内涵、属性、实质与基本特征。只有把握人力资源的性质，才能进一步明确人力资源管理的性质与作用。人力资源的一般性质表现在以下方面：

（1）人力资源生成过程的时代性与时间性。任何人力资源的成长与成熟，都是在一个特定的时代背景条件下进行的。一个时代的社会状况，包括经济的、教育的、文化的因素，都会影响和制约在这个时代中发展起来的人力资源，对一代或几代人力资源的价值观念、道德观和认知方式等产生影响，并体现在他们的工作行为和劳动态度上。人力资源生成的时代特征，意味着人力资源管理不能脱离其管理对象的时代性。只有明确时代留给他们的长处和不足，才能在人力资源不断开发的过程中确立目标和方向。同时，人力资源具有的知识、能力不是一下子就能生成与拓展的，人力资源的培养既需要资金投入，也需要时间。

“80后”与“90后”有什么不同

“80后”与“90后”将逐渐成为职场的主力军，他们能够担当重任吗？对他们认知方式和行为模式的比较，是当下坊间一个热门话题。为此，零点研究咨询集团董事长袁岳作了一番阐述：

	态度与价值观	优势	不足
“80后”	更有见识、更有主见、更强调表现自己是有价值观的独立存在、更强调说服和辩论的沟通模式、更强调变化和探索价值、更接受享受与奋斗间的平衡	善于探索，组合信息；勇于挑战权威；平等对话，诠释自由；善于利用网络，淡化虚拟与现实之间的差距	缺乏人情世故；缺乏社会上朋友；缺乏社会性实践体验；缺乏为他人服务的意识；缺少职业图景和职业爱好；缺少扎实的技能；自我为中心
“90后”	信息敏感、探索时尚；乐观面对未来；合意组群与社会冲突，情绪化与外观趋向；技术兴趣与技术投入；重视自我、强调个性；强有力的直接和间接购买力；整群一致性与认同	对于人情世故优于“80后”，更愿意与长辈交流；比起“80后”的孩子气，“90后”更像大人；平均11岁上网，拥有更广阔的见识；更强调关系协调与组织行动力，更敢于行动，更加社会化	相当一部分孩子更加缺乏礼貌和尊重
管理	钦佩知识型、说服和影响型领导；亲身体验式管理的前提；管理要点：共好、后学、乐作、迎领		

资料来源：http://wenku.baidu.com/view/9fa278c65fbfc77da269b14b.html。

（2）人力资源的能动性。能动性是人力资源一个根本的性质，体现了人力资源与其他一切资源的本质区别。所谓能动性就是说，当人力资源作为生产要素的一部分进入生产过程后，他在一切活动中居于中心位置，起着主导的作用，能够发挥引导、操纵、控制其他资源的功能。能动性隐含着这样的思想：在各项人类社会活动中，人力资源是唯一具有创造性的因素，他能够顺应一定的社会历史条件，同时也能够创新和发展社会，改变不合时宜的陈规陋习。正是人力资源特有的能动性质，使人类社会不断地前进。人力资源管理的目的旨在运用有效的激励和开发机制，拓展人力资源的创新能力。

（3）人力资源使用过程中的时效性。每个人的一生都要经历一些特定的生理和心理发展阶段，每个发展阶段都有成长的特性。而其中有一个时期是人的生理与心理都比较成熟的阶段，处于这一阶段的人不仅年龄适当、体力充沛，同时随着工作经验的积累和素质的提高，各方面的工作能力也渐入佳境。在这个时期，人力资源的能力达到最高点，要求被组织及时地开发和使用，即组织应对其委以重任。如果组织储之不用，或没有充分使用，一方面按照素质衰退理论，其才能会逐渐退化，甚至消失；另一方面，过了最佳的生理、心理时期，人力资源的综合素质能力就开始从顶峰下降。这就是人力资源使用的时效性。因此，如果组织不注意这一点，将会导致人力资源的浪费，甚至会影响到组织工作的绩效以及发展目标的实现。

（4）人力资源开发过程的持续性。与物质资源的一次性开发不同，人力资源可以在其成长和使用的过程中不断地进行开发。人力资源开发的持续性表明了这样一个基本的假设：人力资源身上具有多种潜在的素质，他们在工作中表现出来的往往只是冰山一角，更多的能力由于缺乏适当的使用环境而被压抑了。因此，组织可以通过各种渠道和方式，促使人力资源的素质能力在使用过程中被不断地被开发出来。当人力资源经过每一次新的开发后，其素质能够不断积蓄起来，以往开发出来的素质会在新的开发中附加地发挥作用，这称为人力资源的“蓄电池”理论。

（5）人力资源闲置过程的消耗性。与物质资源明显不同的是，人力资源在其闲置的过程中仍需要不断地耗费其他各种物质性资源才能维持生存。这种消耗性意味着，即使一部分人力资源处于闲置状态，如未得到使用或暂时失业，其组织或社会也必须为其付出必要的经济性补偿和物质保障，由此提出了人力资源管理中培训转岗、强化再就业措施以及建立社会保障体系的意义。

（6）人力资源的特殊资本性。人力资源作为一种经济性的资源，既具有资本的属性，又与一般形态的资本存在着重要的区别。资本所具备的三个最突出特点，人力资源同样具备。1）它是投资的结果和产物。人力资源质量的高低，完全取决于投资的程度，这是由人的能力获得的后天性导致的。2）在一定时期内，它能够不断地给投资者带来收益。这种收益不一定直接地表现为货币形式，也可能以非货币的形式出现。3）在使用中会出现有形磨损和无形磨损。在人力资源的使用过程中，劳动者自身的衰老是有形磨损，而知识和技能的老化就是无形磨损。同时，人力资源又不同于一般形态的资本。一般形态的资本普遍存在的收益递减的规律，就不适用于人力资源。在现代社会经济发展中，实践印证的结果是，人力资本体现了收益递增的规律，它的收益份额大大超过了自然资源和资本资源。这是由人力资源的高增值性特征所决定的。

（7）人力资源的高增值性。人力资源的高增值性体现在，人力资源的经济价值呈不断上升的趋势。劳动力的市场价格在上升，人力资源投资收益率在上升，劳动者自己可支配的收入也在上升。其中，高质量人力资源与低质量人力资源的收入差距明显地拉大。

与此同时，由国家政权组织自身性质所决定，公共部门中的人力资源具有除上述一般性质以外的特殊性质。这一特殊性质表现在，公共部门人力资源的政治性和道德品质要高于国家人力资源整体的平均水平。

公共部门的人力资源掌握着公民和国家赋予的公共权力，执行国家制定的法律和大政方针，在社会价值的权威性分配中发挥着重要的作用。公共部门人力资源行为的过程和结果，直接关系到政府的公共形象和合法性。因此，在公共部门人力资源的获取、使用和开发过程中，对政治素质和道德素质的要求，构成其自身性质中极其重要的部分。它反映了公共部门的人力资源必须拥有较高的理论水平、政策水平、法律观念、政治品质、道德觉悟、为公众服务的热情以及端正的工作态度和优良的工作作风。如果说上述公共部门人力资源具有的一般性质说明了政府人事行政管理的机制与方法、措施与手段的意义，那么，公共部门人力资源的政治品德与职业道德素养则是公共部门人力资源管理内在本质的要求。

公共部门人力资源管理也具有一般管理的性质和作为公共部门组织形态的特殊管理性质。一方面，人力资源管理的一般性体现了各种组织在人事管理上的共同性。如在管理过程中有“入口”、“在职”、“出口”三大环节的划分，设立了组织竞争、激励、保障、开发等管理机制，以及人事选拔、测评、考核、奖励的一些具体管理措施、方法和技术等，这些在包括公共组织在内的各种组织的人事管理中表现出明显的一致性，反映了组织对人力资源管理一般属性的共同认识。

另一方面，如前所述，公共组织本身具有的特性和公共部门人力资源的特殊性，使得公共部门的人力资源管理有其独特性。第一，公共部门是一个横向部门分化、纵向层级制的庞大的组织结构体系，而这样一个体系又是按照完整统一的组织原则建立起来的，它意味着组织必须目标统一、领导指挥统一和机构设置统一。因此，合理划分职责与权力是政府管理体制的必然要求。划分人事行政管理权限，建立相关的管理制度，明确职责范围，是实施完整统一原则的具体表现，是公共部门人力资源有效管理的基础。同时，以此为基础建立起与公共组织体例契合的纵横交错的人力资源主管部门，在上级机关的统一领导下，承担着不同部门、不同层级的人力资源管理职能。由此可见，任何其他形态的组织，其人事权的划分和人事管理部门的构造，都无法与公共组织人事行政机构的复杂性相比。第二，国家制定专门的法律和法规对公共部门人力资源的行为进行规制，保证他们依法合理地行使行政管理和人事管理的权力。第三，在公共部门人力资源的具体管理中，体现出了自身的性质。如针对政府组织的工作性质与公职人员的政治要求，强化了其德才的测评、考核与培训的方法和技术；针对公共部门产出的非量化性特征，公共部门人力资源管理必然会发展出适用于公共组织的绩效评价指标。

0.2 公共部门人力资源管理的理念与目标

0.2.1 “人性”假设理论与公共部门人力资源管理理念的发展

公共部门人力资源管理的对象是人和人的行为。对人的本质如何认识，决定着管理者怎样看待自己的管理对象、选择什么样的管理理念以及使用什么样的管理手段。“人性”假设理论是关于人本身的特性的理论，它的发展代表了现代管理理念的发展，在其思想基础上，人们提出了人力资源管理应遵循的价值原则。自 19 世纪晚期以来，随着现代管理科学的兴起与发展，先后出现了四种“人性”假设理论，同时也产生了完全不同的人事管理思想和模式。

1. “经济人”假设与X理论包含的人事管理理念

“经济人”假设又称“理性—经济人”（rational-economic man）假设。这种假设起源于享乐主义的哲学观点，受到19世纪合理主义的影响。此假设的基本观点是，人的一切行为都是为了最大限度地满足自己的利益，人工作的动机是为了获得经济报酬。著名管理学家麦格雷戈在他的著作《企业的人性面》一书中，以X理论对“经济人”假设的基本观点进行了概括。

“经济人”假设认为，在工作中的多数人十分懒惰，总是设法逃避工作；多数人没有雄心大志，不愿承担任何责任，心甘情愿地受他人指导；组织中个人的目标与组织目标相矛盾；人们工作只是为了满足经济上的基本需要。总之，人是自我利益的驱动者，不可能也不会自觉地达成组织目标。

因此，在“经济人”假设指导下，组织管理与人事管理选择了以下管理理念：组织要促使员工为组织服务，必须使用强制性的管理措施，即制定严格的工作规范，加强各种纪律和管制，用权力和控制体系引导员工；使用“胡萝卜加大棒”的人事政策，使用工资、奖金等金钱刺激提高员工士气，对消极怠工者给予严厉惩罚。这种人事管理方式的重点是，强调对人的控制，不考虑人的感情，认为人的需求是单一的，因此，人事管理机制的设计范围和力度极为有限，管理手段过于简单。

2. “社会人”（social man）假设及其包含的人事管理理念

“社会人”假设的基本出发点是，人的需求满足绝非如“经济人”假设所说的那样，只有金钱或物质这个唯一来源。事实上，人的社会性需求的满足往往比经济上的报酬更能激励组织员工。

“社会人”假设的基本观点是：人们工作的动机是满足社会需求，即满足人们安全、社会交往和社会认同的需求。这些需求本身要通过与同事的人际关系和组织认同实现；员工对其同事的社会影响力的重视程度，超过对管理者给予的经济诱因和组织控制力量的重视程度；员工的工作效率随着其上司能满足他们的社会需求的程度而改变。

由“社会人”假设引导的组织与人事管理理念是：管理者不仅要关心工作任务和工作效率，更要关心人，关心他们的情感；不能只注意指挥、监督和控制，也要了解员工的社会需求，提供多种激励源泉；重视员工之间的人际关系，培养和形成员工对组织的归属感和合作精神。因而，这一理论提出了激励的重要性，在人事管理中，强调尊重员工的价值，激发他们的合作精神。这是比“经济人”假设管理方式进步之处。

3. “自我实现的人”（self-actualizing man）假设与Y理论包含的人事管理理念

“自我实现的人”假设认为，人都具有充分发挥自己潜力、表现自己才能的要求，即除了社会需求之外，充分运用自己的各种能力，实现自我价值，也是员工激励满足的重要源泉。麦格雷戈的Y理论归纳了“自我实现的人”假设的基本观点。

一般的人都是勤奋的，他们喜爱工作，工作引起的满足感使其自愿工作；如果工作环境有利，则工作带给个人的满足感很强；控制和惩罚不是实现组织目标的唯一手段，人们在工作中能够自我指导和自我控制；人们在适当的条件下，不仅会接受某种职责，而且会主动寻求职责；大多数人具有并能发挥高度的想象力、聪明才智和创造性，其自我满足和自我实现的需求往往以达到组织目标作为最大报酬。

在这种假设下，组织与人事管理选择的管理理念是：组织对员工积极性、创造性的诱导比直接对其控制和监督更为重要。因为只要提供了这一激励，员工完全有能力承担责任，并以完成具有挑战性的工作目标而自豪。在此过程中，组织实现了工作目标，而个人获得了自我满足。它暗示着诱导比明文的控制更为有效。因此，人事管理的作用在于进行动机的引导，提供人才良性发展的环境，开辟员工自我实现的通道。与“经济人”假设强调管制、监控、惩罚等途径相反，“自我实现的人”假设确立了员工在组织中的主体地位，发展了以人为本的管理模式，对现代公共部门人力资源管理的理念选择具有重要的意义。

4. “复杂人”（complex man）假设及其包含的人事管理理念

“复杂人”假设认为，人是复杂的，不仅不同的人彼此各不相同，而且一个人本身在不同的地点、时期也会有不同的表现。人的需求随着各种变化而改变。

在“复杂人”假设的基础上，人们提出了超Y理论，它的基本观点是：人的需求是多种多样的，随着人的发展和生活条件的改变，其需求会发生变化；每个人的需求各不相同，需求层次也因人而异；人在同一时间内有着各种需求和动机，这些需求和动机会发生相互作用，并结合为统一的整体，形成错综复杂的动机模式；人在不断变化的环境中会产生新的需求和动机，在不同的组织中也会产生不同的需求。因此，管理人员必须根据不同的人，灵活地采取不同的管理措施，随机制定相应的管理方式，这就是现代管理中的“权变”思想。

在结合了“人性”假设的各种理论后，现代人事管理，包括公共部门人力资源管理确立了以下管理理念：第一，必须认识到，管理者与被管理者、个人目标与组织目标不是对立、矛盾的，通过合理、有效的管理，其完全可以融合在一起，彼此互为条件、互为发展。第二，以人为本的管理理念应成为一种观念，贯穿于人力资源管理的始终。这是因为，一方面，人是组织的第一资源和组织生产力的重要因素，只有调动人的积极性和创造性，才能从根本上促进组织的发展；另一方面，人的自我实现是社会发展的终极目标，是社会进步的标志，因此，组织设计的管理机制，势必要将组织发展与个人发展有机地联系在一起，这是组织合作主义的要义，也是组织发展的前景和目标。第三，对员工的发展要求，必然像Y理论指出的那样，运用管理措施为员工创造良好的工作与发展环境，即保障员工的合法权利，关心其工作生活质量；建立激励机制和人才开发机制，在重视组织的长期发展需求的基础上，重视人力资源的培训。只有同时具备上述三个基本的人事管理理念，组织事业才有可能成功。

0.2.2 公共部门人力资源管理的基本原理

在现代人力资源管理理念的指导下，人们经过长期的管理实践，逐步总结出人力资源管理的基本规律和运行规则，这些规律与规则在公共部门同样适用。我们应将其视为人力资源管理的基本原理或原则，在人力资源管理活动中加以重视和贯彻。

1. 强化人力资源战略管理原理

人力资源管理是实现组织战略目标、提升组织长期战略发展能力的重要途径和手段。只有形成组织人力资源管理的战略定位，建立以能力为本的组织人力资源发展战略框架，人力资源管理任务才能确定，影响组织人力资源发展的问题才能明确，各个管理环节才能有序展开。

战略性的人力资源管理要求将组织的人力资源战略规划与制定放在整个管理过程的优先位置，将人力资源战略与组织发展战略和愿景有机整合起来。人力资源战略管理要求管理者把握环境状况，分析发展趋势，了解内外部顾客需求，理解组织文化和组织成员的期望。在此基础上，提高组织人力资源能力和绩效，创造组织的良好工作环境和人才发展环境。

2. 要素有用、同素异构原理

根据现代行为科学的基本理论，我们认为，在组织中工作的每个个人身上都有自己的性格、能力、情感、意志等特征。一般而言，这些个体的要素都是有用的，关键在于是否存在着发挥要素长处、避免要素弱点的环境。从要素有用原理引申出的人力资源管理思想是，管理者和被管理者必须认识到，虽然每个人的能力有大小，但是，只要在适宜自己能力的岗位上工作，他们就能够发挥最大的价值。管理者要善于了解、把握员工的要素特征，使人力资源得到有效的开发和使用。

同素异构原理是指，要素因在空间上的排列次序或结构形式发生变化，会引起完全不同的组合结果，甚至要素会发生质的变化。如化学中常看到的，由于几种化学元素的组合方式不同，得出的化学实验结果也完全不同。如果要素有用原理告诉我们如何使用每个个体身上的能量，那么同素异构原理则告诉我们如何针对工作性质和组织目标的要求，将不同的能量要素以适宜的方式组合起来，发挥协作叠加的功能与优势。同一组员工的能力要素可以以多种形式组合在一起，不同的组合方式得到的管理结果可能完全不同。因此，管理者在管理中应突破思维习惯和惯例的约束，依据组织目标，寻求比较理想的人与人、人与事之间的组合形式，发挥人力资源管理的最佳效益。

3. 德才素质统一原理

要素有用、同素异构原理阐明了素质组合对组织发展的重要性，而素质组合必然以个体、群体的内在素质构成为基本条件和基础。德与才是公共部门人力资源素质的主要内容。虽然每个国家的政府组织对人力资源管理措施规定的具体标准不尽相同，但是对政府公职人员德才兼备的要求却达成了基本共识。

德才兼备原理是指，在人力资源管理活动中，把组织个体乃至群体人员的德的素质与才的素质有机地统一起来，作为育才、选才、用才的决定性内涵和标准，使组织人力资源的德、才素质不断优化，发挥其相得益彰的作用。德的素质包括个体与群体的政治品德、伦理道德、个性品德三个基本方面；才的素质包括智力、知识、专业与综合能力等。

德才素质的统一，意味着在人力资源使用和开发过程中，公职人员的德、才条件是不可或缺、不可偏废的。“德”保证公职人员活动的方向，是“才”发挥的指导方向。有才无德的人，缺乏良好的政治品德和伦理道德，往往会利用职权谋取个人利益，损害国家与政府的形象；而“才”是“德”的重要表现形式，没有“才”，难以在为公众服务的行政管理活动中有所作为。正所谓德才兼备，德以才附，才以德领。

4. 能级匹配、适才适用原理

能级匹配、适才适用原理是现代管理中人本思想的具体体现和运用，它保证各种类型、各种层次的组织成员得到合理的与最大限度的使用。

能级匹配原理是指，根据员工个体能力的大小和能力的种类，科学地将其安排到相应职级的工作岗位上去，使其能力与具体的职位相称，从而达到人尽其才、各尽所能的管理目的。显然，能级匹配是适才适用实现的基础和条件，或者说，是适才适用原理实现的手段。没有能级与职位的相互适应关系，员工的适才适用就成为空谈。

能级匹配、适才适用原理要求管理者能够准确、全面地掌握下属的能力结构和特长。值得注意的是，有的管理者由于对人本思想的错误理解或热衷于搞平衡，在人事管理中往往不愿意突出下属的能力差异，这是与人本思想相违背的。承认能力的差异，是能级匹配、适才适用的前提。管理者只有遵循能力与工作性质的有机组合要求，才能充分发挥员工的特长，真正调动员工的积极性。

5. 开发与使用并重原理

开发与使用并重原理是指，在人事管理活动及其资源配置上，根据社会经济发展及管理的需要，将人力资源的现实使用和不断开发联系在一起，二者互接互补、相辅相成。人力资源开发是为了人力资源的使用，而人力资源的使用又为人力资源开发指明了方向。

正是人力资源开发与使用的观念，使现代人力资源管理区别于传统的人事行政管理。管理者从中认识到，只注重人力资源的现实使用，而忽视其发展，不仅违反人力资源作为一种资本形态的性质，而且使组织在未来发展中缺乏后劲和持续增长的能力。因此，管理者必须高度重视人力资源使用和开发的双效增值作用。

6. 激励竞争、动力发展原理

上述各种“人性”假设和相关的管理理念虽然存在着较大的差异，但有一点是共同的，即管理者必须试图了解是什么构成了人员为组织工作的动力源泉。管理者已经普遍认识到，没有激励和动力源泉，人力资源就无法发展。动力机制一方面来源于组织能够满足人员不同层次的期望和需求，另一方面则来源于组织创造一种良好的竞争环境，激发、鼓励人们充分发挥自己的积极性、主动性和创造性，展示自身的潜能。通过激励管理，公共部门能够创造组织与人力资源发展的生机和活力。

0.2.3 公共部门人力资源管理的目标与基本任务

公共部门人力资源管理的目标紧紧围绕着政府组织社会服务与社会管理的目标。人力资源管理的目标定位应是，获取与开发政府行政管理工作需要的各类、各层次人才，建立政府组织与公职人员之间的良好合作关系，从人力资源上满足社会经济发展对政府提出的要求，满足政府组织管理和发展的目标，同时，满足公职人员个人成长和发展的需求。

现代公共部门人力资源管理的基本任务有以下几个方面：

（1）建立、开拓和完善公共部门人力资源选择、使用、发展的有效秩序和良好环境。人力资源管理的环境与秩序是人力资源顺利成长和合理使用的基础。只有建立了这一基础，人力资源的各种管理措施才能是有效的。

公共部门人力资源管理的环境与秩序包含三个方面：1）人力资源管理的基本规则。它是指在整个人力资源管理的各项活动中，管理部门依据什么样的原则和思想来指导管理活动，公共部门人力资源依据什么标准和途径被选拔、任用和晋升。它决定了人力资源的来源和发展方式。现代公共部门人力资源管理确立了法治化的管理规则和行为准则，从而提供了一种理性、客观、公正的人力资源管理环境。2）公共部门人力资源的管理体制。它通过人事管理权的合理划分，明确了人事管理部门的法定职责和权限，保证了人力资源管理职能的有效履行。3）公共部门人力资源管理的各种管理机制。管理机制将现代人力资源管理的理念贯穿于具体的管理措施和管理方法之中，它设计了与组织发展相配套的人力资源发展路径以及所需的相关资格，提供了人力资源积极进取的保障体系和动力机制。正是这样的管理环境，保证了公共部门人力资源管理从事着基本管理任务。

（2）求才。求才就是公共部门人力资源的管理部门通过各种渠道，为政府获取治国的优秀人才。一方面，它要求扩展人才来源的社会基础，保证政府从社会中广泛获取优秀人才，为此，公共部门运用了公开考试、公平竞争、择优录用的人才选拔方式；另一方面，对于行政管理中涌现出来的优秀公职人员，应委以重任，使政府获得宝贵的治国安邦人才，为此，公共部门开辟了功绩考核、晋升唯功的人才发展路线。

（3）用才。公共部门对已经获得和选用的人才，通过一定的管理措施充分、合理地加以使用，努力做到用人不疑，尽量发挥公职人员的潜能，使人尽其才。只有用好人才，组织才可能求得人才和留得人才。为此，组织设计了职位分类、人事任用、考核考绩、职务升降、奖励惩戒等管理环节和措施。

（4）育才。公共部门在使用人力资源的同时，还要对人力资源进行不断的开发和培养，使人力资源适应社会发展与政府发展的需要。公共部门育才的主要方法就是人力资源的培训和继续教育。

（5）留才。通过有效的管理措施，将优秀人才留在公共部门，防止因人才大量外流而带来的政府人才短缺。为了实现留才目标，人力资源管理需要建立、完善公职人员的保障、激励机制，给优秀人才以成长、发展的空间和动力。留才是对上述几项管理任务实现状况的综合评价，如果管理部门没有完成渴望求才、合理用才、科学育才等管理任务，那么，就无法期望政府能够留住人才。总而言之，我们不能将人力资源管理的任何一项管理任务从管理整体中割裂开来，否则，它会影响到管理的其他环节甚至全局。

公共部门人力资源管理的基本任务和环节如图 0—1 所示。

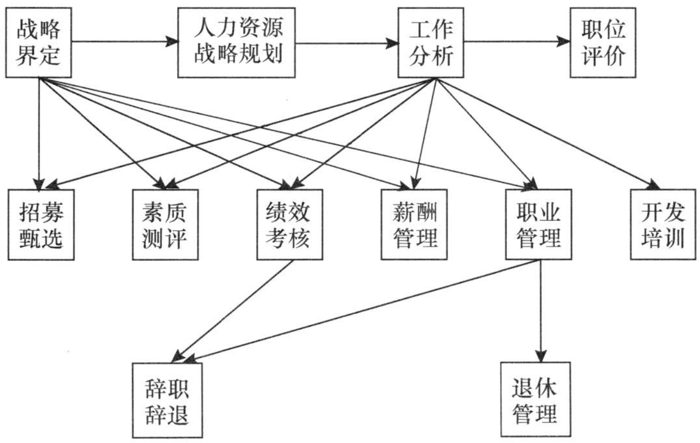

图 0—1　公共部门人力资源管理的基本任务和环节

0.3 公共部门人力资源管理与政府生产力的提高

政府生产力是一个反映政府综合管理能力和绩效结果的指标。本节着重探讨公共部门人力资源管理与政府生产力之间的关系，由此说明公共部门人力资源管理的地位和重要性。

0.3.1 政府生产力的含义与要素构成

政府生产力（government productivity）是一个比较复杂、很难用一句话说清楚的概念术语。它包含了很多要素，具有很多方面的意义。学者们往往在不同的使用环境下，突出政府生产力概念的某一方面的意义，如有的将生产力视为效率、效能，有的则将生产力视为活动过程中的经济性或成本节约性。可以说，这都从某个方面揭示了政府生产力的实质，但又不是政府生产力的全部内涵。面对这一研究上的挑战，我们试图从以下几个方面分析、理解和说明政府生产力的含义，包括其内涵与外延：

（1）从字面的意义上看，政府生产力意味着这种组织形态通过其应有的活动，对社会发展作出贡献的能力和水平。对于政府组织而言，其统治能力和行政管理能力应是其生产力的重要体现。显然结果导入是分析生产力问题的必经途径。

（2）结果导向：效率和效能是政府生产力的核心内容和重要标尺。虽然效率和效能代表了组织一定生产力水平的作用结果，是生产力产出的标志，常常被作为组织生产力测定的“分支标准”[①]，但却是政府生产力包含的核心内容，也是政府生产力提高的目标所在。换句话说，效率和效能是政府生产力水平的测量依据。效率表明政府在从事行政管理活动中投入的各种要素或资源数量与其产出结果之间的比率关系，而效能意味着政府活动的产出结果所具有的贡献和效益。政府应有检测投入与产出之间关系的标准和机制，它能够建立并强化政府“成本—效益”的意识和观念。但是作为一种特殊的组织形态，政府生产力体现的效率和效能又说明了什么？为此，我们还需进一步关注以下方面的问题。

（3）目标导向：政府生产力的政治目标。政府生产力的产出不像经济组织生产力的产出那样，只通过经济性的（如经济的、效率的、成本节约的、利润的）指标就能够体现出来。政府作为社会价值权威性分配的组织，首先要明确的是政府为谁服务，为社会中的哪些人提供价值。政府在提高生产力的同时，是否促进社会公平的实现。由此可见，政府生产力的政治目标，在很大程度上决定了政府生产力发展的方向及其测量的标准。正是由于政治目标和公共需求的原因，使得政府生产力的测量标准变动极为复杂，难以量化，很难单纯用中性的效率原则来评价它的好坏与得失。但我们认为，如果政府生产力的政治目标已确定，在从事某项具体的政策执行或管理活动中，效率依然是测定政府生产力水平的关键标准。

---

① John Burns, *Asian Civil Service System: Improving Efficiency and Productivity*, Singapore: Times Academic Press, 1994, p. 63.

(4) 过程导向：政府生产力是各种要素的投入过程。政府生产力的提高不仅只反映在产出的结果上，而且贯穿于整个政府体系的全部活动过程，贯穿于生产力要素投入的每一个环节。它要求组织中的每一项要素或资源投入满足经济的、成本节约的原则，同时强调组织的每一项管理都是提高政府生产力的不可缺少的部分。因此，政府生产力管理是一个过程、一个系统。

由此，我们对政府生产力的含义作一个概括：它是指政府组织在一定的政治目标下，通过各项生产力要素或资源的投入，进行各项管理行为，从而对社会产生的效率或效能等积极的效果。在宏观层次上，政府生产力以特定的政府组织为参照系，表现为整个政府活动的成绩与效果，包括政治的民主与稳定、经济的健康稳定发展、人民生活水平和生活质量的持续提高、社会公正与平等、国家安全与社会秩序的改善、文化发展和精神文明水平的提高等；在微观层次上，政府生产力则表现为一个特定的政府机构或工作部门取得的工作成就或效果，包括经济性、效率或客观社会效果、服务质量、服务对象的满意程度，等等。

政府生产力的要素构成主要是，政府组织在管理过程中投入的资本、物资、科学技术手段、管理环境与管理手段、公共部门的人力资源等，它们在提高政府生产力水平中发挥着重要的作用。尤其是人力资源的管理与开发对政府生产力具有举足轻重的意义，这取决于人力资源的能动性与特殊资本性。所以，有的学者十分形象地称，公共部门人力资源管理与发展是政府生产力的活水源头。

0.3.2　公共部门人力资源管理与政府生产力的提高

公共部门人力资源管理与政府生产力水平提高的相互作用关系，表现在以下方面：

(1) 公共部门的人力资源是促进政府生产力提高的第一要素。在影响政府生产力水平的诸多要素中，公共部门的人力资源是最首要的要素。之所以这样讲，是因为人自身的特性及其在组织发展中的重要地位。1) 人力资源是其他生产力要素的掌握者和使用者。人力资源能够开发先进的科学技术，运用先进的工作方法和管理手段，依照一定的意志投入资金和物资。因而，与其他生产力要素相比，人力资源拥有毋庸置疑的主动性或能动性。2) 人力资源本身就是作用于组织生产力的资本资源，人力资源所具有的高增值性和效益递增性同样是其他生产力要素所无法比拟的。

正是由于人力资源在组织生产力中的重要地位，许多学者将政府生产力管理狭义地定义为人力资源的管理与开发，视之为围绕着组织绩效提高而进行的人力资源管理的原则和技术，如共识管理、公职人员素质和能力分析、团队精神塑造、考核考绩制度的改进、业绩工资和其他激励措施、公职人员的培训和发展等，借以突出人力资源管理与开发对政府生产力水平所具有的意义。

(2) 政府生产力目标确定了公共部门人力资源管理与开发的方向。政府生产力目标提供了公共部门活动和服务质量的标准与方向，从而决定了为实现这一服务标准投入各种要素的数量和必须具备的质量。其中，政府生产力目标对人力资源素质水平的要求是关键性的。显而易见，只有当人力资源的数量、素质结构、专业种类与生产力要求的标准相一致，才能够保证既定目标的实现。

（3）公共部门人力资源的品德素质、行为能力与行为规范等是政府生产力水平提高的基础、条件和手段。政府组织的任何一项行政管理活动都离不开人去推动。作为实现政府生产力目标的一个根本手段，人力资源自身的素质和人力资源管理的水平与政府生产力的高低状况密切相关。1）公职人员的政治品德和道德良心关系到他是否按照目标的规定，兢兢业业地为公众服务，以其责任心客观、公正地执法，从而影响到政府工作的成效。2）公职人员的知识水平、业务素质、技能手段、工作方式方法，关系到他是否有能力胜任政府的各项管理活动，能否高效率地产出公共产品或服务，能否使服务对象满意。因此，政府的生产力水平的外化表现，必然是公共部门每个公职人员工作效率和质量的综合。

公共部门人力资源的管理部门承担着依据政府工作性质的要求选人、用人的职能，因此，它如何选人、用人，选用什么样的人，直接影响到政府生产力水平的高低，关系到政府生产力目标能否实现。

（4）公共部门人力资源的不断开发是政府生产力水平持续提高的源泉。在一个组织中，生产力持续提高的途径包括科学技术手段的进步、资金投入形成的新产品开发和人力资源的开发。其中，人力资源的开发对组织生产力的持续提高具有决定性的意义。只有开发了人的主动性和创造性，才能将人类具有的无限的创造力用于科学技术的开发和新产品的开发。公共部门人力资源的不断开发，适应了社会发展对政府组织服务不断提高的要求，保证了各项政府管理工作的有效开展，因而，它也是保持和发展政府生产力水平的动力源泉。

（5）人的自身发展是政府生产力提高的目的。如上所述，人力资源是政府生产力提高的手段之一，同时，政府生产力提高的根本目的是为了人，为了人的发展和人的自我价值的实现。一方面，政府生产力的提高能够促进社会的安定、有序和发展，为整个社会公众的生活水平和生活质量的提高提供良好的环境；另一方面，政府生产力的不断提高也为公职人员充分发挥其潜能、满足其多层次的需求开辟了道路，更形成了公共部门人力资源良性发展的环境。因此，我们说，政府生产力的提高要以人为本，一切为了人。

0.4 本书的结构安排与主要内容

本书的框架依据公共部门人力资源管理的环境秩序建设以及人力资源管理的功能划分，分为四大部分，我们用“篇”来表示，每一篇都有相对独立的主题，使现代公共部门人力资源的各种管理机制阐述得更为清晰。而每一部分的相互联系则使公共部门人力资源管理成为一个系统和整体。

在导论中，探讨了公共部门人力资源管理的性质和特征，描述了公共部门人力资源管理系统的构成及其与外部环境之间的互动关系，研究了现代公共部门人力资源管理遵循的基本理念和管理理念，试图说明公共部门人力资源管理对于政府组织生产力的提高所具有的意义。导论通过对公共部门人力资源内涵和范围的界定，明确了公共部门人力资源管理的研究对象。

第一篇，在讨论公共部门人力资源性质和环境的基础上，对公共部门人力资源的宏观管理制度安排以及法治化管理的目标，公职人员以及管理机构遵循的法律规范进行了深入分析。

第 1 章，分析了公共部门人力资源管理的制度选择。以英国、美国政府的人事行政管理和中国公务员制度的改革与发展为典型案例，探讨了公共部门人力资源管理制度对国家政治管理和行政管理的重要作用；阐明了现代国家的政府为什么将国家公务员制度作为公共部门人力资源管理的基本制度选择，其中的基本精神和管理机制如何适应了人力资源管理的性质要求。

第 2 章，研究公共部门人力资源管理的法治化问题。力图说明为什么公共部门人力资源管理要将法治化这一社会管理与治国的普遍原则引入其中，它的重大意义何在。根据人力资源管理法治化的要素，分别阐述了国家公务员法的基本形式与性质，国家公务员与国家形成的法律关系以及因此获得的法律地位，公务员管理机构的法定职责权限等。

第 3 章，在第 2 章的基础上，进一步探讨了国家公职人员由其法律关系和地位而形成的特有的权利、义务和行为规范。分析了公务员的权利、义务、行为规范对于行使行政管理职责与权力、保障公职人员个体的发展以及维护公职人员合法权益的重要作用。描述了有关法律规范和行为规范的共同性与作用方式的差异互补性。

第二篇，以公共部门人力资源战略管理的问题和视野为出发点，详细阐述了公共部门应按照什么样的标准对公职系统的人力资源进行合理的资源配置，以达到事得其人、人尽其才、人事相宜的人力资源管理、开发目标。本篇明确指出了人力资源战略框架下，公共部门人力资源分配功能的实现及其采用的技术手段。

第 4 章，全面阐释了公共部门人力资源战略管理。从公共部门人力资源战略问题的界定入手，介绍了当代著名的战略管理理论与思想，借助这些思考，深入分析了公共部门人力资源战略管理应对的各种环境因素，确立了公共部门人力资源战略的着力点，进而详细讲解了公共部门人力资源战略制定的方法，指出了人力资源战略实施的程序，说明了人力资源战略评价的必要性和重要性。

第 5 章，详细介绍了公共部门的工作分析与职位评价的主要内容和技术方法。工作分析和职位评价是公共部门人力资源管理的基础，也是我国人力资源管理有待加强的环节。本章从组织图的编制到工作分析再到职位评价，详尽阐述了当今流行的工作分析、职位评价程序方法，并附有相应的优劣评价和适用范围说明，注重了各种方法的实用性和操作性。

第 6 章，讲述了公共部门的人员分类管理制度。以品位分类和职位分类为中心，介绍了两种分类制度的产生发展过程及制度特色，并对我国公务员分类制度作了详细介绍和分析说明。

第三篇，探讨公共部门人力资源如何获取，当他们进入公职系统以后，公共部门又是通过哪些管理措施和手段对他们进行合理的开发与使用，激励他们发挥自己的潜能。

第 7 章，阐述了公共部门人力资源的获取——招募与甄选。介绍了建立在组织人员规划基础上的人员招募方式、程序及甄选的技术方法，并专辟一节对我国公务员的录用制度作了详尽的评价说明。

第 8 章，从员工绩效考核在公共部门人力资源战略管理中的意义入手，以当代员工绩效考核的最新发展为背景，系统、全面地讨论了员工绩效考核的方法和流程等重要问题。

第 9 章，讲述了公共部门人力资源的培训与开发。除了论述公共部门人力资源培训的类型、重要性和组织保障体系外，为适应培训实践的需要，着重讨论了公共部门人力资源培训的技术与方法。

第四篇，探讨公共部门人力资源权益维护、经济保障和合理流动的管理功能。介绍这些功能在人力资源管理中所处的位置，以及它们体现出来的现代公共部门人力资源管理为公职人员发展服务的本质。

第 10 章，对公职人员的工资、保险、福利进行了分析研究，介绍了工资等级制度和工资形式的主要内容，阐述了包括养老保险、失业保险、工伤保险、医疗保险、生育保险在内的主要保险制度，分析了福利制度的原则和内容，并对我国公职人员工资、保险福利制度进行了分析评价。

第 11 章，描述了公共部门人力资源交流调配的形式和适用的管理对象，以及每一交流渠道所遵循的特定条件等。此外，还阐述了公共部门回避管理的作用和回避的各种可行方式。

第 12 章，介绍了公职人员的辞职、辞退和退休制度。这是对公共部门人力资源出口管理的研究。分析了辞职、辞退、退休的功能、条件和相应待遇，着重阐述了我国公职人员辞职、辞退、退休制度的内容和特征。

本章小结

今天，人们对人力资源管理的性质和重要性已经有了更为深刻的认识。在人力资本理论的推动下，人力资源管理制度如火如荼地发展起来。公共部门人力资源管理的兴起，使得传统以“事”为中心、强调员工是成本以及员工应被动适应工作的人事行政模式，逐渐让位于倡导作为组织资源的员工不断进取，以提升组织绩效的人力资源管理模式。

公共部门是一个庞杂的组织体系，公共部门多样化的组织性质和面对的多样化的环境，使得公共部门人力资源管理系统并不只有某种单一的管理模式和形态。根据公共组织特定的目标、结构和任务性质，人力资源也选择相应的管理形式，所以，公共部门人力资源管理模式也是多样化的。

作为对组织最重要资源的管理，公共部门人力资源管理对于推动公共组织发展具有重大意义。人力资源管理不再是被动地适应现有工作的需要，它将发挥更加积极、主动和决策性的作用。人力资源管理利用其不同方面的机制和功能，为提高公共组织的生产力水平、推动公共组织的改革、创造人才发展的环境发挥着它应有的作用。

思考题

1. 人力资源的概念和性质是什么？
2. 人力资本理论及其对现代人力资源管理兴起的影响是什么？

3. 人力资源管理与传统人事行政管理的区别是什么?
4. “人性”假设思想如何影响了相关的人事管理理念?
5. 公共部门人力资源管理试图达成什么目标?
6. 现代人力资源管理体现了哪些基本原则?

第一篇

公共部门人力资源管理制度与法律规范

第1章

公共部门人力资源管理的制度选择

公共部门人力资源管理制度是国家政治体制的重要组成部分。它确立了公共部门选才用才的根本原则，决定着公共部门人力资源成长的方式和路径。一个良性的政府人事管理制度安排，是国家政权稳固的支柱，能够获得人民的支持和拥戴。反之，不良的政府人事管理制度，不仅能够腐蚀整个政府，导致其丧失公众基础，而且会影响到整个社会的人才发展机制，阻碍社会的发展。世界各国都经历了艰难的探索，寻求着适合自身国情的公共部门人力资源管理制度，构筑着现代人力资源管理的基本精神。中国在社会主义市场经济建设的浪潮中，将国家公务员制度推上了历史舞台，使其成为中国政府人力资源管理的根本制度。

1.1 公共部门人力资源管理制度的含义与地位

1.1.1 公共部门人力资源管理制度的内涵

公共部门人力资源管理制度主要是指，在政府组织人力资源的任用和使用过程中，政党组织、国家政权组织与其他政治组织在人事管理权划分上形成的相对稳定的关系模式，也包括国有企事业组织在人事管理权上与政党组织、政府形成的关系模式。我们从以下方面进行理解：

（1）公共部门人力资源管理制度主要面对政府组织人事管理权的归属，以及归属范围等问题。我们这里所说的人事管理权主要包括人事任用的建议权、考察权和决定权以及人事晋升使用的考核权与任命权，其中心就是政府官员的任用制度。在实际运行中，人事管理权的归属可以体现国家人事行政管理制度的实质。

（2）在公共部门人力资源管理制度中，对政府组织人事管理权具有影响力的组织包括政党特别是执政党、国家权力机关、国家行政机关、其他政治组织或利益团体等。公共部门人力资源管理制度研究针对的是人事管理权在上述有影响力的组织之间是如何归属和分配的。其中，在现代政党政治下，政党与政府之间的人事管理权划分的关系格局，是管理制度最为重要的一个方面。

（3）在讨论政府人事管理权的归属范围时，我们可以将整个公职人员队伍按照职位层级或其担任的行政职务，划分为高级公务人员和中低级公务人员。探讨他们各自的人事管理权限是如何归属和划分的，是分析人事行政管理制度的一个要点。

（4）公共部门人力资源管理制度的主要依据和原则是什么？即是以“人治”的方式还是以“法治”的方式行使政府人事管理权，管理公职人员队伍？

（5）公共部门人力资源管理制度一旦形成，就具有相对的稳定性。其制度的部分内容可进行调整或完善，但根本的原则不可能随意改动。

（6）评价一种公共部门人力资源管理制度的优劣，主要看它选拔和使用的公职人员的整体质量和素质，以及它的人才发展机制和路径。归根到底，要看它对政府的工作是起着促进作用还是阻碍作用，是优化了政府人力资源的结构还是相反。

1.1.2 公共部门人力资源管理制度的主要模式

政府人事管理权归属的不同组合方式，构成了公共部门人力资源管理制度的不同模式。

（1）行政首长或行政组织中的人事主管机关执掌公职人员管理的所有权限。行政首长或行政组织中的人事主管机关通过选任、委任、考任、聘任等方式，经过一定的评价体系，将需要的人员任用到相应的工作职位上。在现实社会的政党政治下，政党特别是执政党势必要控制一定的人事管理权，在一定范围内决定和输送本党人员，以保证党的政策的有效执行。虽然，一些国家的政党不是亲自出面任免国家公职人员，而是通过在政党选举获胜后进入政府的行政首脑，依据政府的需要，建议、推荐和委任某些公职人员，并通过权力机关的表决程序对其进行认可，但是，政党在政府高级公务人员的任用中仍具有实际的影响力。

（2）政党组织，特别是执政党基本掌握了政府人事管理的主要权力。这种模式在东西方国家都曾经出现过。政党在人事管理权上高度行政化，几乎控制了政府人事管理的所有重要权力，行政机关在人事管理权上无自主性和独立性。它带来的问题是，由于人事管理权高度集中，且管理方式单一，造成政府工作中用人和治事的严重脱节，人事任用以党派关系和利益为主，阻塞了社会人才进入政府的机会和道路。而在西方政党轮流坐庄的情况下，还导致了公职队伍缺乏稳定性和连续性，使政府工作陷于低效率甚至瘫痪的境地。

（3）执政党与行政机关及国有企事业组织划分人事管理权限。人事管理权得到了划分，但根据各国政治体制的情况，权力归属的程度和范围不完全一样。政党与行政机关人事管理权划分的分界点，主要是依据高级公务员和中低级公务员的区别。政党在高级公务员的任用上拥有决定性的权力，而中低级公务员的管理由行政机关进行。其中，西方国家高级文官和中低级文官属于两个相对独立的管理系统，分途而治，不能互相流动。

(4)“人治”式的人事管理。无论是政党拥有较多的人事管理权限，还是政府拥有较多的人事管理权限，如果它们不以法治的精神和原则从事管理活动，都可能导致“人治”式的管理。人治管理的根本特征就是在人事任用中，以管理者的情感、偏好、亲疏关系和利益关系，或以被任用者的家庭背景、身份地位和政治关系，作为任用的根本原则。同时在管理中以管理者的主观随意性为本，不经过任何法定程序就作出人事裁决。它可能导致政府普遍的任人唯亲、裙带关系，严重腐蚀了公职人员队伍。政党组织在人事管理中如果将党的意志置于国家法律之上，不遵从法律规定和法定程序，就必然走向“人治”式的人事管理，对国家和政府损害巨大。

(5)“法治”式的公共部门人力资源管理，即依照法律的精神和原则从事人力资源管理活动。它将政党、行政机关及国有企事业组织的人事管理的权限、内容和过程都纳入法制的轨道，要求管理者遵守法律规定和法定程序，而不是按党派利益和个人意志行事。各国在历经百年的政府人事管理制度的探索中，已经认识到法治管理的重大意义。现代公务员制度的实行，实质上是对它所包含的法治管理精神的选择。

1.1.3 公共部门人力资源管理制度的地位和作用

(1) 公共部门人力资源管理制度，是国家政治制度与政治体制的重要组成部分。在任何国家制定的政治规范中，政府人事管理制度都是其不可缺少的部分。这是因为：1) 任何一个国家政权的建立和维护，都必然获得和拥有一批它所需要的人才。这正是中国古人的经验之谈：“为政之要，惟在得人”，“人在政举，人去政息”。人是立业之本，国家政权只有拥有人才，才能稳固和发展。正是由于人才对巩固政权的重要性，才使任何政权的统治都必须将用人制度纳入其政治制度中。2) 如前所述，政府的人事任用是各种形态的政治组织争相施加影响的领域。人事管理权是政治运行中的实体权力，组织对人事管理权执掌的范围与程度，可以从一个重要方面体现其政治实力和政治影响力的大小，换句话说，可以反映它在实际政治运作中的政治领导地位和价值的分配能力。因此，政府人事管理权的分配无疑是政治制度与政治过程的一部分，而且往往成为核心的部分。3) 国家的政治体制改革必然会连带地改革传统的政府人事管理制度，使国家人事制度与创新的政治体制相适应。

(2) 公共部门人力资源管理制度的确立，是影响政府人力资源的构成和素质的根本因素。如前所述，政府人事管理制度的核心是人事管理权的划分与配置，而人事管理权的分配又集中体现在国家的用人制度上，包括政府人才的获取来源、人才任用的标准和方式、人才成长发展的路径和机会等。归根到底，政府人事管理制度确定了什么人可以进入政府以及怎样进入政府。这就不难看出，政府人事管理制度是行政机关能否合理使用人才，促进人才发展的关键。合理的人事管理权划分、公平的管理环境和有效的管理机制，都能够促进政府从社会获得优秀的人才，并有利于人才的成长，实现政府公职人员队伍整体素质和结构的优化。相反，如果制度安排不合理、不科学，必然使人力资源无法有效地配置，造成人力资源的流失和浪费，从而降低政府的行政管理能力。

(3) 公共部门人力资源管理制度的确立，关系到社会的稳定与国家政权的稳固。由上述分析我们已经看到，政府人事管理制度的中心是其选官用人制度。这不仅能够影响政府的管理效率，更重要的是，它还会关系到政府是否能够得到人民的支持和维持政权的稳固。一方面，政府人事管理制度决定了公民是否有平等的机会进入政府，担任公职。如果政府公职像贵族政治那样，只对大家族、大士族开放，那么，它就失去了广大民众的基础，无法体现现代民主精神。另一方面，不正确的选官用人制度必然导致政府用人上的严重腐败，造成任人唯亲、裙带关系、结党营私、山头主义、以权谋私、卖官鬻爵等现象横行于世，而优秀人才日益受到压制，国家日益失去治国的栋梁之材。同时，政府越是腐败，它的用人制度也就越混乱。当问题积累到一定程度时，政府就会失去人民的支持，失去其合法性，国家政权就会处于不稳定之中。这不仅仅是理论的推演，而且也是在无数次政权更迭中得出的惨痛历史教训。

1.2　英美国家公共部门人力资源管理制度的演进

1.2.1　西方国家公共部门人力资源管理制度改革的背景

西方国家公共部门人力资源管理制度，是在借鉴了中国文官制度，特别是吸收了科举考试制度精华的基础上，在与君主、政党争取政府人事管理权的过程中，经历了几十年的探索和斗争，才逐步确立的。从 19 世纪中后叶英美等国公务员制度的建立到今天的一百多年间，国家公务员制度仍在进行着积极的改革，以求适应历史发展的要求，不断完善。

西方国家政府人力资源管理制度的改革，是资本主义社会经济、政治、文化发展的必然产物。它为政府的改革开辟了道路，成为政府改革的先导，而选择国家公务员制度是多种社会因素影响和作用的结果。

（1）国家公务员制度产生的社会经济基础。西方国家在完成了工业革命以后，资产阶级和其他社会阶层对政府提出了新的要求：一是随着社会化大生产的发展，政府的社会管理内容日益扩大，功能分化明确，客观上需要一支职业化、专业化的文官队伍来管理国家；二是为了保护社会生产力，资产阶级要求建立一个廉价而高效的政府，要求政府的公职向社会公开，赋予人们更多参与政治事务的权利和机会，这使得原有的政府人事管理制度已无法适应社会发展的要求了。

（2）国家公务员制度产生的社会政治根源。19 世纪以后，随着各主要资本主义国家相继形成了政党政治和官职的分赃制度后，政府中出现比较严重的混乱状态。竞选获胜的政党在组阁时，将官职作为战利品，合法、公开地进行分赃，给政府带来了一系列问题和恶劣的影响。1）出现了结构性的腐败。由于人事制度以个人的意志或党派利益为转移，因此在用人中出现了大量拉关系、贿赂公职甚至卖官鬻爵的现象，权力与金钱的交易泛滥于世，腐败严重。2）周期性的政治震荡。政府官员频繁更迭，处于高度不稳定状态，使得政府行政活动缺乏连续性和稳定性，随时有陷于瘫痪的危险。3）公职队伍人才匮乏，效率低下。任人唯亲和恩赐方式使大量无能之辈充斥政府，这些人只善于搞权术和拉帮结派，丝毫不顾公民的利益，使政府行政效率极其低下。这种状况是资产阶级和广大公众所不能容忍的，他们强烈要求改革政治，改革分赃和恩赐的用人制度。

(3) 国家公务员制度产生的政治文化基础。资产阶级大革命中提出的天赋人权、人人生而平等的思想，为现代文官制度的创立提供了主要的理论依据。民主主义思想形成的政治文化氛围，为公民争取平等的任职权利创造了社会环境。在西方各国中，英美两国的公务员制度改革具有比较典型的意义。

1.2.2 英国政府现代文官制度的选择与推进

英国在实行现代文官制度之前，曾经采用过三种政府人事管理制度，分别是资产阶级革命前的君主恩赐制、资产阶级革命以后的个人赡徇制、资产阶级两党政治建立以后的政党分赃制。

君主恩赐制是封建社会遗留下来的政府人事管理制度。政府的公职人员成为“君主的仆人”(crown's service)。政府的官职被作为君主手中的赏赐物，君主依据个人的意志、情感或与其亲疏关系，定夺官职的归属。而政府是否能获得优秀人才，全凭君主个人的智慧、能力和好恶。个人赡徇制是在资产阶级革命以后使用的用人制度。当时资产阶级的政党和议会制度尚未完善，而资产阶级在“光荣革命”后建立了君主立宪制，资产阶级向君主和旧贵族作了有限的妥协。君主、贵族和资产阶级政治首领手中都掌握着一定的人事权，争相委任官职是他们在政治斗争中扩大势力范围和占据优势的手段。个人赡徇制就是君主或资产阶级的政治领袖依据个人的力量和选择，向政府输送和委任官员的用人制度，实际上，它是君主恩赐制的延续，只是由单一的君主易位为君主和资产阶级政治领袖两个角色。随着现代两党政治和议会制度的建立，个人赡徇制被两党分赃制取代，即竞选胜利的执政党掌握了任用政府官员的权力。不论这三项制度有何差异，它们都是一种人治的、缺乏规范性的人事管理制度，它们导致的问题也都是任人唯亲、裙带关系、门阀政治、士族政治等腐败现象。它们的本质是一样的，都是以非理性化的因素，即任用者的情感、偏好、利益关系和被任用者的身份、背景等，作为官员任用的依据。

面对传统人事管理制度的弊端，英国政府着力于政府人事制度的改革。它的改革是在不断探索中，以渐进的方式进行的。首先，19世纪初期至19世纪30年代，为了保证官员具有一定的稳定性和连续性，在一些部设立了常务次官职务，地位相当于副大臣。由此发展为官员的两大分类，即政务官和业务官。其次，虽然有了官员的划分，但官员的任用仍无章可循，政党分肥之风干扰严重，任用制度改革迫在眉睫。政府需探索一条客观的、公开的、平等的任用官员的道路。1853年，麦考莱三人委员会考察了东印度公司的情况，受中国科举考试取士制度的影响，提出了改革东印度公司人事制度的报告，建议公开考试竞争取士。与此同时，财政大臣格拉斯顿授意斯坦福·诺斯科特爵士和查尔斯·屈维廉爵士，全面调查英国的政府人事制度，提出改革意见。1854年，他们写出著名的《关于建立英国常任文官制度的报告》，史称《诺斯科特-屈维廉报告》，提出建设性建议：第一，确立公开竞争的考试制度，文官通过此途径择优录用；第二，确立公务员考试和管理的统一标准，建立统一的文官制度；第三，以工作成绩和勤奋程度作为提升文官的依据；第四，将政府文官分为高级和低级两类，实行分途而治的原则。这些建议全面奠定了现代文官制度的基础。

但是，《诺斯科特-屈维廉报告》受到了政府中保守势力的反对。直至克里米亚战争爆发，英国军官的无能和失败激怒了公众，在自由主义势力的压力下，政府才根据《诺斯科特-屈维廉报告》颁布了一系列文官改革命令，实施了公开考试、择优录用和业务官与政务官分途而治、业务官实行常任制的措施。1870年，英国现代文官制度正式确立，它也是世界上第一个现代常任文官制度。

20世纪，随着社会的发展，英国的文官制度也在进一步发展和完善。其中有三个比较重要的事件：第一，借鉴了美国的职位分类制度，对以前分类比较粗糙的品位分类制度进行了改革，如1920年重新划分了业务类公务员的等级结构。同时，也实行了一些以工作性质分析为基础的分类管理措施，使公职管理更加规范化和科学化。第二，1919年成立全国公务员的“惠特利会议”。1917年政府为解决日益增加的劳动纠纷，组成了一个以下议院副议长惠特利为首的委员会，由劳资双方组成联合会议，用协商的方法解决冲突。这种联合会议被称为“惠特利会议”。1919年它被推广到公务员系统，成为公务员与政府组织之间关系对话、维护文官的合法权益、解决矛盾的重要通道。第三，1968年在威尔逊政府决心全面改革公务员制度的前提下，以富尔顿爵士为首的12人委员会提出了著名的《富尔顿报告》，指出英国以往的文官制度是建立在“通才”基础上的，现有官员大多来源于人文科学学科，缺乏现代管理知识和技能，他们占据了大多数高级职位；而各种专业人才遭到轻视，晋升困难。这已难以适应日益复杂、日益专业化的政府工作。改革方案要求建立“文官事务部”，在首相的直接领导下，进行文官管理和改革；成立文官学院，专门培训公务员，研究行政发展中遇到的问题；改革文官体系的结构，建立新的统一的职级制度；改善考任制等。撒切尔夫人执政期间，再度改革了文官主管机构，削减了文官的一部分权力。

英国《富尔顿报告》

1968年以富尔顿爵士为首的12人委员会，提出了一份关于全面改革英国文官制度的调查报告，即《富尔顿报告》。报告指出，由《诺斯科特-屈威廉报告》确立的英国文官制度存在一系列的问题，与政府管理的发展不相适应，这些问题包括：注重“通才”型人员，轻视专业人员；品位分类法不适应日趋专业化的行政工作；不重视文官的专门技能，使专家处于从属地位；文官缺乏管理技能；文官因与社会接触少，处于孤立和排他状况；人事管理不善；等等。报告共提出158条针对性建议，主要是：建立一体化的文官分类制度；按职责分工原则，将行政机关内部所属机构的某些职责，分配给行政机关外部有自主权的非所属机构；行政机关内成立“计划与研究处”，提高文官中的专家和管理人员职业化水平，使其接受较多的管理训练和担任重要职务；建立文官学院；建立由首相负责的文官事务部；重视专业管理；增加文官调动机会。英国政府在实际操作过程中主要采取了四项措施：成立文官事务部（后于1981年撤销）；取消品位分类法；建立文官学院；改革文官选拔方法。由于受到文官力量的阻碍，一些改革措施没有完全实现，这也导致了“铁娘子”撒切尔夫人上台后对保守的文官制度进行了更大力度的改革。

1.2.3　美国政府公务员制度的确立和发展

美国政府公务员制度的确立和发展经历了从政党分赃制到功绩制的曲折过程，它从 19 世纪 60 年代中后期开始，到今天的一百多年中，仍处在不断完善之中。

美国在 19 世纪 80 年代以前，也经历了两党轮流执政、官职轮流分赃而带来的社会黑暗时期。政党分肥不仅使腐败泛滥、世风日下，而且引发了被清洗的公务员刺杀总统的恶性事件。美国民主人士和社会各阶层要求改革政党分赃制的呼声日益强烈。1867 年，国会通过《官吏任期法》，规定经国会同意任命的官员，总统不得随意更换，必须事先经过国会的同意。如果总统对国会置之不理，国会可弹劾总统。1871 年，国会授权总统颁布命令，规定录用的公务员必须满足知识、能力、年龄、品德、技能、身体等方面的要求。此后，共和党党内分裂为“顽固派”和“改革派”，后者在竞选时公开提出了任人唯贤的思想，要求仿效英国的改革经验，主张实行考任制，以业绩和能力作为公务员成长的依据。官制改革的条件基本成熟。

1883 年，美国国会通过了《公务员制度法》，即著名的《彭德尔顿法案》，标志着美国公务员制度的确立。法律取消了政党分赃制，开始实行功绩制，这一原则一直延续至今。功绩制提供了人才公平、平等、竞争发展的环境，主张：第一，所有公务员个人求职者，不论其种族、肤色、宗教、性别、身份、年龄或身体缺陷，都应在人事使用的各个方面受到公平合理的对待。文职人员的任用，必须向全体人民公布，进行公开的竞争性考试，选用成绩优秀者。任何一级职位都对符合报考条件的人开放。第二，凡通过文官考试录用的官员，不得因政党关系等政治原因被革除职务。应保护其免受专横行动或个人好恶之害，保护其不会被迫为政党的政治目的进行活动。文职官员在政治上必须保持“中立”，禁止参加竞选等政治活动，禁止进行金钱的授受。第三，对公务员的评价着重于实际的工作能力和贡献，公务员管理机构对文职官员进行定期考查。第四，实行政务官和业务官的分途而治。1887 年威尔逊发表的《行政学研究》，提出了政治与行政的二分法，为公务员制度的合法化作了有力的理论论证。

美国《彭德尔顿法案》

《彭德尔顿法案》亦称《1883 年彭德尔顿联邦文官法案》，以负责法案起草的参议员 G. H. 彭德尔顿而得名。针对政党分赃带来的日益严重的贪腐、无能、特权等政治和管理问题，以加尔菲尔德总统遇刺身亡为导火索，美国政府立意改革政府官制秩序。

《彭德尔顿法案》规定，成立由两党成员组成的文官委员会，其中必须有反对党成员 1 人，任期 6 年；文官委员会直接向总统负责，担当文官管理条例制定和文官考试、录用的职责。法案确立了择优录用、中立性和功绩制原则，即公布待补文官职位缺额，通过公开考试择优录用文官，文官考核和工资以实绩为依据。经考试录用的文官实行常任制，由法律保障其职位，不得任意撤换；受到惩罚的文官，有权提出申诉等。委员会任命主考官1人，并设地方考试委员会；考试内容侧重专业知识，进入文官系统不必从最低级开始，高级文官重视专业才能。法案还对公务员试用制度、严禁考试作弊作出了明确规定。百余年来，法案几经修正，但其内涵的功绩制精神始终保存。《彭德尔顿法案》成为美国公务员制度的基本法。

美国公务员制度最大的特色是最早建立了比较规范的职位分类制度，通过工作分析与职位分类，试图建立一个以工作为中心、对公务员有客观的绩效测量指标、人员编制定量并实行同工同酬的规范的管理制度，使职位分类成为人力资源各个环节管理的依据和基础。由于职位分类工作极其复杂，这个制度在美国的建立和推行也经历了一个较长的过程。从1895年提出动议，到地方政府（芝加哥市）首先运作，再到美国国会讨论，最后于1923年正式通过了美国第一个《职位分类法》，并成立了人事分类委员会，推行职位分类制度。1949年，国会通过了新的职位分类法，对分类结构进行了重新调整。

1978年是美国公务员历史上十分重要的一年。这一年，卡特政府对美国公务员制度进行了比较全面的改革，通过了著名的《公务员制度改革法》。改革的内容非常广泛，但对功绩制的进一步完善仍是改革的重点。具体有：第一，确立了功绩制的九项原则[①]，强调公务员必须以能力、知识和技术决定录用和晋升等。同时在制度上坚决贯彻了考核制，工作表现和业绩不良者，必须改进工作或予以解雇。实行了功绩工资制，除一部分基本工资外，其余工资为“可比性工资”，其数额由工作成绩来决定。第二，强调公务员工作中的道德素质和品质，要求公务员应正直、行为高尚，要关心公众利益。第三，改革高级公务员的职位分类制度，设立“高级行政职位”（senior executive system，SES）。它包括原属于职位分类体系中16～18职等的高级公务员职位，计9 200个，实行官随人走的品位分类方法，加大任用弹性，同时要求全面提高高级公务员的综合素质。第四，改革公务员人事主管机构。撤销文官委员会，建立新的人事管理机构，即人事管理局、功绩制保护委员会、联邦劳工关系局等三个独立机构。同时下放了一些人事管理权限，扩大了政府各机关的用人权。第五，建立了联邦文官学院，专门培训政府公务员，以提高其绩效水平。第六，确认和强化了公务员的权利。公务员拥有了程序改进后的申诉权利和监督行政首长管理公务员的权利；可以组织工会，有权向行政当局交涉关于公务员权利的事宜，以便妥善解决政府中的劳工关系问题。1978年的改革使美国的公务员制度进入了一个新的阶段。

1.2.4 西方国家公务员制度的基本规则

从英美两国公务员制度的演进状况我们不难看到，各国公务员制度虽然在一些具体管理制度方面存在着不同之处，但是，由于它们都脱胎于西方特有的政党政治，因此，公务员制度赖以支撑的基本理念和原则十分一致，其中的基本规则体现了西方公务员制度的核心价值。

（1）以能力和业绩取向为本的功绩制贯彻于整个国家公务员体系。著名社会学家帕森

① 参见谭健编著：《西方公务员制度》，39页，北京，北京出版社，1989。

斯在谈到西方由传统农业社会过渡到现代工业社会的现代化进程时，曾指出一系列变迁的特征，其中之一就是身份的取向为能力、成就的取向所代替。政治与行政精英不再是门阀士族的专利，平民一旦受到教育，拥有能力和成就，就可以跨越社会等级的屏障，向社会上层流动，成为社会精英。显然，这一社会价值取向也深深地影响了西方的现代公务员制度，使功绩制成为公务员制度的根本原则。

功绩制决定了公务员制度的本质特征和运行路线。因为功绩制客观上要求将官职向全社会开放，从社会中公开选择优秀人才，任人唯贤；要求建立以法律为形式的公务员管理的规范标准；要求为有成就的公务员开辟成长发展的道路；要求公务员优胜劣汰，这使得公务员制度富有竞争性和活力。

（2）奉行“政治中立”（“价值中立”）。所谓“政治中立”是指，在政府中工作的业务类公务员在执行公务的过程中应超然于政党政治和个人政治理念；不以行政权力偏袒某一政党、政治团体或利益集团，应以客观、公正、中立的态度尽忠职守，推动政府的各项政策，为公民服务；不受利益团体的影响，更不能图谋某个集团的利益，采取统一、一致的标准，执行法律；不介入派系或政治纷争，专心本职工作。显然，这一原则是政府针对政党分赃制的弊端所作的必要防范。

在公务员制度的运作中，“政治中立”原则是通过政务官和业务官分途而治、规定业务类公务员的政治权利和义务来实现的。虽然随着各国政府行政权的扩大，公务员在政策制定中的影响力越来越大，甚至高级业务类公务员可能已成为实质上的政策制定者，“政治中立”原则受到了挑战。但是，“政治中立”原则作为西方公务员制度的核心理念，对防止政党或政治团体过多干扰行政执法过程，并约束公务员的行为，保证其以客观的态度为公众服务等，仍然发挥着重要的作用。

（3）政务官和业务官分途而治。在西方公务员制度中，政务官和业务官的发展通道不同。1）产生方式不同。政务官是通过竞选获胜的执政党组阁而获得政治任命的；业务官是通过公开考试、择优录用进入公职系统的。2）任期不同。政务官实行任期制；业务官实行常任制，一般通过正常退休离开公职系统。3）与执政党的关系不同。政务官与执政党共进退；业务官不受党派轮流坐庄的影响，并采取功绩制的晋升路线。4）业务类公务员有自身专门的管理机构，有自己的工会组织，具有相对的独立性。

（4）建立专门的公务员管理机构。针对业务类公务员事务的管理，各国政府都建立起相应的公务员管理机构。虽然各国的机构设置和机构管理的权限不尽相同，但是基本的设置方式有共同之处。1）公务员部内管理机构。在一级政府的职能工作部门内设立公务员管理机构，负责本部门的公务员管理。在现代社会，部内管理机构被赋予了较大的人事权，是分散化管理的结果，目的是保证用人与治事的统一。2）公务员部外管理机构。这是由政府首脑直接领导之下的公务员管理机构，有“委员会”、“部”或“直属局”等形式，对整个公务员系统进行集中控制。目前的主要功能是政策制定和宏观调控。3）公务员事务仲裁或公务员权利保护机构。该机构主要处理公务员与其机关或行政首长发生的争议或人事纠纷，接受公务员的申诉，维护公务员的合法权益。

（5）公务员法定权利与义务的平衡。一方面，公务员是行政执法的主体，政府赋予和保护他们作为公务员应有的权利；另一方面，公务员是行政责任的承担者，他们必须忠实履行其应尽的义务，接受政府和社会公众的监督。公务员制度在法律、法规的制定中和实际的运作环节上，都力求使公务员享有的权利和履行的义务之间保持平衡，保证其有效地使用行政管理权力，但杜绝滥用权力。

1.3 中国公务员制度改革与完善

1.3.1 中国公务员制度改革的背景

中国公务员制度是为替代中国干部人事制度（cadre system）而建立的。尽管中国公务员制度的设计和选择是中国政治体制发展、经济体制改革、社会文化变迁中多因素共同作用的结果，有着复杂的社会背景，但是原有干部人事制度与社会变革、发展之间的高度不适应性，是国家人事制度进行根本改革的最直接动力。换句话说，传统的干部人事制度已经积重难返，存在着诸多问题和矛盾，已经到了非改不可的地步。1980年，邓小平在中央政治局扩大会议上的重要讲话——《党和国家领导制度的改革》中，对干部制度的弊端进行了深入的分析，这篇经典文章也为日后干部人事制度的改革指明了方向。[①]

1953年建立的干部人事制度脱胎于革命战争中形成的政治、组织路线和管理模式，又受到苏联高度集中统一的人事管理制度的深刻影响。中华人民共和国建立之初，实行的是“一揽子”干部管理。1953年以后，随着政务院体制的调整和干部数量的急剧增加，国家干部制度必须随之调整，建立起与计划经济相适应的，有效执行党中央的路线、方针、政策的人事配置模式，分部分级的干部管理体制由此形成。

中国干部人事制度的基本特征表现为：第一，所有干部都是党的干部，党管干部是干部人事制度最根本的原则。干部的审查、任用、考核、考察、晋升、奖惩、统一调配、纪律等重要的人事管理事项归属于各级党委及其组织部门。第二，所有干部必须坚持党的路线、方针和政策，在政治上、组织上和意识形态上与中央保持高度的一致，服从组织的分配和安排。第三，分部管理干部。为了适应国家干部数量增加的要求，加强对干部的领导和管理，根据干部的工作需要和所在行政部门的行政职责，将所有国家干部分为军队、计划与工业、财贸、交通运输、农林水利、宣传文教、政法、统战和其他类等九类，按照由中央和地方各级党委统一管理、组织部门统一协调的基本管理原则，将九类干部归属在中央和地方各级党委下设的各个部门中，进行集中、统一的管理。第四，分级干部管理。各级党委及其组织部门实行下管两级干部的制度，即凡是在各级党政机关、企事业单位中担任主要领导职务的干部，要开列出职务名称表，分别由中央和各级党委、各部门党组按照管理两级的原则进行管理。一级党委和部门党组，分别管理下两级党政机构中担任主要领导职务的干部。1984年，随着改革的需要，中央下放了干部管理的权限，赋予地方党委较大的人事权。中共中央组织部《关于修订〈中共中央管理的干部职务名称表〉的通知》提出，改革下管两级干部的体制，实行分级管理、层层负责，减少中央管理干部的人数，

① 参见《邓小平文选》，2版，第2卷，北京，人民出版社，1994。

原则上实行下管一级干部的垂直管理体系。

中国的干部人事制度是在中国特定的历史时期建立和发展的，适应了当时政权稳固和计划经济体制对干部集中统一调配的需要，适应了国家快速工业化和建设社会主义的任务要求，其产生具有一定的历史意义。但是，随着社会主义建设的不断发展，特别是中央决定实行改革开放政策及建设社会主义市场经济的目标和方向被确定以后，在计划经济时期建立的干部人事制度越来越偏离中国政治、经济和社会发展的需要，干部人事制度的内在弊端暴露无遗，甚至阻碍了政治与行政改革的发展。干部人事制度存在的问题集中表现在：

（1）领导干部的年龄严重老化，整个干部队伍的文化素质低下，专业技术管理人员十分匮乏。据中共中央组织部、人事部统计，1980年在中央和地方各级党政机关的干部中，拥有大学本科、大专、中专学历的人数仅占干部总数的4%左右，而36%的工作人员是通过工农速成班或各类夜校扫盲班摘掉文盲帽子的①，长期的领导干部终身制使得各级党政机关的领导干部队伍高度老龄化，由此造成政府管理能力和效率低下。正是针对这个最直接的问题，以邓小平为核心的党的第二代中央领导集体提出了干部“革命化、年轻化、知识化、专业化”的“四化”人才标准。

（2）“国家干部”概念笼统、宽泛，范围不清，缺乏科学的管理分类。我们很难对国家干部做出明确而准确的定义，只能大致了解这个群体的范围。虽然干部制度有分部分级的分类管理规定，但它只是将一个大群体分小，而不是根据工作的性质和人员所需资格进行科学分类，这使得国家不能按其性质和发展路径的特点对所有干部进行培养和锻炼，而是采用单一的管理方式，严重阻碍了专业技术人才的发展，不能形成人才脱颖而出的机制，用人制度暮气沉沉。另外，缺乏科学的分类，使企业、事业单位也按照党政机关的干部制度进行人事管理，走行政序列，套用行政级别，形成“千军万马走官道”的景象，进一步强化了中国“官本位”文化的特征。

（3）人事管理权限高度集中，管理方式陈旧单一，用人与治事严重脱节。由于人事管理权集中在中央以及地方各级党委的组织部门，用人单位缺乏任用人才的自主权，使自身的用人与治事严重脱节，进一步阻碍了人才特别是专业技术人才的发展。同时，只强调人事控制的管理手段，导致人事管理大都采用行政命令或指令、控制等方式，难以给各类人才留下成长与发展的广阔空间。而中国特有的单位制度，固化了干部的单位所有制，人才流动受到诸多限制，一方面造成了人才浪费，另一方面使得单位的人员丧失了应有的活力。

（4）干部人事制度中人治因素干扰过强，导致政府用人中不正之风的蔓延。一方面，人事管理权过于集中，特别是集中在党委领导手中，缺乏必要的监督机制；另一方面，干部人事制度没有明确工作人员与政府间法定的权利、义务关系，没有科学的分类管理制度，因此也就没有衡量人才适用性和依法管理的客观标准，使人治成为必然的结果。人治管理使个人偏好、利益、情感等因素成为人事任用的主导，最终放弃了党的组织路线，出现任人唯亲、裙带关系、山头主义等一系列用人的弊端。

---

① 参见《中国劳动人事统计年鉴(1988—1989)》，362页，北京，劳动人事出版社，1989。

（5）政府中的人事主管部门职能缺位，机构设置不够稳定。从1949年政务院下设人事局到1988年国家人事部建立的39年间，除去“文化大革命”期间没有政府人事主管机构的10年，在不到30年中，政府的人事主管机构被改组过8次。虽然其中不乏国家机构改革调整的原因，但更重要的原因是，政府人事主管部门的干部管理权限一直比较小，没有独立的干部管理权。它的职能长期定位在对全国政府机关干部进行统计、党委决定干部任免调动事宜后的行政手续办理、对大学生统一分配和军队转业干部的统计、干部工资标准的拟定等，这使其机构变化较大。资料表明，新中国成立后，几乎每一次政府机构改革，国家人事主管机构都被列入撤销、合并或调整之名单，有时划给内务部（1959—1969年），有时划给民政部（1978—1980年），有时又成为政务院、国务院的直属局（1949—1950年、1954—1959年、1980—1982年），机构具有明显的不稳定性。①

在这种人事管理状况和国家工作人员的素质结构下，中国的改革开放目标显然是难以实现的。中国的最高领导层充分认识到，只有进行人事行政管理制度的改革，破除流弊，中国政府才能获得治理国家的栋梁之材，国家的改革开放大计才会实现。

1.3.2 中国公务员制度建立的目标及其实施

针对干部制度存在的问题，面对中国社会主义市场经济发展和政府职能转变的要求，政府组织、事业组织以及公共部门力求形成一支为人民服务、高效、廉洁、精干、高素质的公职人员队伍，实现对公共事务的有效管理，满足公众对公共服务品质的需要。在选择公务员制度作为中国政府组织主要人事管理制度的过程中，改革者建立了一套目标体系。

首先，政府需要建立一个法治化的人事管理系统，防止出现传统干部制度下由人治管理模式造成的随意性和不规范的状况，杜绝用人中的不正之风。其次，保证党的部门和政府部门、中央机关和地方机关合理地划分人事管理权，给政府部门和地方政府一定的用人自主权，防止党的机关在人事管理中过分“行政化”的倾向，建立比较完备的人事管理机构系统，创造优秀人才成长与发展的良性机制和制度，实现用人与治事的有机统一。最后，采用规范、先进的公共部门人事管理方法和技术，吸收和开发现代人力资源的科学、客观、理性、有效的管理手段，为获取和培养满足社会主义市场经济需要的干部队伍提供技术保证。总之，中国人事制度改革旨在寻找一种科学化、规范化、高效化的政府人事管理制度。

在探索我国政府人事管理制度改革道路的过程中，西方发达国家的公务员制度给了我们多方面的启示。中国领导人和改革实践者在借鉴了国外公务员制度的先进思想、理念和管理方法的基础上，结合中国国情，逐步探索并建立了有中国特色社会主义的公务员制度的思路。

中国全面改革国家干部人事制度是从1984年开始的，但在1984年之前，人事制度的一些改革举措已经逐步出台和展开。最著名的就是以邓小平为核心的党的第二代中央领导集体提出的干部“革命化、年轻化、知识化、专业化”的“四化”方针，并以此废除了领导干部职务终身制，建立起正常的干部退休、退职制度，而知识分子政策、干部培训政策

---

① 参见曹志主编：《中华人民共和国人事制度概要》，426～432页，北京，北京大学出版社，1986。

等一系列配套政策的出台也不断地改善着干部知识化、专业化的状况。

然而，1984年以前的人事制度改革只是局部的，并没有针对整个干部人事制度。1984年以后，国家才思考从制度建构上对干部人事制度进行根本性的改革。从1984年到1993年的10个年头中，中国公务员制度的探索与确立经历了风风雨雨。1993—2005年，中国公务员制度不断完善，公务员制度终以国家立法形式确立。中国公务员制度的发展历程大致包括以下五个阶段：

（1）政府人事管理制度改革的立法准备阶段（1984年8月至1986年底）。中国政府人事管理制度的改革首先是从制定政府工作人员管理的法律开始的，目的是促进人事管理的法制化进程。1984年，中共中央组织部和国家劳动人事部根据中央指示，组织相关单位的工作人员和一部分专家学者开始草拟《国家机关工作人员法》，后因国家机关工作人员的范围太广，于1985年改为《国家行政机关工作人员条例》，并在广泛听取意见的基础上经修改后于1986年形成第十稿，这就是《国家公务员暂行条例》的前身。

1986年下半年，中共中央政治局下设政治体制改革领导小组，其中又设干部人事制度改革专题小组，专门讨论中国政府人事制度改革的方向。专题小组借鉴西方国家公务员制度的普遍规律和特点，结合我国的具体国情和实际，对《国家行政机关工作人员条例》作了重大修改。在这里，第一次使用了“国家公务员”概念，建议实行国家公务员制度。条例的名称定为“国家公务员暂行条例”。由此，国家公务员制度作为我国政治体制改革的一项重要内容被提上了政府工作日程。

（2）决策与正式宣布阶段（1987年至1988年4月）。党和国家最高权力机构经过反复讨论、酝酿，决定推行国家公务员制度。1987年党的十二届七中全会通过，同年党的十三大正式宣布，我国将建立和推行具有中国特色的国家公务员制度。1988年4月，七届全国人大一次会议强调，在机构改革的同时，抓紧建立和逐步实施国家公务员制度，尽快制定“国家公务员暂行条例”，并研究制定国家公务员法。

（3）建立、完善公务员主管机构和公务员制度试点阶段（1988年4月至1993年9月）。1988年国家人事部成立，专门负责管理公务员制度的运作。1989年在国务院六个部门（审计署、海关总署、国家统计局、国家税务局、国家环保局和国家建材局）进行公务员制度的试点。1990年在哈尔滨和深圳两个地方政府进行试点工作，并逐步推广。在党的十四大上，中央提出要尽快建立国家公务员制度。1993年1月，中央政治局全体会议听取了人事部的汇报，原则上同意了《国家公务员暂行条例（草案）》的内容及实施设想。同年4月24日，国务院第二次常务会议通过了《国家公务员暂行条例》，于1993年8月14日公布，自1993年10月1日起施行。

（4）国家公务员制度的确立与制度的推行阶段（1993年10月至2005年4月）。首先，在中央政府施行公务员制度，在完成“三定”的基础上实现过渡，按照公务员制度的功绩制原则和其他管理机制管理公务员。其次，地方各级政府逐步推行国家公务员制度。再次，陆续出台了一系列公务员管理的规章或单行条例，如《国家公务员考核暂行规定》、《国家公务员奖励暂行规定》等十几个配套的实施细则，保证公务员制度的顺利推行。最后，建立公共部门整体性人力资源开发的机制，从传统的“管”和“用”，发展到现代的“使用”和“开发”，不断地适应社会主义市场经济对公务员素质提高的要求。

（5）颁布《中华人民共和国公务员法》，中国公务员制度以国家立法形式得以确立，中国公务员制度进一步发展完善阶段（2005 年 4 月至今）。中国公务员制度将在法律新设定的一套管理制度和管理机制的推动下，不断回应和解决干部制度遗留的问题，开拓人力资源管理价值发展的空间，实现中国公务员制度建构的目标，提高中国政府公职人员的社会治理能力，体现中国党和政府的执政能力。

1.3.3 中国公务员制度的特征

每个国家政府的人力资源管理都有自己的特征，这是管理制度具有生命力的根本所在，因为它适合了本国的国情和本民族独特的传统。我国国家人事管理制度的改革，选择了国家公务员制度的发展道路，一方面，它引入了竞争、激励、保障等国家公务员管理共有的精神和机制，实现了对政府公务人员法治化、规范化的管理；另一方面，我们必须注意到，产生于社会主义初级阶段的中国公务员制度，其赖以生存和发展的政治背景与西方的政党政治完全不同，这就决定了中国政府实施的国家公务员制度有自己的特征和独特的运行方式。

1. 公务员是党的干部，党管干部是公务员管理的根本原则

中国公务员制度不实行西方的“政治中立”原则。我国的公务员制度是在党的组织路线和干部政策的指导下确立的，是党的干部人事制度的组成部分。在公务员的管理中，必须坚持和贯彻党管干部的原则，不能脱离或削弱党对政府人事工作的领导作用。其具体表现是：（1）公务员制度的各项规定应根据党的干部工作方针和政策制定。（2）公务员中各级政府组成人员由各级党委考察、推荐，依法由各级国家权力机关选举或任命，而且其中的共产党员由各级党委负责监督。对于不属于政府组成人员但担任重要职务的公务员，党委也根据工作需要对其进行直接的管理和监督。中国的公务员制度不存在政务官和业务官的划分，公务员队伍也没有构成一个相对独立的、封闭的管理系统。

2. 公务员要坚持四项基本原则，坚持党的基本路线，坚决执行党的路线、方针和政策

中国公务员制度是适应社会主义现代化建设的需要而建立的，同时也是实现党的改革开放方针、政策的组织保证，要为党以经济建设为中心的政治路线服务。因此，党的基本路线是有中国特色社会主义公务员制度的根本指导原则，公务员的各项管理制度应体现党的基本路线。中国公务员制度明确规定，公务员必须坚持四项基本原则，在一切公务活动中，必须认真执行党的路线、方针、政策，在政治上、思想上与党中央保持一致；公务员应积极参加国家或政党的政治生活；公务员中的共产党员，要遵守党的纪律，服从党的决议，参加党的组织生活，接受党组织的监督、检查，按照党员的标准严格要求自己，发挥党员的先锋模范作用。

3. 坚持德才兼备的人才任用和管理原则

中国公务员制度在选拔、任用、考核、培训干部的各个环节中，始终坚持既重德又重才、酌人才使用和发展的标准，并将公务员的政治态度和思想品德放在首位。这是对党和国家长期以来形成的选人用人制度的优良传统的继承和发扬。

4. 坚持全心全意为人民服务的宗旨

中国国家政权的性质和国家行政机关的职能本质决定了各级政府的公务员是人民的公

仆，代表人民执行国家公务。他们没有也不应有自己特殊的利益，不能成为特殊的利益集团。因此，中国公务员制度强调公务员必须全心全意为人民服务，廉洁奉公，不谋私利，不搞特权，接受人民群众的监督。

5. 建立了富有中国特色的公务员分类管理制度

(1) 根据中国的国情，采用了结合职位分类和品位分类优势的职务分类管理方式，既保证公务员分类的科学性，又保证公务员体系有一定的弹性。与此同时，《中华人民共和国公务员法》进一步将中国公务员职位分类体系精细化，将公务员职位划分为三类，即综合管理类、专业技术类和行政执法类。这样的分类管理体系将进一步明晰公务员不同的工作性质和人力资源发展特质，从而将公职人力资源的录用、评价、开发、薪酬等管理措施更加明确地与职位工作性质及其能力素质要求紧密联系起来，体现不同类别公职人力资源对于组织的价值和贡献能力，确定人力资源任用发展的规律，为建立公平、富有激励性的公职人力资源管理体系提供合法的依据。

(2) 不实行政务官和业务官的划分。公务员系统将公务员划分为政府组成人员和非政府组成人员。领导职务序列与非领导职务序列虽然在产生方式上不同，但所有公务员不论职务高低，都是人民的公仆，而且他们之间可以根据需要相互转任，管理体系有较大的开放性。

1.3.4　中国公务员制度的不断完善

中国公务员制度建立至今刚刚经历了十多年的时间，这意味着，这一制度体系还处于起步和磨合阶段，其完善还有很长的路要走。经历了十多年公务员制度的实践，政府不断地积累了经验和教训，发展的目标也更加明确。

随着中国政治、行政体制改革的进一步深化，国家公务员制度将进一步走向规范化。目前，党和政府都高度重视国家公务员制度的建设，力求在新的、更为复杂的环境下，逐步完善公务员管理的法律、政策和措施，以保障治国安邦人才的获取与发展。中国公务员制度近期的发展趋势主要是：

(1) 制定并颁布了国家公务员法，推进公务员管理的法治化进程。《中华人民共和国公务员法》经中华人民共和国第十届全国人民代表大会常务委员会第十五次会议于2005年4月27日通过，中华人民共和国主席令第三十五号公布。这标志着中国公务员制度将由国家法律规范和调整，《国家公务员暂行条例》这一过渡性的法律规范文件已完成其历史使命，公务员管理向法治化方向迈进了一大步。《中华人民共和国公务员法》进一步明确了中国公务员管理的基本精神和理念原则，清晰界定了国家公务员管理的体制和内在运行机制，阐明了公务员管理措施的目的和走向，完善了公务员管理实践的经验，深化了公务员职位分类、领导干部任用、绩效考核、引咎辞职等管理制度及其管理措施，提升了中国公职人员管理的水平。这必将推动中国公务员管理的法制化进程，促进公务员管理的制度化和规范化。

(2) 引入人力资源管理的精神，进一步完善公务员管理的各项机制。中国公务员制度建立时，适逢人力资源管理的理念和精神逐渐渗透到包括公共部门在内的各类组织中，传统公共人事行政不合时宜的东西需要用新型的人力资源管理思想加以改革。对于中国公务员制度发展进程来说，一方面，需要形成公务员管理的完整体系；另一方面，需要将人力资源管理的价值融入公务员制度，改造公务员制度中一些陈旧的思想。这就势必要在公务员制度完善的过程中，加入现代人力资源管理的方式、方法。因此，伴随着公共部门组织结构、机构设置的变革，公务员管理的一项重要任务就是完善各项内在的运行机制，在这些机制中体现现代人力资源管理的主要精神和目标，其中包括战略人力资源管理、体现人本主义原则的公务人员职业生涯发展和能力开发、调动员工积极性和创造性的公平的竞争与激励机制等。

（3）运用先进的分析和评估方法，不断开发公务员管理的技术手段。发展公务员管理的技术、方法，也是中国公务员制度完善的重要内容。因为，在干部人事制度下，对国家干部的人治式管理基本上抹杀了科学管理技术的必要性，所以，人事管理手段是我国公共部门人事管理最薄弱的环节。今天，政府充分意识到，没有良好、科学的管理操作手段，公务员管理的目标、原则和政策规定都可能无法实现。开发公务员管理技术的主旨在于：为组织有效地评价公务员的能力与综合素质、评估公务员开发的潜能提供公正的、客观的、可靠的依据，这关系到政府及公营部门能否获得人才并保住人才，关系到人事管理的有效性。为此，公务员制度的完善势必伴随着工作分析与职位分类、人事测评与甄选技术、人力资源规划、职业生涯发展规划、绩效评估与绩效管理、培训需求分析与培训评估、薪酬设计、劳动关系管理、员工法律事务管理等诸多技术的发展，这必然推动中国公共部门的公职人员管理不断走向职业化。

1.4 现代公共部门人力资源管理制度的基本精神和内在运行机制

1.4.1 现代公共部门人力资源管理制度的基本精神

综观世界众多国家，随着向现代化社会的不断推进，各国政府都选择了国家公务员制度作为公共部门人力资源管理的基本制度。尽管每个国家根据自己的国情，设计了有自己特色的公务员制度，反映了自己国家独特的政治背景和政治形式，但是，国家公务员制度有其内在的本质要求，这使得各国公务员制度具有并体现了一些共同的特征，标志着现代公共部门人力资源管理制度的基本精神。

（1）功绩主义精神。如前所述，以成绩和能力作为公务员任用和晋升的标准，切实贯彻任人唯贤的原则。不以年资高低、亲疏关系、党派关系、家庭背景等因素评价公务员。

（2）法治主义精神。实行法治化的人事行政管理，以法律为准绳，政府和公务员都要做到有法可依、有法必依、依法办事、违法必究，遵守法律规则，遵守法定管理程序。

（3）人才主义精神。人才发展是现代人力资源管理制度的主旋律。只有人才储备充分，国家才有竞争实力。公共部门人力资源管理制度要给人才发展提供一个广阔的空间。围绕着人才主义精神，政府人事行政的基本任务是求才、用才、育才和留才。

（4）人本主义精神。随着现代管理观念的更新，组织更加明确了员工在组织中的主体地位。组织与员工应是合作的关系，员工既是组织绩效实现的手段，更是组织发展的目的本身。没有人的发展和人的价值的实现，社会进步就变得毫无意义。公共部门的人力资源管理制度为公务员的发展和完善公务员的人格做着不断的努力，其制度设计更加重视发挥公务员的积极性和开发公务员的潜在能力。

（5）市场主义精神。公共部门人力资源的管理越来越多地将市场的法则和机制引入人事行政管理活动中，强调人才的竞争和发展以及组织的激励向上，并由此创造一个人才成长的公平、公正的环境。

（6）分权主义精神。转变政府人事主管机构人事权集中、统一管理的模式，与职能部门合理划分人事管理权限。赋予用人单位较多的人事任用自主权，发挥单位的积极性，保证其用人与治事的统一。同时强化人事管理法规与政策的统一性，发展宏观调控和人事监督的功能，实现集中化控制和分散化管理的有机结合。

现代公共部门人力资源管理的基本精神，在其制度的内在运行机制设计中得到了充分的体现和有效的保证。

1.4.2　现代公共部门人力资源管理制度的内在运行机制

公共部门人力资源管理制度的内在运行机制是指，政府或人事行政主管机关根据公共部门人力资源管理制度的安排，围绕着公共行政管理的需要和人力资源管理的目标，配套设计的一整套公务人员管理活动的规则或制度化措施。它体现了公共部门人力资源管理制度的根本性质。在国家公务员制度下，公共部门人力资源管理的内在运行机制主要表现在五个方面。

（1）竞争机制。为了保障公职系统获得优秀的人才，并激发现有公务员的活力和进取精神，公务员管理体系必然引入竞争机制。竞争机制是市场主义法则在公务员制度中的体现和应用，它促成了一个人才优胜劣汰、竞争发展的环境。竞争机制需要法制的规则，它有效运行的基础是，所有的公务员和愿意成为公务员的社会人才，在公务员管理的法律规定面前人人平等；公务员管理机构以客观、公正、公开的原则与程序从事管理活动。在国家公务员制度的设计中，竞争机制已广泛地运用于人力资源的管理环节中，包括公开考试、择优录用、工作分析与职位分类、考绩考核、功绩晋升、人才流动、适才适用、同工同酬、劳酬相符等。

（2）保障机制。公务员是行使国家行政管理职责的主体，他们为维护社会安全和发展社会经济作着自己应有的贡献。政府要保证公务员队伍的稳定性、连续性，并能够吸引更多的优秀人才，就必须充分保障公务员工作和生活的基本条件，满足他们生产、再生产以及自我发展的不同层次的需求。不能将公务员只看成是完成工作的机器、实现组织绩效的工具或被管理控制的对象。现代公务员制度保障机制的设计，包含在以下措施中：公务员的职业身份的保障、政治权利的保障、经济权利的保障、救济权利和其他法定权利的保障等。

（3）激励机制。人才的竞争必然要求组织建立相应的激励机制作为配套措施，因为虽然竞争是激励机制建立的基础，但是只有组织同时制定了相关的激励政策，竞争的环境和结果才能得到根本的保证。如果没有激励，公务员干得好却得不到组织的奖励、晋升，干得不好又不会被惩戒、辞退，那么，竞争的效用就无从谈起。对组织而言，竞争和激励是矛盾统一的，不可分割。在现代公务员制度中，激励机制通过以下管理环节和措施来保证：人事奖惩、考绩考核、职务升降、在职培训、工资晋级、辞退和奖金等。

（4）更新机制。公务员的更新机制包括两层含义：1）政府工作人员正常的新老交替，保持公职队伍的稳定性和年龄结构的合理性。2）现有公务员知识结构和技能手段的更新，以及公务员根据适才适用的原则和职业生涯发展的条件进行职位交流调配的人才流动活动。公务员制度中的更新机制是现代人力资源开发、发展观念的集中体现，是适应社会飞速发展的需要、保证公务员队伍整体素质和活力的必然措施，也适应了公职人员个人职业生涯发展的需要。更新机制在公务员制度中的应用包括退休退职、教育培训、交流调配、任职回避、辞职辞退、双向选择和人才市场完善等。

（5）监控机制。监控机制也包括两层含义：1）公务员主管机构依据法定的公务员义务和纪律，对公务员的行政管理活动进行监督，依法追究其违法乱纪行为。2）政党、立法机关、司法机关、公众对公职人员及其行政机关以及政府人事管理部门的工作进行监督。前者是要求公务员忠于政府，恪尽职守，依法行政；后者是保证国家行政机关，包括公务员管理机构在法律的范围内，依照法律程序行使人事管理权。监控机制的必要性来源于政府人事部门和公务员本身的性质，即无论是管理者（公务员管理机构），还是被管理者（公务员），对社会和公众而言，他们都行使着国家赋予的行政管理权和行政执法权，有可能超越或偏离法律的规则，不正确地使用权力，因此，监控机制是政府人力资源管理中不可缺少的制度设计。对公务员而言，监控的主要内容包括针对公务员制定的纪律规章、行政惩戒、人事档案等。对公务员管理机构而言，监控的主要内容是人事行政管理体制和机构设置、权力机关和司法机关的监督等。值得一提的是，公务员作为被管理者，也有权对管理机构的管理行为的合法性与合理性进行监督，以维护自身的合法权益。这一点体现了现代公务员制度中公务员与其管理机构之间监督的双向性。

本章小结

公共部门人力资源管理制度决定着人事管理各项权力的分配模式，从而直接影响着人事管理的方式与途径。公共部门人力资源管理制度是一国政治制度的重要组成部分，对于国家的稳定和繁荣具有重要意义。

国家公务员制度是一百多年来现代公共人事行政的基本制度选择，它依然是当今许多国家政治民主化与现代化的重要组成部分。国家公务员制度是在反对政党分赃，反对人治，反对任官特权和官职垄断，要求公平开放，建立高效、廉价、符合市场经济规律的政府组织和公职体系的背景下形成的，它确立了公职队伍稳定、连续、理性、功绩、价值中立等理念，形成了其内在的一套运行机制。

中国的干部人事制度是在计划经济时期建立的、与计划经济相适应的一种高度集中统一的人事行政制度。随着社会主义市场经济体制的建立，这种制度已经阻碍了经济、社会的发展。国家公务员制度是中国政府寻求的人事管理制度的替代物，在十多年的发展历程中，中国国家公务员制度不断探索并发展着自己独特的管理模式。

思考题

1. 如何理解公共部门人力资源管理制度？
2. 现代西方国家公务员制度的基本特征是什么？
3. 如何理解中国干部人事制度的含义与特征？
4. 怎样看待中国干部人事制度改革的必然性？
5. 现代公共部门人力资源管理制度的基本精神和内在运行机制是什么？

第 2 章

公共部门人力资源管理的法治化

法治化作为现代社会一个基本的治国原则，也是现代公共部门人力资源管理遵循的目标与发展的归宿。运用这一法则的目的是规范政府的人事行政管理行为，保证人事行政管理的良好秩序，开辟公共部门人力资源良性发展渠道，减少人事管理中的失误和偏差。法治化的前提条件是有法可依，各国公务员系统制定的公务员法体系，是公共部门人力资源管理走向法治化的基本标志。

2.1 公共部门人力资源管理法治化的意义

2.1.1 公共部门人力资源管理法治化的内涵

法治主义是现代社会一项广泛而普遍的政治原则与行政管理原则。对于法治的内涵，人们的标准并不统一，而且在不同的历史时期和不同的国家，人们会强调其不同方面的社会含义与意义。

但是，法治主义的基本准则的基本出发点却是一致的，这就是确立“法”在整个社会生活中的统治地位和依照法律的原则办事。它意味着，公民，尤其是国家政权的统治和管理者，必须以法律为依据，在法律规定的范围内行事。违背或超越法律授权的行为，都是违法的，必须承担法律责任。法治的政府与法治的行政，要求政府依法平等，即法律在政府和公民之间无所偏袒，政府不能享有不必要的特权；依法限制，即政府的一切行为必须遵守法律，不得违法逾越；依法负责，即政府机关及其公职人员如有违法不当的行政行为，侵害了公民、法人或其他组织的合法权益，应承担违法的法律责任。[①]

---

① 关于法治的一般含义以及“法治”与“法制”的区别和联系，参见许文惠等主编：《行政管理学》，334～338页，北京，人民出版社，1997。

法治是与人治相对立的一种治国原则。很多人认为，一个国家只要制定了明晰的、包罗社会生活方方面面的法律规范，就是一个法治的国家，就摒弃了人治的干扰。也有人认为，法治就应该否定人的因素和人的作用。这些都是对法治的误解。试想，如果没有人的作用，法律如何推行和实施呢？因此，正如费孝通先生在其名篇《乡土中国》中阐释的那样，法治和人治最大的区别不在于是承认或否认人的作用，有法律条文存在不等于法治，肯定人的作用不等于人治。法治的要义和精髓在于，人们是以法的精神和意志还是以个人的意志作为行动的指南。更进一步地说，当法律与掌权者的个人意志发生矛盾和冲突时，是以法律的原则解决矛盾，还是以个人的意志解决问题；是法律的权威高于个人意志，还是个人意志凌驾于法律之上，这是法治与人治的分界线。

公共部门人力资源管理的法治化是法治原则在政府人事行政管理中的应用和体现，是指政府在人事管理过程中，以法律的精神和原则调整与公职人员的工作关系，按照法律规定的人事管理权限，依法对公职人员进行管理，保护公职人员的合法权益，并约束公职人员在法律规定的范围内正确履行行政管理职责。因此，公共部门人力资源管理法治化要实现两项基本功能：第一，对于公职人员这一管理对象，政府组织和人事主管部门必须依照法律规范行使人事管理权，使公共部门的人力资源得到合法、合理的使用；第二，对于公民和社会这一管理对象，政府组织和人事主管部门要监督并约束公职人员依法行政，不能违反法律或超越法律规范的界限。

2.1.2　公共部门人力资源管理法治化的必要性与作用

公共部门人力资源管理实现法治化的意义极为重大。原因在于，首先，政府人事管理是长期受人治干扰比较严重，或者说是易受到人治干扰的管理领域。以长官意志为核心的人治式管理模式，必然要求长官不受监督和制约地掌握重大的管理权力，且权力是按照自我意志的需要行使的。长官除要掌握决策权、物权、财权以外，更需要控制人事选择和任用权。因为，有了人，长官的政策和意志就便于推行。所以，在人治管理模式中，人事行政领域一直是受人治因素干扰严重的领域。其次，人治式的政府人事管理的危害巨大。无论从理论推演还是经验分析，我们都不难看到人治式的政府人事管理带来的极大的弊端，这源于人治管理方式的非理性化因素。人治管理归根到底突出的是长官意志，在选人用人中也以长官意志为轴心。与长官的亲疏关系、长官的偏爱和情感等都可能成为用人的主要标准，这使得人才选择标准有极大的不确定性，完全取决于长官个人的开明、智慧和致权能力，其结果往往是以其他标准替代了德才条件，极易造成任人唯亲、裙带关系、山头主义、素质低下和人事动荡等一系列问题，干扰政府正常的行政管理秩序。

在现代社会，政府人事管理的法治化具有迫切要求。法治化的公共部门人力资源管理的作用是：

（1）确立政府人事行政管理的标准和规则，维护政府人事管理运行的秩序。与人治式的人事管理相比，法治化通过规定管理、被管理双方的法律关系和权利、义务关系，明确了管理者的权力与职责，从而确立了管理过程中人们各自行为的规则，建立起政府人事行政管理的基本秩序。它摒除了长官意志的随意性，形成了理性化规范管理的模式，保证了政府人事权的有效行使。对于整个社会而言，法治意味着一个良好的社会法律秩序，而对于公共部门人力资源管理的法治化，人事管理秩序就是它追求的基本价值。

(2) 塑造公共部门人力资源成长和发展的良好环境，从人力资源方面提高政府的管理绩效。在人治式的人事管理下，人才选择、任用的标准是长官根据自己的理解和认知确定的，标准缺乏统一性，且依据个人情感的变化而变化。同时，人治管理也没有相应的监控机制制约长官的用人权，因此，任人唯亲等弊端就很难避免，公职人员的能力素质很难通过正常的发展渠道得到提升，公职队伍整体就可能出现素质逐渐下降的状况。法治化是规则化的管理，它为公职人员的成长与发展设置了规范化的渠道，建立了法治化的人才竞争、激励和监控机制，为吸引优秀人才、合理使用优秀人才、保留优秀人才开辟了广阔的道路，从而为政府管理效率的提高提供了必要的人事保障。

(3) 依法行使政府人事行政管理权，有效地维护公职人员的合法权益。国家通过法律形式确认了政府人事管理的权力范围、限度、方式，保证政府正确地行使人事权，而不受其他力量的干扰。同时，法治化管理与公职人员的合法权益维护也是密不可分的。法治化强调管理机关必须尊重公职人员的法定权利，必须依法定程序管理公职人员。一旦管理机关出现不当或违法的行为，必须进行公职人员的权利救济，恢复其合法权益，并依法追究管理者的法律责任，以保障公职人员的法律地位。

2.1.3 公共部门人力资源管理法治化的基本构件

公共部门人力资源管理法治化的基本构件表现为以下四个方面，它们是法治化原则贯彻的标志。

(1) 公共部门人力资源管理法治化的首要条件是，建立和完善有关规范公职人员管理的法律、法规体系。有法可依是依法管理的前提，公共部门人力资源管理的法治化首先需要制定公务员管理的法律、法规。在一些国家，一般有一部比较完整的国家公务员法以及配套的单行条例或实施细则；也有些国家没有专门的法典，而是散见于其他有关人事管理的法律文件中。无论哪种法律规定形式，都确立了政府依法管理公职人员的原则。在公职人员管理的法律、法规中，明确了人事行政管理权限的划分（即人事行政管理体制），明确了管理者与被管理者的法律地位和权利、义务关系，并规定了管理的基本制度和基本程序，确定了违法行为承担的法律责任。总之，通过国家公务员管理的立法，确认人事权正当行使的范围和方式以及公务员的正当行为，从而使整个公共部门人力资源管理有法可依。

(2) 严格地依法进行人事行政管理活动是公共部门人力资源管理法治化的核心。良好的法律规定只是实现管理法治化的必要条件，但如果法律的原则和制度没有在政府的人事管理中充分地体现和贯彻，就根本谈不上法治化管理已经实现。依法管理要求确立法律、法规在人事行政管理过程中的权威性，法律的权威必须高于领导者的个人利益和部门的局部利益。这是公共部门人力资源管理法治化的内在实质。

(3) 对公共部门人力资源管理中的违法行为必须依法追究。这包括两层含义：1) 公务员在行政执法中违反了其应遵守的法定义务和纪律，或触犯了刑律，必须依法追究其行政或刑事责任，规范其在法律范围内从事行政管理活动。2) 公务员管理机关不当或违法（包括法定程序）的管理行为，造成公职人员合法权益损失的，必须依法追究责任。法治化的准则是在法律面前人人平等。

（4）对公共部门人力资源管理的权力予以必要的制约和监督，这也是法治化的必然要求。为了防止政府人事行政管理权力的滥用和违法违纪行为的发生，必须通过一定渠道，对人事行政管理权的行使进行监督，纠正行为偏差，保证管理行为按照法律规定进行。

上述四个方面缺一不可、互为条件，是公共部门人力资源管理实现法治化目标的共同保证。

2.2　公务员法的形式与性质

如前所述，公共部门人力资源管理法治化的基本前提是有法可依，因此，建立公职人员管理的法律、法规体系是法治化的先行条件。公务员法或与公职人员管理相关的其他法律、法规，是公共部门法治化进程的典范。

2.2.1　公务员法的渊源

公务员法的渊源是指公务员法的基本准则与制度是遵循和来源于哪些法，或者是指其法律规范借以表现的形式，它是法律具有强制力的标志。综观世界各国，公务员法的渊源分别有：

（1）宪法。宪法是国家的根本大法，具有最高的法律效力，是一切立法的依据，也是国家公务员法的首要渊源。宪法的有关规定是国家公务员法制定的基本依据。宪法作为国家公务员法的渊源，要求国家公务员法的立法原则不得与宪法的规定相抵触，公务员法必须遵守宪法的基本准则。如我国宪法第二十七条规定："一切国家机关实行精简的原则，实行工作责任制，实行工作人员的培训和考核制度，不断提高工作质量和工作效率，反对官僚主义。""一切国家机关和国家工作人员必须依靠人民的支持，经常保持同人民的密切联系，倾听人民的意见和建议，接受人民的监督，努力为人民服务。"这些规定都成为我国公务员立法的根本依据。

（2）法律。法律是由国家立法机关制定的规范性文件，它也是国家公务员法的主要渊源。一方面，法律为国家公务员法的立法依据之一。如国家行政机关组织法规定的组织形式、职责权限、活动原则、管理制度和工作程序等，都是制定国家公务员法所必须遵从的。另一方面，法律也是国家公务员法的基本表现形式。世界各国的公务员法及其相配套的重要法规都是以法律的形式制定和规范的。许多国家的公务员法就是将有关公务员管理的法律文件编纂在一起，并不颁布公务员总法。

（3）行政法规。行政法规是行政机关在其职权范围内制定的规范性文件，在各国一般都是国家公务员法最主要的表现形式。在我国，行政法规和规章的涉及面很广，其中许多是涉及公务员管理的，如 1957 年颁布的《国务院任免行政人员办法》、1988 年颁布的《国家行政机关工作人员贪污受贿行政处分暂行规定》等。行政法规是我国国家公务员法最主要的渊源。

（4）行政规章。行政规章是经授权的行政机关制定的规范性文件。在我国，国务院所属的部委根据法律和国务院发布的法规、决议、命令等，受权在本部门权限内制定有关行政规章。其中我国国家人事部制定的人事行政规章是公务员法最常见的表现形式。

（5）地方性法规。地方性法规是地方立法机关和行政机关制定的法律和规范性文件。它在本区域内具有效力，不得与宪法、法律和行政法规相抵触。其中有关人事行政管理的，也是公务员法的渊源。

（6）与公务员法有关的法律解释。法律解释是法律的延伸和补充，同样具有法律效力。不论国家只承认司法解释即判例，还是承认立法、行政、司法和学理等解释，只要与国家公务员有关的法律解释，都是公务员法的具体表现形式。

（7）国际条约和国际惯例以及其他法律中有关公务员的法律规定等。

此外，执政党的人事政策也与公务员法存在着密切的关系，如我国党的干部“四化”方针和“德才兼备”标准也是我国国家公务员法的渊源。

2.2.2 公务员法的体系与性质

公务员法的体系是有关公务员的一切法律规范的总和。一个国家公务员法的体系，一般由以下方面构成：

（1）公务员总法或基本法规。一般每个国家都制定了国家公务员的总法和基本法规，如法国的《公务员总法》、日本的《国家公务员法》、瑞士的《联邦公务员章程法》等。公务员总法或基本法规，一般规定公务员管理的总则，权利、义务法律关系，管理体制，监察、监控手段以及各基本管理环节和制度。它主要集中于管理的基本原则、组织机构、人事管理权限划分、管理者与被管理者的法律地位等，是制定其他配套法规的指导和依据。

（2）公务员的各种配套法规。在总法或基本法规基础上制定的公务员管理综合或单行法规，是对总法或基本法规的延伸、补充或解释。它与总法和基本法规的关系大致有三种情况：1）作为总法或基本法规的补充。用数十、数百个单行法规，具体说明总法和基本法规中需要进一步阐释或应注意的问题。这方面典型的国家是日本。2）单行法规实际上已经代替了总法发挥重要作用。总法虽然在原则上还适用，但具体内容已经被许多单行法规修改或补充，单行法规在公务员管理中发挥着实际的作用。这方面典型的国家是美国。3）只有一系列单行法规，没有制定完整的公务员总法或基本法规，一切管理制度和措施均由单行法规阐明。这方面典型的国家是英国。

（3）地方公务员法。各个国家在中央与地方的公务员法制关系上存在共性，也存在差异。1）在有些国家，特别是统一集权体制的国家（如法国），中央与地方的公务员法是统一的，中央制定的公务员法一律适用于地方公务员管理。2）在有些国家（如日本），中央政府和地方政府的公务员各自遵守自己制定的法律，属中央、地方两个体系，但其中人事行政的基本原则是统一的。3）在有些国家，虽然存在着地方公务员法，但事实上地方政府仍遵循着中央制定的公务员法，地方公务员法的实质意义不突出。4）在有些国家，尤其是实行联邦制的国家（如美国、英国等），中央政府和地方政府都有各自的公务员法，而且彼此的差异性较大，地方有独立的立法权，根据自己的情况，有针对性地制定公务员法律和法规。

从公务员法调整的范围和关系看，它是规定公务员管理的法律规范，而行政法的内容涵盖了国家行政机关及其工作人员的法律地位、活动范围、职责权限等。因此，公务员法在性质上属于行政法的范畴，是行政法的组成部分，而不是一个独立的法律部门。在西方国家，一般将公务员法看成是行政法的一部分。

2.2.3　公务员法的基本内容

公务员法的内容就是国家对在公务员管理的过程中发生的各种法律关系的所有规定。其基本内容主要包括：

（1）公务员的范围和法律地位。各国的公务员法必须首先明确公务员的范围，以确定法律规范的被管理对象。各国根据自己的特定情况，对公务员范围的界定有所不同。有的国家（如日本、法国），国家公务员的范围很大，从中央到地方行政机关的公职人员，以及国会议员以外的工作人员、法官、检察官、国有企事业单位的工作人员，都属于公务员的范围；有的国家（如美国），公务员指的就是中央政府机关中的所有公职人员，包括政务官和业务官；有的国家（如英国及英联邦国家），公务员的范围就限定在中央政府系统中非选举产生的和非政府任命的业务官。

2005 年 4 月颁布的《中华人民共和国公务员法》界定的公务员范围为："依法履行公职、纳入国家行政编制、由国家财政负担工资福利的工作人员。"

国家公务员的法律地位明确了公务员与国家之间形成的法律关系、双方各自享有的权利和承担的基本义务以及公务员的身份，为公务员依法行使行政管理权提供了基本保证。

（2）公务员职务关系运行的条件以及法律事实的规定。这一内容涉及：1）公务员职务关系的产生，即政府通过何种制度和方式，使原来与国家没有公职权利、义务关系的人，成为具有权利、义务关系和公职身份的人。在公务员法中即公务员的考试录用问题。2）公务员职务关系的运行和变更，即在公务员任职的过程中，其与国家权利、义务关系的维持和权利、义务内容发生的相应变化，包括：增加公务员的权利与义务，如职务晋升、培训；减少公务员的权利与义务，如降职；奖励与惩戒等。3）公务员职务关系的解除与消亡，即公务员与国家形成的权利、义务关系已经不再存在，包括公务员的撤职、开除、辞退、退休、退职和死亡等。

（3）公务员行使职权的保障与应遵守的纪律。公务员从事行政管理活动，必须赋予其相应的职权。公务员法规定了公务员身份与职权的获得，以及合法权益的保障，即不受非法条件和非法程序的惩戒，维护其执行公职的行为能力。同时，公务员法也配套规定了公务员必须履行的职责和遵守的纪律，使其明确肩负的责任，杜绝违规行为的出现。

（4）对公务员责任的追究。当公务员做出了不当或违法的行政行为，违背了公务员法规定的义务和纪律，公务员法规定必须按照法定程序，追究其行政的或刑事的责任。同时，依照公务员法，公职系统要建立相应的人事监督机制，防止违法乱纪行为的发生。

（5）人事纠纷的仲裁和处理。人事纠纷的仲裁和处理规定了在公务员管理过程中负责受理和处理公务员与其所在的行政机关或行政首长发生的人事纠纷的制度、程序和机构等。

（6）公务员法规的效力及解释权。公务员法规的效力及解释权指明了公务员法适用的时间效力和地域效力，规定了对公务员法的条文具有解释权的机构。

2.2.4 公务员法的立法与实施

公务员法的立法是指国家立法机关、行政机关或被授予立法权力的行政部门，依照国家宪法和基本法律的原则和精神，制定对行政机关公职人员进行管理的法律、行政法规和行政规章的活动的总称。公务员法的立法属于行政立法（或人事行政立法），在大多数情况下，此项立法主要指国家行政机关以国家的名义，制定公务员管理的行政法规和行政规章的活动，是一种准立法行为。而由行政机关制定的公务员行为规则同样具有普遍性、规范性和强制性。

每个国家的公务员法的立法都是整个立法体制的有机组成部分。立法体制确立了拥有立法权的机构之间的关系、立法权限的划分和立法程序，对立法的结果起着关键性的作用。公务员法立法同样依赖国家的立法体制。

在我国，现行的行政立法体制在纵向上可分为中央立法和地方立法两大层级；在横向上可分为权力机关立法和行政机关立法两大系统。具有立法权的机构分别是全国人民代表大会和全国人大常委会，各省、自治区、直辖市人民代表大会及其常委会，自治州、自治县人民代表大会；国务院，国务院各部委，各省、自治区、直辖市人民政府，其中国家人事部在立法体制中占有重要的地位。

宪法规定，我国的立法权由全国人民代表大会及其常委会行使。但在实际的立法运作中，立法权可经过一定的程序进行分配和委托。行政机关拥有的准立法权，就是受立法机关的委托获得的。在公务员法的立法过程中，我国立法权限划分如下：全国人民代表大会及其常委会负责公务员法总法的审议和批准；国务院负责公务员法总法的审议和上报全国人民代表大会及其常委会，负责公务员法各项具体条例的审议和批准；国家人事部负责公务员法及各项具体条例的实施办法的制定，并代国务院起草公务员法的总法及各项具体条例；国务院各部委和各省、自治区、直辖市人民政府负责制定与本部门、本地区有关的落实公务员法规、条例的具体性规定。在行政机关内，由于法律对国务院与国务院各部委的行政立法权限划分未作出明文规定，因此，只是按照国务院行政法规和部委规章调整对象和范围上的一般区别来划分，同时，国家人事部又是人事工作的归口管理部门，因此，在立法中的分工是：涉及全局性、整体性的重要人事法规、条例及细则，由国务院制定；具体的行为规则、标准，一般条例实施细则和办法，由国家人事部制定；涉及地区性、部门性的人事规章和实施办法，由地方人民政府和国务院各部委作出规定。

在国家公务员法立法过程中，立法者必须遵守立法有据、效力分层、程序合法和体系完整等技术原则，以保证公务员法立法的合法性与质量。

法律只有实施才能在实际生活中发挥应有的作用。当公务员法立法完成后，关键的问题就是如何合法、有效地执行公务员法。

在公务员管理过程中，公务员法通过两种基本形式得以执行。第一，司法机关和司法人员、行政机关人事部门和公务员依据公务员法律的规定解决具体问题，调整各种关系，这称为法律的适用；第二，国家人事部门和公务员用法律来规范自己的管理活动和行为，这称为法律的遵守。两者是不可分割的统一体，共同保证法律具体实施中的行为合法性。

法律的适用和遵守在公务员法执行中具体体现在以下方面：第一，公务员与政府的职务关系的落实与调整；第二，公务员与国家权利、义务关系的落实与调整；第三，公务员及其管理机关与其他社会人员、社会组织关系的调整；第四，人事行政纠纷或案件发生后的申诉、立案、调查、审判及处理；第五，公务员及其管理机构法律行为的监督检察。

在公务员法的实施中，承担公务员法执行的机构分别是司法、人事行政和监督检察等机构。

（1）司法机构。司法机构拥有国家法律执行和监督守法的权力，对公务员法的执行具有监督、适用解释、审判违法案件等作用。在我国，人民法院和人民检察院依照自己的职责分工，对公务员个人和行政机关的违法行为，依法进行诉讼和判决，从而依法保护公务员和公民的合法权益。对涉及行政机关和公务员个人违法案件的具体审理，根据案件的级别、影响范围和需要程度，分别由不同层次的两院负责。但由于公务员法属于人事行政法，它约束和保障的是人事行政法律行为，因此，此类案件的处理一般要先经人事行政机关或专门的人事行政裁判所处理。

（2）人事行政机构。人事行政机构是对国家人事行政事务进行专门管理的归口组织。它一方面要对公务员进行依法管理，另一方面又要依法检查公务员及其所在行政机关执行公务员法的情况，同时还要对一般的人事行政纠纷案件按法定程序进行调查、审理和裁决，并协助司法机关对重大人事行政案件进行调查，提供证据，因而在公务员法的执行中起着特殊而重要的作用。其法定职权为：直接给予公职人员奖惩、调配、任免决定，享有不受行政诉讼的权利；对人事纠纷有仲裁权；对公职人员的具体行政行为有追究政纪处分的建议权和直接处分权等。

（3）监督检察机构。在我国，公务员法执行的监督检察包括党的纪律检查机关的监督、国家权力机关的监督、行政机关的监督、审计机关的监督和群众与社会监督等，它们构成了对公务员法的执行进行监督的体系，自上而下，自下而上，横纵结合，相互补充，保障了国家公务员法的有效实施。

同任何法律的执行一样，公务员法的执行也必须遵守法治至上、以事实为依据、以法律为准绳、法律面前人人平等的原则。只有这样，才能将法治主义的精神真正地推行和贯彻。

2.3　公务员的法律地位

2.3.1　公务员的法律关系

1. 公务员法律关系的主体

法律关系的主体又是法律关系的当事人，指承担一定法定权利、义务的双方（或两个以上主体）。在公务员的法律关系中，国家及代表国家的行政机关或人事行政主管机关与公务员，构成了国家公务员法的法律关系主体的双方，决定了国家与公务员之间的权利、义务关系。一方面，国家及代表国家的行政机关或人事行政主管机关作为法律关系主体的一方，具有独特的法律地位，这源于国家的权威性和主动性，它拥有的调控者的法律身份，享有完全的、充分的权利能力和行为能力。另一方面，公务员也被赋予了充分的政治、经济、文化等方面的权利，成为法律关系主体的一方。因此，在国家与公务员的法律关系中，主体双方享有的权利与承担的义务是对等的。

公务员与国家及代表国家的行政机关或人事行政主管机关的法律关系不是双方当事人协商形成的，而是法定的。公务员与代表国家的行政机关的法律关系一经构成，便连带发生如下内容：

（1）行政机关拥有的职权、职责和优先权一概溯及公务员，即行政机关的职权成为公务员的职权，优先权也成为公务员的当然权利，而行政机关的职责、权限同样约束公务员。但与此同时，行政机关有权对公务员分享和承担的行政机关的职权、优先权、职责、权限等进行再分配。例如，对公务员职责权限作进一步划分。公务员不仅不能超越所属行政机关的权限，同样也不能超越行政机关内部公务员与公务员之间的权限划分。

（2）公务员在形式上必须以行政机关的名义实施行政管理活动，因为行政主体是一个组织，而不是个人；在实质上必须按照行政机关的意志行事。为保障这一点的实现，行政机关在法律范围内规定公务员的纪律，并实施监督和奖惩权，从而行政机关有权要求公务员以自己的名义和意志作出行政行为。

（3）行政机关对公务员的过错行为承担相应的法律责任。具体方法是：先由行政机关对公务员个人的过错承担责任，然后行政机关依据公务员过错的程度追究公务员的责任，并向其行使求偿权。

而公务员与社会中被管理个人或组织构成的法律关系是基于行政机关与公务员的法律关系而发生的。公务员与个人或组织的关系是单方面形成的，与个人或组织的意志无关。表现为：第一，公务员有权以行政机关的名义对个人或组织实施管理，并依法采用各种强制手段。同时，公务员有义务履行职责，保护个人或组织的合法权益，接受后者的监督。第二，个人或组织有服从和协助公务员实施行政管理活动的义务，同时，享有对公务员行政行为建议、批评、控告、申诉、复议和诉讼的权利。

2. 公务员法律关系的客体

公务员法律关系的客体是指在公务员的法律关系主体中，法律关系的参加者的权利、义务所指的对象。它包括公务员享有的消费性生活资料，如工资奖金等；精神财富，如精神奖励；人身，如公务员交流、调配中的公务员人身；行为，如国家行政机关的行为（即行政行为）和公务员的行为等。其中，行政行为和公务员的行为，是公务员法律关系客体中的重要方面。

行政行为有三个基本要素：第一，行政行为是各级政府的人事部门及政府各工作部门的人事管理机构的行为，这是行政行为的主体要素，明确了公务员管理的归属；第二，行政行为是公务员管理机构行政管理的行为，这是行政行为的职能要素，明确了公务员管理机构行为的目的与方向；第三，行政行为是法律行为，这是行政行为的法律要素，明确了公务员管理是依法的管理行为。

公务员行为同样包括三个基本要素：第一，公务员行为是公职人员的行为，而非一般公民的行为或私人的行为，这是公务员行为的主体要素；第二，公务员行为是公务员为享有权利和履行义务而从事的作出或不作出的行为，这是公务员公务行为的目的；第三，公务员行为能够直接或间接地引起一定的公务员法律关系效果，即当公务员行为引起一定的公务员法律关系产生和变更时，才成为公务员法律关系的客体。公务员行为的关键是，必须明确区分公务员的个人行为和公务行为。

2.3.2　公务员的行政职务关系

一旦公民担任了国家的行政职务，就意味着他接受了国家委托，成为政府公职人员，从而与国家构成了一种新的、特殊的法律关系——行政职务关系，只有担任行政公职的公民才在这一法律关系中，这就是公务员的行政职务关系。

实质上，行政职务关系是公务员基于他的行政职务而与国家构成的权利、义务关系，它是使公民成为公务员的法律基础。行政职务关系的内容是：

(1) 代表国家行政机关赋予公务员一定形式的职权，使其可以以国家行政机关的名义实施行政管理权。

(2) 国家行政机关规定公务员负有一定的义务和职责，规范其行政行为。公务员必须依法履行其职责，否则，国家可以追究其法律责任。

(3) 公务员必须忠诚地服务于国家、政府，接受公民的监督和批评，同时享受国家赋予他们的优先权和受益权，如享受公务员工资福利待遇、公务员职务受到法律的特殊保护等。

(4) 一切公务员以其行政职务的特别要求区别于一般公民，但同时没有任何相对于公民的特权。

公民担任行政公职，使行政职务关系产生，这是行政职务关系运动过程的起点。按照国家法律的规定，形成行政职务关系必须经过法定的程序，依据一定的法律事实。在我国，行政法规定，行政职务的产生包括五个程序：

第一，选任。由权力机关通过选举产生行政职务。我国一级政府的组成人员，按宪法和组织法的规定，以选任方式获得行政职务，实行任期制。第二，委任。由有任免权的机关任命公民担任行政公职，产生行政职务关系。在我国，可以由权力机关委任，也可以由行政机关委任。第三，考任。通过行政机关人事主管部门组织的公开考试，择优录用公务员，使公民与国家形成了行政职务关系。第四，调任。通过政府人事主管部门直接的调配，担任行政公职。第五，聘任。行政机关通过招聘渠道吸收公务员，形成行政职务关系。除各级政府的组成人员以外的公务员，实行常任制，行政职务关系根据国家公务员法规规定产生和管理。

国家授权公民担任行政职务，一般需以当事人的同意为前提。但行政职务关系的具体内容并非由国家与当事人的协商决定的，而是法定的。

公务员的行政职务关系也会因一定的法律事实而变更甚至消失。变更是指在公务员任职期间，因某种法律事实的出现而使职务关系的内容发生变化；如果涉及的当事人失去了公务员身份，就不是职务关系的变更，而是行政职务关系的消失，消失是公务员行政职务关系运动过程的终点。行政职务关系的变更，主要由于发生了以下法律事实引起的，包括罢免、撤职、辞职（指在辞职申请被批准之前）、免职、降职、转职、调职、升职等。而引起行政职务关系消失的法律事实一般有：离休、退休、退职、辞职（指在辞职申请被批准以后）、辞退、死亡、丧失国籍、开除公职、被判刑等。

2.3.3 公务员的双重身份

公务员身份的双重性源于他在进入公职系统之前的“原身”是公民。当他经过法律程序进入国家公务员队伍后，就形成了新的身份和行政职务关系。这就使得，一方面，他接受了国家的授权，担任了一定的行政公职，享有和履行国家规定的公职权利与义务；另一方面，无论他担任多高的行政职务，其原来的身份，即公民及其法律地位，并没有由于行政职务关系的形成而丧失，他仍然是一个公民，享受法律规定的公民的基本权利，同时履行法律规定的公民必须履行的基本义务。由此，每个国家公务员都具有双重身份，即“公民”和“公务员”。

与公务员的双重身份相适应，公务员也具有双重行为，即作为公民的个人行为与作为公务员的公务行为。个人行为与公务行为的区别是：个人行为是以行为人自己的名义从事的活动，它只能代表行为的本人，不具有强制性，行为的效果只属于行为本人。而公务行为则表现了与个人行为明显不同的特征：第一，公务员有资格作为国家的代表，以国家行政机关的名义从事公务活动。第二，公务行为是国家意志的体现，因而具有国家的强制性。公务行为引起的效果由所属的国家行政机关承受。对于公务员在执行公务中的个人过错行为，其所属行政机关负有连带责任。第三，公务员在从事公务行为时，享有行政职权和行政优益权。他可按单方面的意志构成与被管理的个人或组织的法律关系，在公务行为被依法撤销前，可推定为有效，并继续执行。如何划分和区别公务员的个人行为与公务行为？目前，划分两种行为的标准主要有三个①：

（1）公务员的行为以所属单位名义做出的，属公务行为；以自己名义做出的，则属个人行为。

（2）公务员的行为是在他的职责范围内做出的，属于公务行为；如果超出了职责范围，必须结合第一条标准和第三条标准综合认定。

（3）公务员的行为是执行单位的命令和委托，不管单位的命令和委托是否越权，一概属于公务行为。

虽然公务员的两种法律身份的法律地位不同，但由于两种法律身份集于公务员一身，在其行为活动中就会形成行为的交叉运行，使双重身份发生冲突。这就要求按照法律、法规的规定理顺两者的关系，在不同的时空中使公务员的两种法律身份有序地体现。公务员的双重身份的矛盾，主要表现在两个方面：第一，公务员作为公民所享有的某些权利，作为公务员则不能全部享有，如对公务员政治活动的限制、关于公务员经商或从事营利性活动的限制。公务员承担着比一般公民更多的义务，同时国家也赋予了公务员比一般公民更多的权利，如行政职权、行政优益权等。第二，行政法要求公务员的双重身份、双重行为和双重效力相统一，即作为公务员，必须行使和发挥与其身份相统一的行为和效力。这意味着如果公务员在具体的活动中，一旦身份和行为发生交错时，就会出现两种违法现象。

① 参见罗豪才主编：《行政法学》，105～106页，北京，中国政法大学出版社，1996。

一种是，当公务员以公民身份去从事行政行为时，会发生无效的行政行为，导致行政失职。如一罪犯逃逸，被你遇到，如果你是公民，避而不抓，是思想作风问题，但如果你是执行公职的警察，避而不管，将自己混同为一般的公民，就是明显的行政失职。另一种是，当公务员处于公民身份以公职权力从事个人的行为时，就会出现滥用职权（越权、以权谋私）的问题。为了防止公务员的身份冲突，减少滥用职权的现象，法律对公务员的公务标志作了明确的规定。所谓“公务标志”，就是用于表明公务人员身份或用于公务器具的外形标记，以便于公众识别和监督。外形标记包括袖标、胸前证章、证徽、标牌等，要求公务员在执行公职任务时佩戴，促使其能够明确自己的身份、责任和使命。

2.4　公务员管理机构的职责权限

2.4.1　公务员管理机构的职权与职责

公务员管理机构是根据现代公务员事务的需要，在行政机关体系中建立的，代表国家和政府对公务员甄选、录用、考核、晋升、工资、退休等环节实施管理的专门组织。它承担着公共部门人力资源管理中的人事决策、管理执行、监督仲裁、关系协调和保障服务等职能。为了保证政府对公务员的有效管理，公务员法律、法规对公务员管理机构的权限、职责范围等也作了明确的规定。前面论述的公务员法律关系，归根到底具体体现在公务员与公务员管理机构的权利与义务关系之中。因为法律规定，公务员管理机构接受了国家的授权，代表国家和政府对公务员事务进行全权管理。它拥有以下法定职权：

（1）制定规范权。根据国家有关公务员管理的法律、法规，制定比较具体的管理规定、办法和实施细则的权力。一般只限于中央政府的公务员管理职能部门所有。

（2）录用权。将非公务员按法定条件和程序吸收为公务员。

（3）考核权。按法律规定对公务员的德才情况进行日常考核和专门考核。

（4）奖励权。依法对工作成绩优异或有其他突出贡献的公务员予以奖励。

（5）行政处分权。对有违法违纪行为的公务员依法予以行政处分。

（6）任免权。依法对应当任命或免去行政职务的公务员予以任命或免职。

（7）辞退权。依照法定条件和程序对公务员予以辞退。

（8）人事纠纷裁定权。依法对公务员人事行政管理中出现的纠纷和争议予以裁判和决定。

（9）其他人事决定权。包括依法决定公务员的转任、轮换、回避、退休、退职，以及决定和批准公务员的离职培训或请假等。

公务员管理机构的主要职责是：为公务员提供必要的工作条件和服务；公正、合理地行使人事管理的职权，依法管理，严格依照法定条件和程序办事，并适当、合理地使用法定的自由裁量权；当人事处理决定存在错误的时候，做到有错必纠，有损必偿。

具体地说，若公务员管理机构对公务员的人事处理决定存在错误，必须承担以下相应的行政责任：第一，撤销违法决定，包括宣布有关决定无效，并停止该决定的执行。第二，纠正处理不当之处。如果决定部分违法或不当，应对违法或不当的部分予以纠正，不能全部撤销。第三，履行职责。如果管理机构的违法或不当，是由于未依法履行法定职责造成的，应立即履行有关职责。第四，赔礼道歉，恢复名誉。如果有错误决定，无论决定是否对公务员造成了实际损害，有关机关都应向公务员承认错误，赔礼道歉。如果造成公务员名誉损害的，应负责恢复其名誉，挽回不良影响。第五，恢复原状。撤销错误决定后，应恢复公务员原有的职务、行政级别、工资福利和其他待遇等。第六，经济赔偿。赔偿因执行错误决定给公务员带来的经济损失。

2.4.2 公务员管理机构的组织形式

公务员管理机构的组织形式多种多样。形式的选择取决于一个国家政治体制和社会环境等各种因素的综合作用，而不同的组织形式又反映出一国人事行政管理体制和人事权力配置的差异。从世界角度看，公务员管理机构的组织形式可按以下标准进行分类：

1. 从公务员管理机构与行政系统的关系看，有部外制、部内制和折中制之分

（1）部外制。部外制是指在行政系统之外设立相对独立、地位超然的公务员主管机构。行政系统之外的管理机构，不仅拥有独立行使公务员考试录用的权力，而且统一、全权掌管公务员的考核、培训、晋升、奖惩、工资、退休等各项事务。美国是最先采用这种人事管理体制的国家，亚洲有日本、韩国、泰国等国。

部外制的优势在于：行政系统之外的管理机构地位超然，可以不受行政首长的干涉和控制，有利于客观公正地选拔人才；有利于对公务员队伍进行全面规范、宏观调控和统筹考虑。缺点是：不了解各行政机关的实际工作情况，容易造成人与事的脱节；因行政首长缺乏用人权和人事监督权，无法调动其用好人才的积极性；公务员主管机构与立法机关和司法机关的工作有重叠和冲突，受到较大牵制，难以履行其应有职能。

（2）部内制。相对于部外制而言，在各行政部门内设立公务员管理机构，掌管各部门内部公务员的考试录用、考核、奖惩、任免、交流、工资、培训等管理事务。人事权基本上全部由政府部门内的主管行政首长或人事机构负责。法国和德国曾采用这种体制。

部内制的优势在于它弥补了部外制的缺陷，将行政机构与公务员管理机构合为一体，职权上没有冲突，可以根据机关工作的实际需要任用和开发人才，有利于用人与治事的统一。缺点是：管理比较分散，容易出现管理标准不统一、各自为政的现象；对公务员整体规划功能比较薄弱；行政首长干预人事行政工作的现象较多，尤其是破坏考试制度，妨碍了人才选拔、任用的客观公正性。

（3）折中制。在行政系统之外设立独立的人事主管机构，专掌公务员的考试权，除此之外的其他人事行政管理事务则由行政机构内部设立的公务员管理部门自行管理，不归属行政系统之外的公务员主管机构。英国和英联邦国家大都采用这种管理体制。

折中制结合了部外制和部内制的优点，一方面，它独立行使考试权，以便不受政党和行政首长的影响，客观公正地选拔人才；另一方面，政府部门内的人事管理机构拥有考核、晋升、奖惩、培训等权力，可以配合行政机关的工作性质和需要进行人事管理，保证用人与治事的统一。

2. 从公务员管理机构承担的职能范围看，有单一功能机构和复合功能机构

（1）单一功能的公务员管理机构，是指在同一个行政层级中设立若干个专职的公务员管理机构，分别行使人事管理的决策、协调、执行、监督、仲裁等职能，彼此相互配合、呼应。它的优点是：职能专一、健全，各机构之间既制约又配合，宜于深入开展管理工作；缺点是：易造成机构重叠臃肿和重复管理，增加协调的难度。

（2）复合功能的公务员管理机构，是指在一个行政层级中只设立一个公务员管理机构，同时担负着决策、协调、执行、监督、仲裁多种功能。它的优点是：机构设置单一，管理程序比较简明，可以防止重叠和重复；公务员管理的事权集中，管理统一；缺点是：由于各种功能集于一身，势必削弱某些管理功能；对外部环境的变化反应比较迟钝。

3. 从国家结构形式这一标准看，公务员机构有单一制国家的设置方式、联邦制国家的设置方式和地方自治国家的设置方式

（1）单一制国家公务员管理机构的设置。在单一制国家中，地方政府的公务员管理机构设置与中央政府的设置如出一辙，上下对口。地方公务员管理机构处于从属地位，受中央公务员管理机构的领导、指导和监督。地方公务员管理机构可以制定公务员管理的具体方法，但不得与中央的法规、政策相抵触。这一形式的优点是：标准一致，政令统一，有利于宏观、整体性管理；缺点是：容易造成地方对中央的依赖，且不利于发挥地方的积极性。

（2）联邦制国家和地方自治国家公务员管理机构的设置。在这些国家中，公务员系统被分为国家（或联邦）公务员和地方公务员两大序列。前者是指在中央（联邦）政府以及中央在地方的派出机构中任职的公务员，后者是指在地方政府中任职的公务员。它们分属两个不同的体系，各自有自己适用的法规和管理制度。中央的公务员管理机构只管理国家公务员事务，而地方公务员事务则由地方公务员管理机构负责。地方公务员管理机构的组织设置形式既可以与中央一致，也可以完全不同。地方政府之间的公务员管理机构的名称和体制构成也可以不一样。中央和地方各自的公务员管理机构分属两个系统，它们之间没有从属关系。中央对地方没有领导权和监督权，地方机构从属于地方政府，有完全的自主性和独立性。这一形式的优点是：能够发挥地方的积极性，照顾地方的特殊性，因地制宜；缺点是：各立章法，标准不一，可能受地方利益的驱动，造成管理中的不良倾向。

2.4.3　公务员管理机构组建的发展趋势

随着公务员制度的发展，公务员管理机构的组建也呈现出一些新的发展趋势。

（1）部外制和部内制出现趋同化，向折中制方向发展，强化了人事管理价值与管理目标的统一。由于折中制本身具有的优势，各国政府通过实施此制度，力图有机地融合部外制和部内制的优点。20 世纪 70 年代后，许多国家的政府对公务员管理机构的组织形式进行了改革。如美国，以前实行的是部外制，1978 年文官制度改革，部外的文官委员会被撤销，分别成立了功绩制保护委员会和人事管理局。功绩制保护委员会是行使监督职能的独立机构，而人事管理局是设立在行政系统之内的公务员管理机构。传统的部内制也发生了变化，如法国设置的行政与公职总局，是统一管理公务员事务的最高决策机构。因此，随着现代公务员管理机构的设立，传统的部外制、部内制的划分界限已经十分模糊，逐步趋于同化。

（2）公务员管理机构的功能重新分化组合，协调咨询和公务员仲裁与权利保障机构发展迅速。随着公务员事务的复杂化，公务员管理机构的功能也要逐步健全。除了传统的公务员决策、执行机关外，还纷纷建立了一些新的职能机构。1）人事行政的咨询协调机构。它承担着对行政领导和人事部门人事决策的咨询功能，以保证决策的科学性和正确性。同时，随着公共部门人力资源预测、规划和公务员个人职业生涯发展技术的不断更新和运用，人事行政咨询机构以其专业的知识、技能为行政机构和公务员个人提供服务。2）公务员的仲裁机构。随着公务员与行政机关的人事争议和人事纠纷的不断增加，对纠纷案件必须予以审理、仲裁和判决。公务员的仲裁机构就承担着这一职能，它在维护公务员的合法权益、监督公务员管理机构依法行政、平衡公务员与行政机关之间的关系等方面发挥着重要的作用。

本章小结

人治式的人事管理一直是人事管理的一大弊端，摒除人治化在选人、用人上的随意性和长官意志，是人事管理的努力方向。因此，法治化管理是现代公共部门人力资源管理的基本规则，它意味着公共部门人力资源管理必须遵循法律的规范，按照法定的权力和程序对公职人员进行管理。在宪法和法律的框架下，通过立法，政府对公职人员事务依法进行管理，是公共部门人力资源管理法治化的前提条件。国家公务员的法律体系确立了国家公职人员管理的体制，明确了国家公职人员的法律地位，规定了国家公职人员管理机构的职责权限，设置了公职人员管理机构的组织形式，这为公共组织的人员管理提供了基本的法律依据。

思考题

1. 公共部门人力资源管理法治化的基本要素有哪些方面？
2. 国家公务员法的渊源和性质是什么？
3. 国家公务员法的体系和主要内容是什么？
4. 如何理解公务员的法律关系和行政职务关系？
5. 公务员管理机构的职责、职权各是什么？
6. 公务员管理机构的组织形式是怎样的？

第 3 章

公共部门人力资源的权利、义务与行为规范

权利和义务体现了在政府供职的公职人员与国家和政府之间形成的最基本的法律关系。它确立了公职人员这一群体的法律地位，使其享有了行政管理的职责和权限。公职人员权利、义务的法定性，是公共部门人力资源管理的重要特征之一，反映了公共部门人力资源管理的本质，因此，它是我们必须讨论的管理内容。法律的规定是对公职人员行为的外部强制和约束，而在复杂的社会生活中，要保证公职人员忠于职守、富有良知，还必须依赖于正确的理念、价值观、理想和道德的灌输与内化过程，公职人员行为规范的培养已经成为现代公共部门人力资源管理中一项日益受到重视的任务。

3.1 国家公职人员权利、义务的含义与作用

3.1.1 公职人员权利、义务的含义

1. 公职人员的权利

公职人员的权利是指，以法律形式规定的，关于公职人员在接受国家和政府的委托之后，在履行其行政职责过程中，能够做出或不得做出的一定行为。换句话说，是国家法律以权利的形式赋予公职人员某种利益或做出某种行为的许可和保障。它包含以下思想：

（1）公职人员权利的获得是以其身份和职责为基础的。没有或失去公职人员的身份，就无所谓其权利。这是公职人员权利区别于其他权利的根本标志。

（2）公职人员权利的具体内容，就是公职人员可以做出一定行为的规定，也是公职人员可以要求他人做出和不能做出某些行为的规定。赋予公职人员权利的根本目的是保证其有效地行使国家行政权力，执行国家公务。

（3）公职人员的权利是由国家法律确认的，并为法律所保护。依据法定权利，公职人员可通过合法的途径获得其应有的利益，任何机关和个人不得侵犯其合法权利。当公职人员的合法权利受到非法侵害时，他有权诉诸法律保护，要求有关国家机关强制保护或恢复其权利，并要求侵害人作出赔偿。

（4）公职人员享有的大部分权利是可选择性权利，其可以依照自己的意愿不享受或放弃某些权利。但是，有些权利则属于职务方面的权利，没有这些权利，公职人员将无法有效地履行职责。职务方面的权利同时也是公职人员的义务，因此，不能放弃。如公职人员不得拒绝或放弃其所在行政机关为他提供的必要的工作条件等，这表明了公职人员权利的客体方面的含义。

2. 公职人员的义务

公职人员的义务是指，以法律形式规定的，公职人员在担任公职职务、执行行政活动中必须做出或不得做出一定行为的约束。换句话说，国家和政府运用法定义务形式，强制性地规定公职人员必须执行的某些责任，或未履行义务应承担的后果。它包含以下思想：

（1）公职人员的义务是基于国家法律规范产生的，这与道德规范或其他社会规范引起的义务不同。公职人员一旦与国家、政府发生了这一法律关系，就必须尽职尽责，完成国家交给的行政管理任务。其义务不能放弃，且必须无条件履行。国家可凭借其强制力和强制手段促使公职人员履行义务。

（2）规定公职人员义务的目的，是为了保证其能在法律规定的范围内准确地行使职权，执行公务。这是对公职人员义务的主体方面的限制。

（3）公职人员义务的具体内容，就是其必须做出或不得做出的行为。主要是对公职人员行为的基本要求和必要约束。

（4）当公职人员未能或没有依法履行其法定义务时，必须承担相应的后果，国家有关机关可依法追究其法律责任。

3.1.2 公职人员权利、义务规定的地位和作用

从根本上讲，公职人员在法律上的权利义务关系就是公职人员与国家和政府形成的法律关系。它在公共部门人力资源管理中具有十分重要的意义。

（1）权利、义务的规定是确保公职系统运行的基本条件。权利的确认，为公职人员执行公务提供了有效的保障；义务的设定，对公职人员行使权利进行了有效的约束。公职人员是公职系统最主要的构件，组织内的行政活动要依靠公职人员去完成和实现。权利、义务以法律的形式直接规范其行为，从而为公职系统的正常运行创造了基本条件。1）权利、义务使公职人员获得了基本的身份保障和任职资格，这是他们进行公职活动的前提。2）权利、义务规定可以激发和调动公职人员的积极性，明确工作的责任和自己的职责。3）权利的规定能够保证公职队伍的稳定性，保障公职人员安心于本职工作，防止人才外流。同时，又可以吸引社会上的优秀人才进入公职系统，保持公职系统的活力。4）义务的规定有助于促进公职队伍的纯洁性。通过义务的履行，建立了公职人员严格约束自身行为的标尺，促使其自觉遵守职业道德，为社会和公众服务。

（2）权利、义务的规定是公职系统行为规范的核心内容，它有助于强化公职人员的责

任和自律意识，提高履行义务和为公众服务的自觉性。国家和政府可以以多种形式对公职人员的行为进行规范，而以法律形式规定的权利和义务，是行为规范中最强有力的和最具实效的，它是公职人员行为规范的最高层次，对公职人员责任感和自律意识的提高、培养一支高素质的公职人员队伍具有极为重要的意义。

（3）权利、义务的规定有助于公职人员的管理和监督，并推进公职队伍管理的法治化和民主化进程。公职人员的权利、义务是公务法律关系的核心内容，它的发展标志着民主政治的发展。一方面，权利、义务的规定使公职人员能够防范各种违背公职要求的不正当行为。特别是随着行政权的扩大，公职人员必须加强维护公民权的意识，自觉遵守义务规范，符合法治的要求，克服人事行政工作中的种种腐败现象，推进管理的法治化进程。另一方面，权利、义务的规定有助于增强政府工作的透明度。它向公众展示了公职人员行为标准的底线，使公众可以借此评价公职人员的行为，监督其管理的过程和效果，从而保证公职人员行为的合法性和公正性。以法律形式调整公职人员与公众、政府的法律关系，已是行政法规定的重要内容，也是国家民主与法制建设的重要环节。

3.1.3 公职人员权利、义务的特点

（1）公职人员的权利和义务是不可分割的统一体，它们体现了辩证统一的关系。在一般情况下，公职人员的权利和义务是同时产生并同时在行为过程中发生作用的。没有权利就无所谓义务，反之，没有义务也无所谓权利，权利和义务的关系是相对的。公职人员权利与义务的关系表现在：1）权利与义务的相互依赖性。这意味着公职人员享受法定的权利必须以其履行法定的义务为条件，反之亦然。2）权利与义务在一定条件下可以相互转化，即权利与义务的区分不是绝对的，而是相对的、可转化的。例如，公职人员依法执行公务的行为，对其所在的行政机关来说是公职人员的义务，而对于行政相对人来说则是公职人员法定的权利。3）权利与义务的同一性。有些法律规定的内容既是公职人员应享有的权利，同时也是其应履行的义务，如职务权利。4）权利与义务是普遍和一致的。任何一个公职人员都既是法定权利的享有者，又是法定义务的承担者，而且，其享有权利的多少和程度与其履行义务的多少和程度成正比关系。

（2）公职人员享有的权利和应尽的义务都具有双重性质。公职人员权利、义务的双重性是由公职人员的双重身份决定的。他们享有宪法规定的公民的基本权利和义务，同时，他们又不同于一般公民，必须受到公职人员专门法律、法规的约束，遵守和执行公职人员特定的义务。在原则上，公职人员权利、义务的双重内容应该是统一的，即以哪种身份出现的时候，就应当行使哪方面的权利，履行哪方面的义务。如果脱节，如公职人员以公民身份对待行政职责（行政行为），就会发生行政失职；而以公职人员的身份去从事个人行为时，就会出现滥用职权的现象。但是，当两个层次的权利、义务不协调时，国家法律根据公职人员的特殊地位，不得不有限度地限制公职人员的宪法权利，或给予他们更多的行政优益权。如各国公务员制度中，对公务员言论、集会、结社、罢工等权利都有相应的限制，但同时也赋予了公务员与其职责相一致的行政优益权。

（3）公职人员在权利和义务面前一律平等。正如公民在法律面前一律平等的政治原则一样，所有公职人员在法律规定的权利和义务面前也一律平等。这意味着权利、义务的规

定面向全体国家公职人员，任何公职人员，不论其家庭出身、性别、资历、职位、社会地位、社会关系及宗教信仰有多大差异，都一律同等地享受法定的权利，平等地承担国家赋予的义务。任何公职人员不能凭借职位、权力、资历和社会背景等优越条件享受特权和殊荣，或歧视其他公职人员。这一点在各国的公务员法中都作了明确规定。

（4）公职人员的权利和义务具有严肃性和不可剥夺性。公职人员的权利、义务是法律、法规规定的。一方面，它受到法律的保护，任何组织和个人都不能非法侵害或剥夺，具有不可剥夺性，如公职人员享有的接受培训的法定权利，就不能任意被剥夺；另一方面，公职人员的权利、义务规定是严肃的，各个行政机关和每一个公职人员都不能将其当做儿戏而不认真执行，否则，其后果将是承担相应的法律责任。

3.2 国家公职人员权利、义务规定的内容

3.2.1 公职人员权利、义务法律规定的形式

公职人员权利、义务的规定还涉及一个法律规定的形式问题。法律规定形式往往关系到法律规范的地位、效力和执行，是权利、义务规定的重要组成部分。但是，由于公职人员权利、义务的法律规定受到国家法律体系、历史传统、社会政治文化背景的影响，采用的规定形式也不尽相同。综观世界各国公务员制度的法律和法规，公职人员的权利、义务一般以四种形式作出规定。

（1）在公务员法中对权利、义务进行集中而明确的规定。在大陆法系国家，公务员法的主要任务是用法律的形式将公务员与政府的关系确定下来，这种关系又集中地体现在公务员的权利、义务上，因而，大陆法系国家多以此种形式规定公务员的权利、义务。这种规定形式一般是设有专门的“章”或“节”条款，且在标题中明确使用“权利”和“义务”的概念，重点突出，十分清晰。我国公务员法采用的就是这种法律规定形式。

（2）在公务员总法中没有对权利、义务给予专门或集中的规定，一般放在总则中，或散见于劳动法典及各种管理条例中。如美国职位分类制，由于公务员的专业化倾向明显，要求在权利和义务上也反映出公务员不同职类的特征，因此，采用此种比较分散的规定形式。

（3）在公务员法或法规中涉及有关权利、义务的内容，但是没有直接使用“权利”和“义务”的概念表述，而是用其他概念替代，但内容的规定基本相似。如日本公务员法使用的概念是“保障”和“服务”。

（4）有些国家的公务员法没有将权利、义务分别加以阐述，而是将权利、义务合在一起规定。权利中包含着义务，义务中也包含着权利。

实际上，各国公务员权利、义务不尽相同的法律规定形式也有一定的规律。属于大陆法系的国家延续了法典式的传统，它们首先考虑的是一般法律准则和基本法典，因而将公务员权利、义务这些基本的准则都规定在公务员制度的基本法中。属于普通法系的国家，没有制定法典的传统，多从纷繁的案件中归纳出一般的法律准则，因而在有关公务员制度

的法规中，既没有公务员的基本法，更没有专门的公务员权利、义务法规，也没有公务员权利、义务专章、专节规定，而是分散于各个法律规定和管理规章中，比较零散地体现。

公务员权利、义务的法律规定方法有两种：一种是列举法，将公务员的权利和义务依次逐项列举排列下来；另一种是排除法，将公务员权利和义务分别规定的不能行使和可以不履行的例外情形排除出去。除此以外，任何权利都可行使，任何义务都必须履行。列举法可以使公务员明确自己的权利、义务，也易于监督，但问题是公务员权利、义务内容丰富，不能列举周全，易出现遗漏。排除法的利弊关系则与列举法正相反。平衡利弊，大多数国家采用的是列举法，我国国家公务员制度也使用列举法规定公务员的权利和义务。

3.2.2　公职人员权利规定的基本内容

公职人员法定权利的内容包括四类：第一，身份和职务权利保障权。为保证公职人员工作的稳定性、连续性和有效地执行公务，身份职务权利不受非法的侵害。第二，政治权利，即公职人员作为公民和公务执行者应享有的宪法和法律规定的政治权利。公职人员的政治权利同时也是对其政治行为的约束。第三，经济保障权，即对公职人员付出劳动的经济补偿和保障形式，是其权利的基础。第四，救济和其他法定权利，即当公职人员的合法权利受到非法侵害时，公职人员依法维护自身利益的权利。公职人员享有的一些法定权利的具体内容是：

(1) 公职人员的身份保障权。它包含在公职人员公职身份取得和任职的全部过程中，是保障公职人员执行公务、实行常任的基本权利。它包括公职人员不受所在行政机关非法的身份权侵犯以及行政执法中免受他人攻击行为的权利两大方面。具体表现在：1) 公职人员的名称权。2) 非因法定事由和法定程序不受行政机关的免职、降职、辞退、处分、处罚和强制退休等处理的权利。3) 在正常履行职务和执行公务时受到名誉和人身保护的权利，即行政机关应保护公职人员不受他人的威胁、暴力攻击、谩骂、诽谤或侮辱。如果上述情况发生，行政机关有权代表受害的公职人员要求弥补造成的损害，获得赔偿。4) 在西方，公职人员有参加公务员工会的权利。5) 在一定情形下，公职人员享有可不受民事审判的权利。由此，保障公职人员职业的稳定。

(2) 获得履行职责、执行公务应有的权力和工作条件。这是指公职人员依法执行公务时所具有的权能，它是公职人员有效完成行政管理任务必备的条件，我们常称之为“职权”。职权与通常的权利的含义有所不同。权利是公职人员个人应享有的权利和利益，而职权只能在履行职责时才有。同时，它也不属于公职人员个人，而属于公职人员所在的职位，是代表国家和政府履行的。因此，公职人员享有的行政职权必须在法律规定的范围内行使，不得越权，更不能以此从事谋取私利的活动。公职人员的这一任职权包括公职人员执行公务的职务权和工作条件的要求权等。

(3) 政治权利。政治权利是指法律规定的公职人员有参加国家政治生活的民主权利以及在政治上享有表达个人见解和意愿的自由，是公民政治权利的延伸。它表明了公职人员在国家政治生活中的地位和作用，也是对其公职身份在政治上的确认。各国政府根据本国的国情，赋予了公职人员有限的政治权利和自由权利。政治权利的表示一般也比较抽象，主要包括：选举权和被选举权；个人信仰自由，即行政机关和其他人不得剥夺公职人员的信仰自由，此因素不应影响公职人员在公职系统的前途；言论自由，即公职人员可发表自己的见解，但不能破坏中立原则；结社自由，即公职人员可组建自己的工会。上述政治权利的行使是有条件的，不能破坏政府的声誉或破坏公务的有效执行。因此，公职人员的义务又对其政治行为和政治活动作出必要的限制。

（4）经济权利。经济权利是指公职人员依法享有的经济和物质利益方面的权利，它是维持公职人员生存需要、关系到公职人员生产与再生产的基本条件。在公务员法有关权利的规定中，经济权利的内容一般占较大比重，主要包括：获得法定劳动报酬和享受津贴、福利、保险的权利；享受领取退休金和抚恤金的权利；依法向国家申请经济救济或补助的权利；享有国家提供的生育、年老、患病、伤残、死亡时的保险待遇，以及取暖、交通等方面的福利。公职人员的经济权利一般应体现按劳分配的原则。任何行政机关和个人不得随意减扣公职人员的工资和各种津贴，不得剥夺公职人员享受的各种保险、福利待遇方面的权利；如果公职人员因受处分、降职等原因降低工资待遇，必须严格按照法定条件和程序办理。

（5）补救权利与监督权利。补救权利是指公职人员的法定权利遭到非法侵害时，可依据救济权利，要求通过事后补救，恢复被侵害的权利。它是公务员实现自身权利的重要保障。补救权利主要包括申诉和控告的权利。监督权利是指任何公职人员作为行政机关的一分子，有权对所在的或其他行政机关及其行政领导者的工作提出批评和建议。它有利于实现机关的民主，防止专制，提高工作效率。行政机关和领导者不能压制或打击公职人员的合理批评与建议。

（6）其他法定权利。公职人员还享有一些其他的法定权利，包括接受培训的权利、依法辞职的权利和法定休假的权利等。

3.2.3 公职人员义务规定的基本内容与责任

公职人员的义务一般可以划分为作为的义务和不作为的义务。作为的义务是指国家或政府以命令性法律规范设定公职人员必须做出一定行为的义务，它基本上是以肯定的方式明确规定。如果公职人员违反法律规定，不做出应有的行为，就要承担某种否定性的法律后果。不作为的义务是国家以禁止性法律规范规定的公职人员不得做出一定行为的义务，它一般以否定的形式体现。公职人员义务规定的内容基本集中在其政治要求和公共服务规则上。

（1）必须遵守国家的宪法、法律和法规，并依照国家法律、法规和政策执行公务。公职人员是国家公民，也是国家政策的执行者，应该带头遵守国家的各项法律规定，自觉维护法律的秩序。同时，公职人员在执行公务的过程中，必须按照法律规定的基本准则从事管理活动。这是对公职人员的规范性要求，也是其公务执行质量的重要保证。

（2）忠于政府，忠于职责，遵守公职人员的职业道德。1）公职人员应以兢兢业业、忠心耿耿的精神和态度为全体公民和国家利益服务，这是其公职的最高目标和职责。我国公务员制度的规定是，公务员要全心全意为人民服务，忠于职守。2）公职人员必须忠于国家和政府，忠实地履行国家和政府交办的公务职责，完成各项任务。3）公职人员必须忠于本职工作，勤勤恳恳，在工作中杜绝和摒弃办事拖拉、人浮于事等官僚主义的工作作风，充分体现公职人员的职业道德风范。4）公职人员在就职时需经过就职宣誓，使其感受到对国家、政府和公民的责任。

（3）维护国家安全、利益和政府的声誉。公职人员是代表国家和政府执行公务的，他们应以国家的利益和政府的声誉作为行动的准则和归宿。这要求他们的一切言行都应站在政府的立场上，不能散布有损于政府声誉的言论或鼓动对政府的不信任情绪，更不能采取反对或攻击政府的行为，那样不仅在逻辑上是自相矛盾的，而且在事实上是与公职人员的身份不符的。它造成的社会效果一般极为恶劣，因此，这项义务规定对公职人员的要求十分严格。

（4）在工作中，服从领导，执行命令。公职人员必须遵守公职系统中的等级秩序，执行行政领导的命令，这是保证行政系统灵活、精干、高效运转的基本要求。公职人员服从命令的要求意味着：1）公职人员的主要领导或上级领导依法定职权作出的命令是有强制性和约束性的，每个公职人员必须无条件地执行，不得自行其是、违抗命令。2）公职人员服从命令的义务只以有效的职务命令为限，即领导人的命令只能是在其职权范围内发布的命令。3）如果领导人的命令违反了法律、法规和政策，公职人员则没有服从的义务，同时可提出批评建议，或向有关领导、机关反映情况。

（5）保守国家秘密和公务机密。国家秘密和公务机密直接涉及国家的安全和利益，因此，公职人员不仅在在职期间必须强化保守国家秘密和公务机密的意识，自觉遵守保密纪律，而且在辞职、退休、退职或被辞退而脱离公务员职业后，也必须继续履行保守国家秘密和公务机密的义务。对违反国家保密法规、泄露国家秘密和公务机密的公务员，一般视情节轻重，给予严肃处理。触犯刑律的，还要依法追究刑事责任。

（6）不得接受馈赠，在一般情况下，不得兼职，更不得从事营利性活动。为了保证公职人员的公正廉洁，政府对公职人员收受礼品、馈赠等予以严格的限制，规定公职人员不得接受来自私人企业或利益集团的实物、钱财等馈赠，接受的礼品必须报告政府注册，或交给政府部门。同时，对公职人员的兼职也作了限制性规定。如我国公务员制度规定，不管是一般公务员，还是担任领导职务的公务员，原则上一人一职，未经批准，不得兼职。如确因工作需要，本人又有能力者，经任免机关批准，可在行政机关内兼任一个实职，不得到行政机关以外兼任实职，也不得在营利性事业单位和群众团体兼任名誉职务。无论实职还是虚职，都不得兼薪。这一方面可以保证执法的公正性、廉洁性；另一方面可以保证公职人员专心致志于本职工作，高效完成行政任务。

（7）接受公众的监督。现代政府是向公众开放的政府。政府部门和公务员必须接受公众的监督，以改进工作方法和工作作风，提高管理绩效。密切联系群众，接受群众监督一直是我国人事行政管理的优良传统和作风。在今天，它以法律的形式，成为政府及其公职人员必须履行的义务。它要求公职人员坚持从群众中来、到群众中去的工作方法；在决策时，要倾听群众的意见和呼声；要定期向群众或人民代表报告工作；对人民群众的监督要虚心接受，不得以任何借口和形式，加以抵制或打击报复。

（8）其他法定义务。1）公职人员也是国家公民，他们同时要履行宪法和法律规定的公民的义务。2）要自觉遵守社会公德，维护公共秩序，做模范的公民。3）遵守国家和政府对公职人员参与政治活动的要求和规范。如西方国家对公务员参与政治活动有明确的限制，而我国则要求公务员坚持政治准则、积极参与政治生活等。

当公职人员不依法履行或不履行其法定义务时，必须承担相应的法律责任。这里的责任是指公职人员对其行为后果所付出的代价。依据没有履行法定义务的程度，公职人员相应承担四种法律责任：第一，身份处分。使公职人员丧失其身份，从而承担未能有效履行义务的责任。第二，行政处分。通过名誉、物质、职级、公职身份的处分，使其承担行政责任。第三，行政赔偿责任。公职人员和其所在机关，对公职人员因故意或过失损害行政相对人利益的行为，作出经济上或名誉上的赔偿。第四，刑事责任。当公职人员的行为违反义务规定并构成犯罪时，依法承担刑事责任，如泄露国家机密等。

3.3 国家公职人员行为规范建设的必要性

3.3.1 公职人员行为规范的含义与特征

公职人员的行为规范是指用以定向、指导、调整和约束公职人员在行政活动中的行为的标准、模式和准则，以确保公职人员按照职责的内在要求，理想地完成其公务责任。可以通过以下几方面对其进行理解：

（1）行为规范针对的是特定的行为或行为模式，它将人们外在的行为作为核心点。公职人员的行为规范则针对的是公务员执行公务过程中的各种行为。

（2）行为规范确立的是一套行为的标准或行为范本，它标志着行为在这一范围内就是可以被接受和认可的，或者说行为的方向和模式是比较理想的。公职人员的行为规范是对公务员在行政活动中应有的行为作出的标准要求，是其行动的指南。

（3）行为规范调节着人在社会生活中的各种关系。公职人员的行为规范用于调整、指导和约束公职人员在公职活动中与国家、政府、公民构成的关系。

（4）公职人员行为规范包容的范围很广，既包括国家、政府制定的有关公职人员活动的各种法律、法规和纪律等规范，又包括社会道德、职业道德、价值观、态度和风俗习惯等，它是一个相当全面的行为标准体系。

（5）公职人员行为规范的作用方式主要是，通过职业道德、价值理念、信念和理想在公职人员心中的内化，提高其品德和修养，强化其自律和自觉意识，以此保证公职人员的行为不偏离国家、政府和公民的要求。总之，行为规范有利于对公职人员道德心和良心的培养，有利于塑造其高尚的人格品质。这是行为规范要达到的最高境界。

正是这一点，体现了行为规范区别于制度、法律、法规的作用方式。制度、法律、法规是在公职人员的外部通过强制约束的手段发挥作用，而行为规范则是通过内化的行为准则，达到行为强化的目的。

（6）公职人员行为规范产生于一个国家的社会文化背景之中，这使得行为规范具有较强的民族性，体现了一国公务员的思维和行为的特征。

（7）行为规范是不断演进的。随着社会的发展和变迁，人们的思想观念和传统习惯也随之变化。公职人员的行为规范在保持其民族性的同时，还要融入时代的要求，体现尊重科学、讲究法纪、倡导文明的时代特征，使公职人员的行为适应社会进步的要求。

3.3.2　公职人员行为规范建设的意义

概括而言，公职人员行为规范的重要意义在于，有助于增强公职人员的自律意识和抵抗能力，使公职人员通过自身内在的调节机制，自觉地将其活动规范在法律、法规允许的范围内。

所谓自律意识，就是指公职人员在执行公务活动或面临各种利益冲突时，能够自觉地运用内化于自身的正确的价值取向和观念，正确地判断各个事件、各种行为的善恶真伪，以自觉决定能做什么，不能做什么，从而符合一名国家公职人员的要求。自律意识可以使公职人员具备一系列能力，如自我控制能力、自我约束能力、自我监督能力和自我调节能力。它能够促使公职人员端正品行和形成优秀人格，如公正无私、忠诚坦白、廉洁正直、刚正不阿等。总之，自律意识有助于公职人员在千变万化、错综复杂的社会、政治环境中，做到方向正确、头脑清醒、判断正确并能够把握自我的行为。

所谓抵抗能力，就是指公职人员在受到各种利益的诱惑和侵蚀时，能够以良心和道德的规范自觉地抵制各种非法的行为，不为非法利益所腐蚀。它是自律意识的延伸和具体体现，对于现时代的政府公职人员具有重大意义。第二次世界大战后，各国政府的行政权都在不断地扩大，行政官员手中掌握的国家权力也在扩大。许多党派、集团或个人力图通过公职人员的权力和地位，获得财富或政治资本等利益，他们千方百计地利用物质的实惠或政治地位做诱饵，打通权、钱之间的通道。一旦公职人员意志薄弱，缺乏良好的品质，就会经不起诱惑，丧失抵抗能力，就会做出非法的行为。因此，提高公职人员的抵抗能力，增强其道德修养，提高公职人员的“免疫力”，是行为规范建设的主要目的之一。只有这样，才能从根本上保证公职系统循着法制化的轨道高效、良性地运行。正如美国学者格伦·斯达尔在《公务员的伦理道德标准》一书中指出的那样：“伦理道德实质上是公务员工作能力的一部分，更是民主的一部分。那些把担任公职看做是横征暴敛的良机或以权谋私、泽及亲友的人，是公共利益的绊脚石，有损于公职工作的效率和为全民服务的宗旨与目的。”①

3.4　国家公职人员行为规范的规定

3.4.1　现代公职人员行为规范建设和发展的特点

从世界角度看，公职人员行为规范的建设和发展有着悠久的历史。从中国古代的孔子、孟子，古希腊的柏拉图、亚里士多德，到近代政治思想家马基雅维利、伏尔泰等，都极为重视从政人员的道德品质和修养。第二次世界大战后，随着行政权的扩大，政府中权力寻租造成的腐败现象层出不穷，如 1988 年发生的震惊日本朝野和世界政坛的利库路特

① 转引自黄达强主编：《各国公务员制度比较研究》，151 页，北京，中国人民大学出版社，1990。

丑闻、里根政府内的几个重大腐败事件等，迫使政府必须在健全法律强制机制的同时，寻求建设公职人员内在行为约束机制。政府以先哲们的思想为旗帜，在公职系统大规模地推行行为规范的建设，加大了公务员伦理教育的力度，1978 年美国《公务员制度改革法》就是典型一例。现代公职人员行为规范建设和发展的特点有以下几个方面：

（1）大量吸收和继承本民族历史中关于公职人员行为规范建设的思想精华，建立具有本国特色的、适应本国国情的行为规范体系。每个民族的文化中都有自身优良的传统和行为方式，这些是当代行为规范体系中应该借鉴和吸收的。如中国古代思想家倡导政府官员应树立远大的政治抱负、承担对平民的责任和注重修身养性的观念，是现代公职人员行为规范的宝贵财富。

（2）公职人员行为规范的实践发展始终伴随着强有力的理论研究，这些研究为实践提供必要的理论基础和依据。20 世纪 70 年代以后，许多国家行政学界行政伦理的研究进入一个新高潮。学者们力图适应实践的需要，提出一套公职人员行为规范的伦理道德标准，改进现有公职人员的道德状况。1975 年，有 40 多个国家的学者在墨西哥城成立了“国际公职伦理价值研究联合会和行政管理研究所”（IASIA），共同探讨公职人员行为规范的发展趋势，解决共同面临的道德缺失问题，倡导建立高效、廉洁、民主的政府，研究公职人员行为规范的标准和培训途径，并主张建立专门的公职人员行为规范咨询和帮助改进系统。学者的研究受到了各国政府的高度重视，推进了政府行为规范体系的建立与完善。

（3）在公职系统中，法律强制和道德行为规范相互补充，共同发挥作用。法律规范和道德规范具有自己相对独立的作用范围和作用方式，两者又有各自的优势和局限。将两者有机地结合起来，互为补充，对公职人员行为规范的作用是有效的。因此，各国国家公务员制度都选择了法律规范与道德行为规范双管齐下的作用方式，充分发挥两者的功能和优势。

（4）行为规范法律化、法规化成为国家公务员制度发展的一个重要趋势。为了克服道德约束的随意性和效力弱的局限，国家将一些伦理道德标准纳入法律、法典、法规，以法律形式加以确认和固定，形成了道德规范法规化的趋势。第二次世界大战后，特别是 20 世纪 70 年代以后，许多国家纷纷制定和出台了《道德法典》或《国家公务员道德准则》等法律、法规，强制性地要求公职人员遵守和执行。1978 年美国国会通过的关于公职人员的《道德法案》就是具有代表性的例证。

（5）强调教育和培训对提高公职人员道德水平，建立良好的行为规范的重要意义。政府普遍认识到，提高公职人员道德水平和规范要求的一个积极而有效的途径是，采用各种形式的教育和培训。公职人员的教育培训机关开设了专门的行政伦理、行为规范等品德教育课程，对强化公职人员的行为规范发挥了重要作用。

3.4.2 公职人员行为规范的内容

公职人员行为规范的内容极其广泛，由低到高分为不同的层次，涉及公职人员的仪表、形象、互动关系和内在心灵。行为规范从形式到内容，包括以下主要内容和层次：

（1）代表公职人员外在形象的仪表、举止等准则和行为规范。对公职人员的仪表、举止，国家和政府有一定要求。因为在公民心目中，公职人员代表着政府的形象。虽然仪表、举止只是公职人员外在的形象，绝对不能代表行为规范的全部，但外在的仪表、举止是人内在气质的自然流露，也是在交往中他人最直接看到的和体验最深刻的，所以，在行为规范中，它是最基本的一项要求。各国政府对公职人员的仪表、举止有一定的原则性规定。如西方国家要求公职人员必须着正式的服饰（如西服、领带）上班，服饰的穿着要符合礼仪。公职人员仪表举止行为规范的总体原则是整洁、大方、得体。整洁就是容貌、服装整齐、清洁；大方就是仪态端庄，举止自然，态度不卑不亢；得体就是仪容、举止、语言要合乎公职人员的身份和行政工作的需要。

例如，我国在公职人员仪表、举止方面的行为规范的内容有：1）容貌应整洁，勤沐浴洗发更衣，注意清除污垢，经常修剪毛发指甲，保持口腔清洁。女同志一般不宜浓妆艳抹。2）姿态端庄文雅，执行公务时，要有正确的坐、立、行姿势。3）服饰整洁、朴素大方。在工作时间内，不得衣着不整或穿着奇装异服。穿制服式服装的公职人员需按规定着装。戴首饰不宜多，式样花色也不可夺人眼目。4）语言文雅，内容健康。在公务交往中要保持文明风范，同时对被服务对象应有礼貌，态度热情。

（2）公职人员作为公民的道德规范和行为准则。公职人员作为公民，其道德素养也是行为规范的一部分。因为公职人员在其社会化的过程中，除了与工作组织交往以外，还生活在更广泛的社会环境中，他在工作以外的社会生活环境中的品质和人格，与工作中的基本素养不应该也不可能是绝对分离的。公职人员作为公民，其公共道德的培养和公共行为的约束，对其形成良好的行为举止和优秀的品质同样是重要的。

公职人员作为公民的道德规范是指，公职人员在执行公务活动以外的私人生活中应遵守的价值准则和行为规范，包括自觉遵守和维护法律秩序与公共道德秩序、爱护环境、爱护公共财产、尊老爱幼、互助友爱、见义勇为、乐于助人等，其目标是使公职人员做一名遵纪守法的合格公民，保持其良好公职形象的延续。

（3）公职人员的职业道德规范。职业道德规范是指，与公职人员职业活动紧密相连的，具有公职人员职业特征的，用以规范公职人员职业行为的特定道德准则和行为要求。其核心是调节公职人员与行政管理、社会及公众之间的关系。

随着公共行政管理职业化程度的不断提高，社会对公职人员道德规范的要求日益加强，职业道德规范成为行为规范整体中最主要的内容。公职人员的职业道德规范由以下三部分构成：

1）职业精神。要求公职人员不论职务高低，不论从事何种工作，都要安心于本职工作，一丝不苟，兢兢业业；要求公职人员忠于职守，勤奋工作，尽职尽责，保守国家秘密和公务机密；要求公职人员不断改进工作作风，提高工作质量和工作效率；要求公职人员廉洁奉公，有奉献精神，为社会和公众作出应有的贡献。2）职业知识。要求公职人员掌握行政管理工作必备的知识，有能力为社会和公众服务。3）职业技能。为了实现公职人员的职业精神要求，公职人员还必须具备开展行政管理工作应有的技术、技巧、手段和能力。这些条件都是职业道德规范不可缺少的。

（4）代表公职人员内心世界的理想、信念、情操等准则和行为规范。行为规范的最高境界是公职人员树立了努力为国家、社会和公众服务的理想与信念。这种信念使他们自觉地意识到自己对国家、人民的责任，对社会的义务，因而能够自觉地以严格的标准要求自己，抵御各种压力和利益诱惑，保持对国家和人民的忠诚，无私地奉献自己，出色地完成政府交给的任务。孔繁森式的人物就是这一典范。当然，公职人员的行为规范不可能使所有的公职人员都达到理想境界的状态，但是其教育的目的在于为公职人员的行为指明方向，要求他们朝着这个方向不断地努力、进取，完善自己的人格。

3.4.3 提高公职人员行为规范水平的一般途径

公职人员行为规范的培养是人的品质、道德素质、人格的全面训练过程，是人的一生必须学习、修炼的课程。公职系统为了强化公职人员在行政工作过程中的行为规范水平，通过制度的安排，有意识地促进公职人员行为规范水平的提高。政府常采用的两种基本途径是培训和监控。

（1）公职人员的行为规范已成为公共部门培训体系中的主要课程之一。各国政府都充分地认识到，公职人员仅有知识和技能，没有职业道德精神和奉献精神，是不可能尽职地为公众提供服务的；而仅有职业道德，没有技能和知识，也就缺乏为公众服务的必要手段。因此，行为规范与知识、技能教育必须并存于公共部门的培训体系中。

公职人员的伦理或行为规范课程一般包括两大类内容：1）公职人员应具备的社会道德品质，包括公正、忠诚、礼貌、服从法律和秩序、人道等观念。2）公职人员应具备的职业道德品质，包括：第一，公职人员在社会中的作用，公职人员的社会责任及自我意识；第二，公职人员的职业精神和工作态度、工作作风——勤勉、负责，热爱本职工作，提高工作能力；第三，理性的意识——提高效率，建立价值意识，办事快捷，高质量服务；第四，集体意识和合作精神——对组织的忠诚，遵守纪律，维护组织荣誉，建立良好的人际关系，彼此合作，友爱；第五，服务于全体人民，将公正、秩序、人道的观念贯穿于执行公务的过程中；第六，遵守政府关于公职人员不得接受馈赠和不得在营利性机构兼职的规定；第七，了解和明确公职人员行为与政治活动的关系。总之，公职人员行为规范的教育，将国家公务员制度的基本精神和原则贯彻其中。

（2）监控成为公职系统行为规范标准实施的重要手段。为此，公职系统采用了多种行为规范执行的监控渠道，主要有：1）行政机关和行政首长的监控。通过一定的渠道，获得关于公职人员工作态度和品行的信息，定期进行考核，运用奖惩或其他手段，使公职人员的行为规范得到强化。这是最直接的监控方式。2）行政监察部门的监控。对公职人员违法越权的行为以及涉及利益冲突中不道德的行为予以处理，其裁决具有强制性。3）司法机关的监控。受理行政机关及其官员违法、渎职、越权及侵犯公民权益的案件，作出法律裁决。4）新闻媒介的监控。广泛褒扬优秀的公职人员，披露违反公职行为规范的人员，以此为中介，使官员的行为接受人民群众的监督。

本章小结

国家公职人员具有企业组织人员不具备的性质和权能，那就是，国家公职人员掌握着国家和人民赋予的公共权力，依照法律和行政法规，对公共和社会事务进行管理，对社会资源和价值进行权威性分配。为此，国家公职人员享有国家宪法和法律赋予的基本权利，同时也承担着法定的、不可推卸的义务。权利和义务构成了公职人员与国家和政府间的基本法律关系，也确定了公职人员的职责权限。本章讨论了国家公职人员享受的权利以及对等的义务，进而说明承担公职职务应有的法律约束和应承担的法定责任。与此同时，公职人员要恪尽职守，不仅需要法律规定的外部强制，还需要道德、良知的自律，需要崇尚公职人员的职业道德。为此，本章阐述了当代公职人员的基本行为规范，强调了职业价值观内化对于公职人员树立正确的理想和理念具有的重要意义。

思考题

1. 公职人员权利、义务规定的意义何在？
2. 公职人员权利、义务规定表现了哪些特点？
3. 公职人员的权利包括哪些内容？
4. 公职人员的义务包括哪些内容？
5. 公职人员的行为规范是什么？它有哪些基本内容？
6. 提高公职人员行为规范水平的一般途径是什么？

第二篇

公共部门人力资源战略与配置

第 4 章

公共部门人力资源战略管理

随着社会环境的日益复杂和竞争的日益加剧，每一个公共组织都必须认真思考自己在复杂环境中的定位，审时度势，确定组织发展的长期战略目标，并围绕目标来进行资源配置。人力资源是实现组织发展战略的基本保障之一，它决定着各项管理活动的展开。因此，人力资源战略是统领整个人力资源管理的基础，人力资源战略决定了组织目标与人力资源发展的相互适应性，决定了组织人力资源的基本战略问题以及管理模式的选择。

4.1 战略管理的基本理论

4.1.1 战略管理及其意义

在传统意义上，战略就是组织为了收益而制定的与组织使命和目标一致的最高管理层的计划。而在现代意义上，战略通常被看做一种行为模式，即长期行动的一致性。组织与其环境间的依赖关系是人们思考战略问题的前提。人们之所以制定战略，其目的是为了应对环境的变化与复杂性。战略的本质是要保持一种非组织化、非程序化、非常规化、不断创新的状态。

战略学家乔尔·罗斯（Joel Ross）和迈克尔·卡米（Michael Kami）指出：没有战略的组织就像一艘没有舵的船一样，只会在原地转圈；又像一个流浪汉一样无家可归。战略的功能体现在以下几方面：（1）确定了组织的方向。战略的制定为组织规划出了前进的航线。（2）注重团体的努力。战略为团体提供了一致的努力方向，促进了其行动的协调性，避免了团体行动的茫然与忙乱。（3）明确界定了组织的特性。独特的战略是一个组织区别于其他组织的重要标志。（4）提供了一致性。战略可以减少模糊性，增加有序性。

4.1.2 战略管理学派的基本思想

1. 设计学派

此学派的观点是有关战略形成过程的最具影响力的观点。设计学派源于三部著作及其思想：一是加州大学伯克利分校的菲利普·塞兹尼克（Philip Selznick）教授1957年出版的《管理中的领导》(*Leadership in Administration*）阐述的“特色竞争力”思想；二是麻省理工学院的阿尔弗雷德·钱德勒（Alfred Chandler）教授1962年出版的《战略与结构》(*Strategy and Structure*）阐述的地方经营战略与结构相互关联的思想；三是哈佛商学院的通用管理团队（general management group）1965年出版的教科书《经营策略：内容和案例》(*Business Policy*：*Text and Cases*)。

设计学派的理论前提包括：

（1）战略形成应该是一个有意识的、深思熟虑的思维过程。

（2）首席执行官应是战略家，保持清醒的控制是其重要职责。

（3）战略形成的模式必须注意简单和非正式。

（4）战略应当是个性化的设计。

（5）战略的形成应是“圣经”式的形成过程，是最高理论、最终的选择，而非渐进的或应急的战略过程。

（6）战略应该是明确的，为此它必须保持简单。

（7）只有在了解了自己的战略之后，才能确定出合适的组织结构，即战略的制定和执行应是分开的。

设计学派的SWOT（strength，weakness，opportunity，threat）分析模型是其理论的核心内容。模型通过对组织外部环境中的威胁与机会、内部环境的优点与弱点进行分析，确定关键成功因素和特色竞争力，进而制定出战略备选方案，然后，依据管理者的管理价值观与社会责任感进行战略选择，推动战略实施。

对设计学派的批评主要集中在两点：一是设计学派主张由首席执行官制定战略的观点，排除了其他人员的参与；二是设计学派主张战略制定脱离于战略贯彻，分离了思考与行动。设计学派的战略管理思想适应处于转折时期的组织。

2. 计划学派

计划学派与设计学派产生于同一时期，计划学派的代表作为H·伊格尔·安索夫(H. Igor Ansoff）于1965年出版的《公司战略》(*Corporate Strategy*）一书。计划学派的理论前提是：

（1）战略产生于一个受控制的、有意识的正式规划过程。

（2）规划过程可分解成不同的步骤。

（3）首席执行官原则上负责整个战略进程，但由全体人员共同负责实施。

（4）战略应当明确，以便于通过各种运作计划来进行贯彻。

计划学派认为，战略制定的步骤可分为目标确定阶段、外部审查阶段、内部审查阶段、战略评价阶段和战略应用阶段。

计划学派的理论有以下致命缺点：一是参谋部门代替总经理进行战略计划制定；二是

过分重视战略计划本身，而忽视对战略的洞察力；三是没有将战略规划系统与运作系统进行统一，导致战略不能推动行动；四是热衷于合并、收购、剥离等重组活动，损害了核心业务与组织的发展；五是战略规划忽视了组织内部环境特别是组织文化的需求。

3. 定位学派

迈克尔·波特（Michael Porter）于 1980 年出版的《竞争战略》一书，激起了一代学者和咨询人士关于战略定位研究的兴趣。定位学派的理论前提包括：

（1）战略的任务是明确组织在市场中的可辨位置。

（2）市场（环境）存在着利润，并充满竞争。

（3）战略形成过程是基于计算基础上的、界定组织在市场中位置的选择过程。

（4）咨询师或分析家在战略制定过程中起主导作用。

（5）市场结构推动定位战略，定位战略推动了组织结构。

定位学派的思想发展经历了三个高潮：一是以传统军事战略思想为指导的定位思想时期，包括以中国古代的《孙子兵法》、德国卡尔·冯·克劳兹维茨的《战争论》、美国科勒尼尔·哈瑞·萨默斯（Colonel Harry Summers）的《论战略：越南战争全貌》（*On Strategy：The Vietnam War in Context*）这些经典的军事战略思想来指导组织在市场中的竞争。二是咨询公司的战略定位思想。三是以波特为代表的 20 世纪 80 年代以后的定位思想。

波特的竞争分析模型指出，在组织环境中存在着影响竞争的五种力量：新加入者的威胁、组织供应商的议价能力、组织顾客的议价能力、替代品的威胁、竞争组织间的竞争激烈程度。亨利·明茨伯格概括的通用战略包括：拥有特定市场位置的竞争者、先驱者、地域性制造商、占据主导地位的组织、仿效对手的组织、全球范围内模式一致的组织、专业组织、交易较少的制造商、理性化的组织、水晶式多层化或网状的组织、大型联合组织。此外，博弈论对定位战略也有很大影响。

4. 企业家学派

企业家学派同定位学派一样，起源于经济学。在经济思想史上，约瑟夫·熊彼特赋予企业家显著的地位，认为他们能够很好地说明企业行为的因素并不是企业的利润最大化目标，而是企业应对即将变化的环境的战略意图。企业家学派的理论前提是：

（1）企业领导者心中的战略既是一种观念，更是一种长期的、特殊的方向感，是对组织未来的远见。

（2）战略应当深深地根植于领导者的经验与知觉当中，而不应当是完全有意识的思维过程。

（3）企业领导者理应一心一意，甚至着迷般地发展远见。

（4）战略远见是可以发展、变化的。

（5）企业家式的战略就如同受到保护、免受竞争冲击的特殊市场位置。

企业家学派的核心是远见，远见是一种灵感，一种对战略任务的感觉，一种指导思想。企业家学派要求企业家应是具有预见能力的领导者。

5. 认识学派

认识学派是在人类认识科学的范畴内，特别是借鉴认识心理学领域的研究成果，探索战略形成过程的内涵。认识学派有两个截然不同的分支：一派有实证主义倾向，认为认知是对世界的一种再创造。心灵的眼睛就像照相机，它观察世界，并按人的主观意愿对世界进行扩大或缩小。另一派则认为，所有的认识都是主观的，战略是对世界的一种解释，认识创造了世界。认识学派的理论假设是：

（1）战略形成是发生在战略家心里的认识过程。

（2）战略决定了人们处理环境输入信息的方法（概念、计划、纲要和框架）。

（3）输入的信息（依据实证派的观点）在认知意图之前，要经过各种各样的歪曲过滤，否则，它们仅仅（依据主观派的观点）是对想象中存在的世界的解释，也就是说，看到的世界是可以构建的。

（4）作为概念，战略在初始形成期比较困难，在实际形成中注重实用性而不是最优化。当战略不再可行时，要想有所改变也很难。

6. 学习学派

学习学派认为，战略是在人们开始研究形势时，与组织应付局势的能力一起出现的，它有时以个人行为的方式表现，但更多的时候是以集体行为的方式表现；最后集中成为组织成员的工作行为模式。战略管理不再仅仅是对变化的管理，而是通过变化来进行管理。

1959 年查理·林德布罗姆发表的《“蒙混过关”的科学》一文标志着这一流派的形成。林德布罗姆认为，政策的制定在政府中并不是一个单纯、有序、可控的过程，而是一个非常麻烦的过程。政策的制定者在试图应付一个对他们来说过于复杂的世界，因此，应进行渐进决策。詹姆斯·布雷恩·奎因于 1980 年出版的《应变战略：逻辑渐进主义》（*Strategies for Change*：*Logical Incrementalism*）一书是学习学派的新起点。学习学派的理论前提是：

（1）组织环境所具有的复杂和难以预测的特性，经常伴随着对战略而言不可少的知识库传播，同时，它排斥有意识的控制。战略制定首先必须采取不断学习的过程和形式，在这一过程中，战略规划和执行的界限变得十分模糊。

（2）尽管领导者必须学习，而且有时可能是主要的学习者，但更为经常的是团队学习。大多数组织中都有许多潜在的战略家。

（3）这种学习以应急的方式进行，学习被认为是通过行为激起人们对过去的回忆并感觉到行动而促成的。战略可以在任何地点、以任何不平常的方式出现。从成功的开端总能得出一些经验，这些经验汇集成一种模式，成为应急战略。而应急战略一经确认，便成为正式的、深思熟虑的战略。

（4）领导的作用不再是构建深思熟虑的战略，而是管理战略学习的过程，巧妙地处理思考与行动、控制与学习、稳定与变化之间的微妙关系。

（5）战略首先是作为过去的行为模式出现的，后来才可能成为未来的计划，最后成为指导总体行为的观念。

学习学派新的发展内容包括：第一，作为知识创新的学习。战略的本质在于使组织获得发展创造、积累、利用知识的能力。第二，组织能力发展的原动力。塑造学习型组织，培养核心竞争力，即形成动态的适应性战略；构建战略意图，即通过目标的价值激励员工，不断运用意图来引导资源分配；扩张与杠杆作用，组织应学会使有限的资源发挥杠杆作用。第三，超越学习，适应混乱。无序和混乱是组织所固有的，而非外来的，它包含着重要的创造性良机。学习学派能够适应专业性组织、面临新形势的组织、处在动态和不可预测环境中的组织。这些组织很难完全集中于一个清晰的战略，除了共同学习，别无选择。

7. 权力学派

20世纪70年代后期，一些关于权力学派的著作陆续出版，其中具有代表性的是麦克米兰于1978年出版的《论战略的形成：政治概念》(*Strategy Formulation*：*Political Concepts*)。有些学者将公共政策制定方面的著述也看做权力学派的研究文献。权力学派有如下几个理论前提：

(1) 权力和政治使战略的形成具体化，无论其是作为组织内部的过程，还是作为外部环境中组织本身的行为。

(2) 微观权力将战略决策看做在狭隘利益集团和联盟之间，通过说服、讨价还价甚至是直接对抗过程进行的互动。

(3) 宏观权力把组织看做采取控制或与其他组织合作的方法，通过战略操纵及各种网络联盟中的集体战略，保障和促进自身利益的集体。

权力学派有两个分支：一是微观权力学派。微观权力指用来应对组织内部问题的政治对策（非法的或不正当的权力）。二是宏观权力学派。关注的是本组织的利益，以及与其他组织所进行的合作或产生的冲突。

微观权力学派认为，组织中的政治对策包括叛乱对策、反叛乱对策、资助对策、建立联盟对策、建立帝国对策、预算对策、知识技能对策、老板对策、直线经理对参谋对策、敌对阵营对策、战略候选人对策、告密对策、少壮激进分子对策。在利用政治手段使战略得到接受方面，微观权力学派的建议是：认识政治现实并把握它；充分认识到中间管理层的职责及其重要性；懂得使用传统的政治工具；控制联盟行为；采取直接行动反对对立联盟。

宏观权力学派的主要思想包括组织外部控制、组织利益相关者分析、战略操纵、合作战略决策等。

权力学派适应的情况有：第一，重大变革时期，权力关系必然发生重大变化；第二，成熟的大型组织中，内部关系必然复杂；第三，高度集权的专家组织中，许多参加者都有权力，也都有争取自身利益的机会；第四，掌握权力的人拒绝妥协，以实行新的战略；第五，在变革期间，组织往往无法确定明确的方向，因此，战略决策常常陷入一场混战。

8. 文化学派

文化基本上是由人们对世界的认知和反映这些认知的人类活动和人造物品所组成的。文化学派的理论前提为：

(1) 战略形成是社会交互过程，是建立在组织成员的共同信念和理解的基础之上的。

(2) 个人通过文化适应过程或社会化过程来获得这些信念，这个过程大多是潜移默化的而非语言文字的，虽然有时通过较为正规的教导来强化。

(3) 组织成员只能部分地描述、巩固他们的文化信念，文化的来源和解释常常是模糊的。

（4）战略首先采取了观念而非立场的形式。

（5）文化观念不鼓励变革，倾向于现在战略的永存，最多是鼓励组织在整体战略观念之内作出一些立场的改变。

文化起着知觉过滤器的作用，是人们决策的前提。文化既影响组织所使用的分析方法，又影响组织中流行的思维方式，进而影响战略的形成过程。组织的主导价值观是文化的重要内容，它影响竞争优势的形成和战略观念的稳定。组织文化之间的冲突，影响到组织联合战略的实施。

文化是企业的重要资源。文化是对付模仿战略的最有效和最坚固的壁垒，这有两方面的原因：一是文化有利于产生独特性；二是文化中包含着模棱两可的原因，很难解释清楚，更不用说复制了。

9. 环境学派

在其他战略学派的观点中，战略家具有至高无上的地位，而环境学派则认为，环境在战略制定过程中居于支配的地位。环境学派的理论前提为：

（1）对组织来讲，环境是一种综合的力量，是战略形成的中心角色。

（2）组织必须适应这些力量，避免被环境淘汰。

（3）领导的角色是负责观察、了解环境，并保证组织与环境的相互适应性。

（4）组织存在于特定的生态意义上的活动范围内。随着资源变得稀少或条件变得恶化，组织最终将会消亡。

环境学派分为偶然性观点、种群生态学（population ecology）观点和社会习惯理论（institutional theory）。偶然性观点是环境学派的起源。它认为，依据组织的大小、组织的技术、组织环境的稳定性、组织外部的敌对性而确定的管理办法是最好的办法。明茨伯格将环境分为稳定型、复杂型、市场差异型和敌对型四种。

种群生态学家使用变异—选择—保留模式。他们用生物学家理解果蝇的方式——从一定的距离、从集体行为方面——分析组织，认为组织的生存取决于组织获取足够资源的能力，而环境的资源是有限的，即“有限的承载力”。环境制定出了适应的标准，不适应者将被淘汰。

社会习惯理论是在马克斯·韦伯的组织理论基础上发展而来的。它认为，组织在其环境中所面对的习惯压力来自其他组织及组织自身。环境是经济的和象征性的（symbolic）两类资源的储藏所。经济资源指货币、土地和机器等有形的资源。象征性资源则指一个组织的良好声誉，包括组织在人们心目中的良好形象、广为传颂的企业领导人、高效率等。战略就是获取经济资源并将其转化为象征性资源的方法。

迈耶和罗恩用“习惯同型现象”（institutional isomorphism）来描述在同一环境下组织结构的逐渐趋同现象，并将其分为强制性同型（coercive isomorphism）、模拟性同型（mimetic isomorphism）、规范性同型（normative isomorphism）三种。奥利弗指出，组织可以通过各种战略来对付环境，而不仅仅是适应，这些战略包括默许、妥协、回避、蔑视以及操纵等。

10. 结构学派

结构学派是对前面几种学派的综合，但有其自己的独特视角。结构学派将组织和组织周围环境的状态描述为结构，将战略形成看做一个转变的过程。结构学派的理论前提为：

（1）大部分情况下，组织都可被描述为某种稳定的结构，即在特定时期内，采用与特定内容相匹配的结构形式，使组织做出特定的行为，进而产生一套特定的组织战略。

（2）这种稳定时期有可能被一些转变所隔断，转向另一种结构的量的飞跃。

（3）这种结构状态与转变的相互交替，有可能会自我整理为某种规律，比如组织的生命周期。

（4）战略的关键作用在于维持稳定，或者至少在大多数时候进行适应性的转变，但会周期性地认识到转变的需要，并能够在不破坏组织的前提下，对转变过程进行管理。

（5）战略制定过程既可以是一种概念性的设计或正规规划，又可以是系统分析或者领导远见，也可以是共同学习或竞争性的权术，这集中体现在个人认识、集体社会化或对环境的简单反应上，这些战略学派的思想本身就代表了特别的结构。

结构学派的思想相当丰富。麦吉尔大学（McGill University）经营方针研究小组将战略演进时期分为发展期、稳定期、适应期、斗争期和革命期。这五个时期的出现模式有间歇性爆发、不定性转移、周期性循环和规律性进步。

米勒研究了企业战略的原型，将战略变化和结构变化看做是量化（quantum）过程，这是结构学派的中心观点，量的变化意味着很多因素同时变化，而不是一个一个地零碎渐进变化。迈尔斯和斯诺将组织分为四大类：第一，防御者，目标是创造一个稳定的市场领域；第二，展望者，积极寻求产品革新和市场机会，在技术上和管理秩序上保持灵活；第三，分析者，处于前两者之间，经常使用平衡手段；第四，反应者，与前三者不同，其战略既不连续，也不稳定，只是对环境进行临时反应。

戴维·赫斯特认为，组织的变化是一个危机与重生的“生态循环”。不同时期之间的连接有时是平滑的，几乎为线形的，毫无缝隙，但有时也会是迅猛的、非线形的波浪起伏。转变过程有三种基本方法：计划的转变（plan changed）、驱动的转变（driven changed，拥有影响或权威的个人或小群体监视着转变并确保其发生）、演化的转变（evolved changed）。组织的转变分为自上而下和自下而上两个方向。

11. 蓝海战略

蓝海战略的代表人物是欧洲工商管理学院的 W·钱·金教授和勒妮·莫博涅教授，代表作是这两位教授于 2005 年 2 月在哈佛商学院出版社出版的《蓝海战略》。

蓝海战略认为，传统的战略管理着眼于已知市场空间（红海）的血腥竞争，着眼于打败竞争对手、占领更多的市场份额。但是，竞争的白热化、需求增长的缓慢甚至萎缩停滞，使企业可瓜分和拼抢的市场份额日益减少，企业的增长空间日渐萎缩，红海战略已无法适应新的竞争环境。蓝海战略则要求企业把视线从市场的供给一方移向需求一方，从关注并比超竞争对手的所作所为，转向为客户提供价值的飞跃。通过增加和创造现有产业未提供的某些价值因素，并剔除和减少产业现有的某些价值元素，企业就可能以较低的成本为客户提供价值上的突破，从而开创出新的市场边界或红海市场中的新领域。价值创新是蓝海战略的基石。

蓝海战略与红海战略的不同之处如表 4—1 所示。

表 4—1　　蓝海战略与红海战略的不同点

蓝海战略	红海战略
开创无人争抢的市场空间	竞争于已有市场空间
摆脱竞争	打败竞争对手
创造和获取新需求	开发现有需求
打破价值与成本之间的不可兼得	在价值和成本之间权衡取舍
同时追求差异化和低成本，并以此协调公司的全套系统	按差异化或低成本的战略选择协调公司活动的全套系统

成功的蓝海战略应遵循的原则如表 4—2 所示。

表 4—2　　成功的蓝海战略应遵循的原则

战略制定原则	原则所降低的风险因素
重建市场边界	找寻的风险
注重全局而非数字	规划的风险
超越现有需求	规模的风险
遵循合理的战略顺序	商业模式的风险
战略执行原则	**原则所降低的风险因素**
克服关键组织障碍	组织的风险
将战略执行建成战略的一部分	管理的风险

以上介绍的战略管理理论，是管理学家从不同的研究角度对组织发展战略内涵与过程的不同阐述。在不同的战略理论指导下，其相应的人力资源战略也自然有所区别。这需要我们去仔细揣摩和审慎分析。

12. 综合战略管理过程

我们将综合各派理论所进行的战略管理称为综合战略管理。从人们的一般认识上讲，战略管理过程包括三个阶段：战略制定、战略实施和战略评价。

战略制定包括确定组织任务，认定组织外部的机会与威胁，认定组织内部的优势与弱点，建立长期目标，制定备选战略方案，以及选择特定的实施战略。人力资源战略的制定也是如此。

战略实施要求组织树立年度目标、制定政策、激励员工和配置资源，以便使制定的战略得以贯彻执行。人力资源战略的实施贯穿人力资源管理与运作的全过程。

战略评价是战略管理过程的最后阶段。由于外部与内部因素处于不断变化之中，再好的战略也必将不断调整。战略评价可以使管理者了解战略管理过程中存在的问题，为战略的调整提供基本的信息。战略评价包括三项基本活动：（1）重新审视外部与内部环境；（2）度量业绩；（3）采取调整措施。有时，评价也可能成为新战略的起点，人力资源的战略评价包含在组织整体战略的评价之中。

4.1.3　战略管理的作用

战略管理可以使组织更主动地而不是被动地塑造自己的未来。战略学家格林利（Greenley）先生将战略管理的作用总结为：

（1）使人们识别、重视和利用机会。
（2）使人们客观地看待管理问题。
（3）加强对业务活动的协调与控制。
（4）将不利因素的影响降低到最小。
（5）使组织的重要决策更好地支持已树立的目标。
（6）使组织围绕战略目标的实现进行资源与时间的配置。
（7）使组织用于矫正错误或专项决策的资源与时间减到最少。
（8）有利于建立良好的组织内部沟通环境。
（9）使个体目标与行为凝聚为组织的整体目标与努力。
（10）为明确个人职责提供了基础。
（11）鼓励向前式思维。
（12）用合作的、综合的工作方法和积极的工作态度来应对问题与机会。
（13）鼓励应对变化的积极态度。
（14）提高组织管理的规范化程度。

4.2　环境分析与人力资源战略问题的界定

战略问题是西方现代管理理论中的一个基本概念，指现状与理想状态之间的距离或差距。在中国人的认识中，“问题”一般被当做一种差错或负面的状态，而本处所指的“问题”是西方管理理念中的内涵。战略管理的重要作用之一是督促人们坐下来全面扫描组织的现状，思考组织面临的主要问题。而人力资源问题是人力资源战略应当关注的首要环节。要思考组织的人力资源问题，就离不开对组织环境的评价。组织环境的评价技术或方法在组织宏观的整体战略层面和人力资源战略层面都是一致的。这里介绍的环境评价方法也是通用的方法。

依据迈克尔·波特的观点，制定战略应考虑四种关键的因素：产业机会与威胁（经济上和技术上）；广泛的社会期望；组织的强项与弱项；关键实施者的个人价值。这四种关键因素决定了一个组织可以取得成功的限度。前两种是组织的外部环境，后两种是组织的内部环境。我们思考人力资源战略问题也应从组织外部和内部两个角度出发，进行人力资源管理的独有视角分析。与组织人力资源战略相关度比较大的环境因素主要包括：政治、政府及法律因素，人口因素，技术因素，竞争因素，内部管理因素，文化因素等。

4.2.1　政治、政府及法律因素

政治因素对现代组织的影响已越来越不容忽视，对公共组织更是如此。在多党制国家，不同执政党的政治主张、治理重点各不相同，公共部门的工作重点随之变化，为之服务的人力资源战略也必然要随之调整。在一党制国家，政治因素更是渗透到社会的各个角落，组织的各种战略必须考虑政治因素的变化与要求。在我国，党的干部政策是影响公共部门人力资源战略的最重要的因素。不同时期，党的干部政策的导向不同，公共部门选

人、用人的倾向与标准就大为不同。在“劳动光荣”的年代，不管知识水平如何、管理能力如何、原来所从事的工作性质如何，只要是本职工作的劳动模范，任用干部时就会被优先考虑。因此，我们原来的一些国家及地方的领导人就是因为是木工、泥瓦工、纺织工等工种的劳动模范而被任命为领导干部的。在 20 世纪 80 年代，许多拥有大学文凭的年轻知识分子被破格提拔到领导岗位上来。在进一步对外开放、积极向国外学习的 90 年代，许多国外留学回来的“海归”人士被直接任命为国家重要岗位的领导人。此外，党的统一战线政策，妇女干部、少数民族干部比例政策，使具备相应条件的干部拥有了更多的升迁途径。由此，我们可以说，在一定程度上讲，政治因素决定着我国公共部门的人力资源战略。

政府的法律与政策是影响组织人力资源战略的另一重要因素。从直接影响来看，政府有关人力资源的法律、法规、政策直接约束着组织的人力资源战略。公平就业机会、反对就业歧视等法律因素，是西方法治国家人力资源战略所必须考虑的首要因素。在我国，像公务员条例、社会保障规定、任职资格证书制度、地方政府用人制度、户籍制度等法规的变化，都是人力资源战略必须考虑的因素。从间接因素来看，政府管制、限制政策，许可制度，税收制度等都会影响到公营部门的业务范围及业务方向，进而影响人力资源战略。更为重要的是，政府的职能变迁、机构改革，直接决定了公共部门的职能转换和部门调整与整合，公共部门的人力资源战略自然不存在忽视政府因素的道理。表 4—3 描述了与政治、政府及法律因素相关的人力资源战略问题。

表 4—3　　政治、政府及法律因素与人力资源战略问题

国际政治格局的变化所带来的国家战略的变化
国家间关系的变化可能带来的组织地位的变化
主要贸易伙伴国之间关系的变化（中美、中日、中俄、中德）
国家所加入的国际组织的协定约束及变化（世界贸易组织、世界卫生组织等）
世界原油价格变化
世界汇率变化
恐怖活动发生的地区、严重程度
战争的地点、规模及对经济的影响
组织业务相对国的政治及法规对业务的影响
执政党地位的变化
执政党主张、纲领的变化
执政党的统战政策
政府职能改革与机构改革
公民参选比例
反政府抗议活动的次数、地点、程度
政府管制与管制解除
中央政府、地方政府税收优惠政策及其差异
中央政府、地方政府各种行政摊派费用的种类、金额及地区差异
中央政府、地方政府政策倾斜、鼓励发展项目情况
环境保护法规的环保标准及变化
政府价格限制法令

政府对垄断的态度
专利法的变动
政府选人、用人的政策倾向
劳动法的限制性要求及变化
公务员条例的限制性规定及修改
任职资格证书制度
社会保障的相关规定
地方政府户籍制度对用工的限制
妇女、儿童保护法规的要求及变化

4.2.2 人口因素

人口问题是与人力资源战略关联度最高的问题。人口结构的变化直接带来劳动力结构的变化，进而影响到人力资源战略。在我国，目前需要关注的人口结构问题主要有：

(1) 独生子女问题。我国从20世纪70年代末开始推行计划生育政策，城市新婚夫妇只允许生一个孩子。于是，80年代初之后出生的城市孩子，基本上是独生子女。21世纪初，第一批独生子女逐渐成为城市劳动力的主要组成部分。独生子女的人群特点是人力资源战略必须关注的因素。比如，独生子女因成长环境比较好，所以身体自然条件良好，智力的开发早且受到重视，智商较高，学历也相对较高。但独生子女也有另外一些倾向，如依赖性强、自我中心、团队协作能力弱、怕吃苦等。在人力资源管理中，独生子女的特点是必须加以考虑的。

(2) 人口老龄化问题。人口老龄化又称社会老龄化，是以老年人口所占百分比（老年人口系数）为依据进行衡量的。其划分标准尚未完全统一，但通常是指老年人口系数达到10%以上。评判一个国家或地区的人口老龄化程度，应包括人口平均寿命、老年人口系数、年龄中位数（指其以上和以下的人口各占一半的那个年龄）、长寿水平、老年化指数等指标的综合评定（这个标准规定：老年人口系数在10%以上，少年人口比例在30%以下，人口年龄中位数在30岁以上的社会，属老年型社会）。正常的人口老龄化，反映人类衰老的延迟、寿命的延长、死亡率和出生率的下降，是社会进步的标志，一般是经济发达国家的现象。我国的人口老龄化反映了我国医疗保障水平的提高，但更为主要的是由我国的计划生育政策造成的。大量老龄人口的存在，使人力资源管理者要考虑如何发挥老同志经验丰富的长处这一问题。同时，人口老龄化也会使年轻劳动力的家庭负担增大，薪酬结构的组成以及薪酬额度都会发生变化。

(3) 人口素质差异问题。改革开放30多年来，我国教育有了很大程度的发展，这使得我国受过高等教育的人口绝对数有了长足的增长。但是，在广大农村，尤其是欠发达地区，还存在着大量现代意义上的文盲。这种人口素质的差异，同样是人力资源战略不可忽视的因素。我国初级劳动力过剩，高级劳动力仍然不足。劳动密集型企业比知识密集型企业更容易获得足够的人力资源。

(4) 性别歧视问题。与世界其他国家相比，女性在我国社会生活中的地位应是比较高的，我国的妇女权利保护也是做得比较好的。政府也规定，公共部门领导层中必须有女性成员。但是，由于自然条件及生育等原因，与男性相比，女性就业仍然比较困难，且趋势越来越严重。而国家又有明确的法规规定，男女就业是平等的，因此，人力资源战略也应考虑性别问题。

（5）外籍人员就业问题。随着我国的对外开放及经济发展，外籍人员就业问题已呈现在我们面前，这也是人力资源战略应思考的问题之一。目前，在我国工作的外籍人员既有来自欧洲国家、美国、日本的高级白领，也有来自菲律宾、非洲国家、越南、俄罗斯等国的服务业工作者。我们人力资源工作者除了要考虑这些外来"和尚"念的经是不是歪经之外，还必须考虑对他们的管理问题，以及他们对国内劳动力市场的冲击。人口因素与人力资源战略问题见表4—4。

表4—4　　人口因素与人力资源战略问题

国家及地方的人口变化
贫困人口数量
妇女的生育率（包括20年前的妇女的生育率）
结婚率、离婚率
人口性别比例
人口预期寿命
人口的移进和迁出率
平均可支配收入
平均受教育水平
各学历档次的人口数
相关专业博士、硕士、学士的当年毕业人数
每年国家劳务输出数量
每年国家劳务输入数量
每年非法劳务输入与输出数量
人才结构性短缺情况
老龄化劳动力
独生子女劳动力
妇女劳动力
残障劳动力
失业率
劳资关系
职业期望的变化
薪酬期望的变化
对退休的态度
对政府的信任度
对闲暇时间的态度
对外国人的态度
对权威的态度
家庭照管需求的满足标准及变化
社会最低生活保障水平的变化
劳动力保健性（薪酬分为保健性因素和激励性因素）需求费用的变化
传染性疾病

4.2.3 技术因素

技术性因素所带来的机会与威胁是战略制定过程中必须考虑的。技术的重大变革，可以改变社会的生活方式，极大地推进社会的发展。对于组织来讲，技术的进步会影响到组织的产品、服务、市场、供应商、分销商、竞争者、用户、制造工艺、营销方法及竞争地位。技术的发展，可以改进产品，创新市场，改变员工、管理者和用户的价值观，提升企业的竞争力。技术的普及，又会降低竞争壁垒，使组织的市场定位发生变化。对于技术性服务组织来说，识别和评价关键的技术机会与威胁是战略管理外部评价中最为重要的部分。因此，人力资源战略的制定也必须考虑与组织业务相关的技术因素，一方面，要留住组织的核心技术人才，对技术人才在潜能开发和薪酬激励上都应有所倾斜；另一方面，要想尽办法将掌握先进技术的人才吸收到组织中来，增强组织的技术竞争优势。那些不能用技术迎接未来的组织，终将受到技术的惩罚。

在当今信息化社会，信息技术成为各领域的基础技术，信息技术的发展与一切组织都密切相关。例如，如果我国的公共部门所使用的办公软件基本上都是美国的软件，那么，公共部门信息的安全性就会受到威胁。因此，加大信息技术研发投入，培养信息技术人才，留住信息技术人才，是我国必须采取的战略。表 4—5 显示了人力资源战略制定中应考虑的技术因素。

表 4—5 技术因素与人力资源战略问题

在信息技术领域，国际的最新发展情况如何
——组织需要多少基础信息技术人才
为实现组织的战略目标，组织需要什么样的技术
——组织是否已有掌握此类技术的人才；若没有，如何获得
组织拥有的主要技术是什么
——这些技术的变化趋势如何
组织对关键技术进行了哪些投资
——拥有关键技术的员工的待遇怎样
组织所需技术有无替代技术
大众对组织技术水平的主观排序如何
竞争者有什么新的技术投资动向
组织哪些技术投资应缩减或取消
组织技术人才的流失率如何
如何留住与吸引核心技术人才
组织的研发设施是否充足、先进
组织研发人员是否胜任
利用外脑进行研发是否可行

4.2.4 竞争因素

战略的制定一方面是为了组织自身的发展，另一方面也是为了使组织在市场竞争中占据更加有利的位置。在某种意义上，后者可能是战略管理的最终目标。因此，战略的制定必须考虑竞争者的情况。中国古代的军事战略家孙武曾讲：知己知彼，百战不殆。只有知道了竞争者的底牌，才能更好地确定己方的应对战略，故收集和评价竞争者的有关信息对于战略的制定十分重要。美国的管理咨询公司对美国最有竞争力的公司的成功经验进行了总结，得出了制定战略需关注的七点启示：

（1）市场份额十分重要，沦为市场第三就等于滑到了悬崖边缘。

（2）时刻提醒，组织的业务是什么。

（3）无论在什么情况下，尽力将事情做得更好是永远正确的。

（4）要么创新，要么灭亡。对技术驱动型企业来讲，再也没有比成功消失得更快的东西了。

（5）收购对于组织增长十分重要。

（6）人是最重要的因素，不要认为这是老生常谈。

（7）质量和成本都是不可替代的因素，二者并不相互排斥。

在当今的知识经济时代，人力资源已经取代物质资源成为最重要的资源，组织的竞争也就是人的因素的竞争，这也是人力资源战略之所以重要的主要原因。在制定人力资源战略时，应该收集尽量全面的竞争信息，以使战略做到有的放矢。一方面，人力资源战略应当依据组织在市场中的地位而定。如果组织在市场中处于领先地位，品牌知名度高，那么，人力资源战略中的薪酬战略就可确定为同业的中等偏上即可。因为，能在品牌知名度高的组织工作本身，就可以为员工带来满足感。与此相反，成长型的小型组织则应靠高水平（在同业中相比较）的薪酬来吸引和留住人才。另一方面，应根据竞争者的人力资源战略来确定自己组织的人力资源战略。这里的核心是了解竞争者在选人用人、激励、薪酬等方面的战略思路，找出对方战略的软肋，以我方的长处攻之。如果竞争者的组织中升迁机会较少，就可以凭借给予急需人才较广的发展空间来吸引人；如果对方的物质条件较差，就可以用住房、高薪来猎取所需人才；如果对方的物质条件较好，就可以用重用人才、加强感情沟通、塑造良好的团队氛围来吸引和留住人才。

要分析竞争因素，就要有竞争情报活动。竞争情报活动的主要任务是：（1）对行业系统及竞争者情况的基本了解；（2）界定竞争者的劣势领域，判断自己的战略措施将对竞争者产生什么样的影响；（3）发觉竞争者可能采取的、对我方组织产生不利影响的行为。经营性组织十分注重情报活动，美国的许多经营性组织中都设有专门的部门（大多称为情报室）来负责竞争情报活动，这些部门的负责人称为竞争分析经理、竞争战略经理、信息服务经理或竞争力评价经理等。竞争信息获取的途径包括行业杂志、招聘广告、报纸、政府文件、用户、供应商、分销商、竞争者本身等。竞争情报活动并不完全等同于间谍活动。竞争者之间也存在以双赢为目的的合作战略。竞争因素与人力资源战略问题见表 4—6。

表 4—6　　竞争因素与人力资源战略问题

竞争者的优势
竞争者的劣势
竞争者的战略与短期目标
竞争者对我方组织竞争战略的承受力
组织对竞争者反击战略的承受力
组织所在领域的进入门槛
组织的市场定位
竞争者的人力资源战略有无对我方不利的因素
竞争者的组织文化

4.2.5 内部管理因素

对组织内部管理因素的分析，旨在从管理的角度来辨析组织的优势和劣势，为战略的制定提供尽量全面的内部信息。除人力资源管理外，内部管理还包括组织架构、业务流程控制、财务管理、营销管理等。此外，领导者的个人因素也是影响人力资源战略的重要因素。

人力资源管理因素在这里是指组织过去的人力资源管理模式。过去的人力资源管理中的基本制度建设、薪酬激励机制、人员升迁机制、员工福利安排等，都会使员工形成心理模式，这对新的人力资源战略的制定与实施，既可能产生有利的作用，也可能产生不利的影响。因此，应分析旧的人力资源因素与新战略的一致性。

新的人力资源战略的实施通常是与组织架构的重新设计相伴而行的。组织因素包括战略任务的分解、部门的组建及权力的划分。组织的战略任务本身也是人力资源的战略任务，权力与任务的分解直接与人力资源的职位设置和划分、部门职能的确定息息相关。因此，战略的变化必然要求组织架构随之发生变化，这同样是人力资源战略应考虑的因素。

业务流程的管理控制是现代组织管理的重要一环。它影响着组织产品与服务的质量及运作成本，进而影响着组织战略目标的实现。前些年，人们推崇用全面质量管理来改进业务流程的管理，并流行质量管理的 ISO 质量体系认证。现在，六西格玛管理法又成为替代全面质量管理的新的业务流程管理提升方法。无论是全面质量管理还是六西格玛管理法，都对人力资源管理中的激励、潜能开发等有新的要求。人力资源战略也需考虑此类因素。

人力资源战略与预算是分不开的，因此，财务管理因素也是战略制定所应考虑的因素之一。一方面，要根据组织的资金状况来对一些战略措施进行取舍；另一方面，要考虑预算审批程序对战略措施的支持度。

营销管理原来是经营性组织最重视的环节，现在，一些非营利性组织也已经认识到营销管理对组织发展的意义。营销管理提倡注重市场，关注客户反馈，建立组织的市场定位，这对传统的公共部门管理思想是一种理念的冲击，人力资源战略的制定也应体现这一新的思想。

领导者因素是组织内部管理中不可替代的因素。在不同类型的组织中，领导的作用虽然有所不同，但都是关键的因素。在法治社会中，领导作用的发挥受到严格的制度规范，其作用相对小一些。在像我国这样具有人治传统的国家，组织中的领导决定着组织的命运，其作用是其他因素所无法比拟的。我们前面谈到的企业家战略学派，就将企业的领导看做战略管理的核心因素。制定人力资源战略必须考虑领导的战略能力，主要是确定战略方向所需要的关键能力，包括战略思维能力、分析能力和决策素质。此外，成功的领导者需具有诸多人力资源方面的能力，如选拔、评估、培养、岗位分配、授权、留住人才、辞退等等。这些都应是人力资源战略需要斟酌的因素，见表 4—7。

表 4—7　　内部管理因素与人力资源战略问题

组织有无战略管理思想 组织结构是否科学合理 管理者是否进行了恰当的授权 职员的士气如何 组织的内部控制机制是否有效 组织的激励机制如何 组织的市场定位是否准确 员工的经验是否丰富 员工是否接受过良好的培训
组织的业务流程管理如何 业务流程对人力资源有什么特殊的要求
组织的财务优势与弱点是什么 组织的现金流如何 组织的预算程序是否有效
同竞争者相比，组织的市场定位如何 组织的市场细分是否合理 组织的市场份额如何 客户对组织的服务或产品满意度如何
领导者与战略相关的能力如何 领导者与人力资源管理相关的能力如何 领导者的领导风格是什么类型的 如何管理领导者

4.2.6　文化因素

文化在现代管理中占据着极其重要的位置。制定人力资源战略所应考虑的文化因素，既包括国家或地区这一大文化环境，也包括组织文化这一小文化环境。从大文化环境来看，不同地区的文化内涵不同，其对事物的看法、思考问题的角度、价值观、行为方式等都会有很大的区别，甚至相互冲突。比如，东方文化是重关系的文化，在与东方人进行商业交往时，非正式谈话的重要性往往很大，对方的个人情况、公司经营状况都是东方人感兴趣的内容。而非个人化的沟通是与轻关系文化的西方人交往的最佳方式。文化之间的不相融性是许多冲突产生的原因。政治学家亨廷顿在其《文明的冲突》（*Clash of the Civilization*）一书中认为，当今世界的冲突主要是文化的冲突造成的。就管理来说，不同国家的文化是不同的，那么与各种文化相适应的管理制度也是不同的。我们在发扬拿来主义、学习西方先进管理方法时，要注重制度本身的文化背景。盲目地引进或无视文化差异的套用，都会给组织带来很大的伤害。例如，国外管理咨询公司将西方现成的制度模式套给中国的公司，结果却是南辕北辙。一些中国公司盲目借用西方的末位淘汰机制，忽视中西方竞争文化的差异，给自己公司造成了不小的混乱。

组织文化是组织内部导致共同行为规范的系统的价值观和信仰，包括组织的价值观、组织领导人的成功传奇事迹、组织的愿景等。每一个组织都有不同于其他组织的特殊文化。战略管理都是在特定的文化中进行的，文化可能从两个方面对战略管理产生危害：一是组织文化中的一些根深蒂固的观念遮住了领导者的双眼，使他们无法觉察外部环境的变化；二是曾经行之有效的文化很难随着战略的转变而转变。因此，在制定人力资源战略时，必须对文化因素进行分析，充分利用组织文化中的优势，改变组织文化中的劣势。因为，没有组织文化支持的战略，可能是无效的战略。文化因素与人力资源战略问题见表 4—8。

表 4—8　　文化因素与人力资源战略问题

社会中人的价值观与前几年相比有什么变化
组织的愿景是什么
员工对组织愿景的认同度怎样
组织的价值观是什么
组织的团队凝聚力如何
组织有没有鼓励创新的文化
组织中的传统文化与组织新的战略有什么冲突之处
员工最看重的工作回报是什么
组织结构是等级化的还是扁平化的
组织对员工所犯错误的宽容度如何
组织领导的领导风格是什么类型的
员工行为规范中有无与新战略不一致的导向

4.2.7　因素评价

分析完组织内外部的各种因素之后，我们就需要对这些因素进行评价，以确定组织目前的战略与环境的契合度。对环境因素的评价，分为外部因素评价（external factor evaluation，EFE）和内部因素评价（internal factor evaluation，IFE），其基本原理是完全相同的。具体步骤为：

（1）列出组织外部环境（内部环境）分析过程中所确认的影响组织发展的关键因素。因素总数在 10～20 个之间。

（2）将这些因素进行分类。外部因素分为机会和威胁两类；内部因素分为优势与劣势两类。最好两类因素的数量相等。

（3）赋予每个因素以权重。权重的取值在 0.0～1.0 之间，0.0 代表不重要，1.0 代表非常重要。权重标志着该因素对组织发展的影响度的大小。所有因素的权重总和必须等于 1。权重的确定应在与竞争者比较的基础上，通过团体讨论，共同认可。

（4）为各因素评分。评分的依据是组织现行战略对各个因素的有效应对度，评分范围为 1～4 分。4 分代表应对很好；3 分代表应对超过平均水平；2 分代表应对为平均水平；1 分代表应对很差。评分反映的是组织战略的有效性，因此，以组织本身为基准，而不是像因素权重那样以与竞争者的比较为基础。

(5) 计算每个因素的加权分数。将每个因素的权重分与因素有效性得分相乘，得出每个因素的加权分数。

(6) 计算组织战略的总加权分数。将所有因素的加权分数相加，得出组织战略的总加权分数。一个组织的总加权分数最高为 4.0 分，最低为 1.0 分，平均为 2.5 分。4.0 分说明组织的现行战略对环境应对良好，能够充分发挥组织优势，抓住了环境的现有机会。1.0 分则正好相反，说明组织的战略亟待改变。

4.3 人力资源战略的制定

4.3.1 人力资源战略规划与人力资源战略

在制定人力资源战略成为管理的主要风潮之前，人力资源管理者对人力资源的相对长远的思考，集中体现在人力资源规划上。

人力资源规划是组织管理的一个环节，在不同的发展阶段，规划关注的焦点不同，这在西方 20 世纪的管理发展史上表现为：20 世纪初，人力资源规划重点关注生产工人的配置；第二次世界大战以后，人力资源规划关注组织对管理人才的需求；20 世纪六七十年代，人力资源规划关注的是如何使人力资源达到理想的状态，关键因素是组织对人力资源的需求与劳动力市场的供给之间的差距；20 世纪 80 年代，为配合企业的精简与重组，人力资源规划注重人员精减计划和管理者梯队计划。当前，人力资源规划关注的是当前发生的、现时的人力资源问题，思考问题的时间跨度较短。

人力资源战略是应对不断变化的环境，确保人力资源管理与组织战略相一致的管理措施。这揭示出人力资源战略所思考的两个核心维度：一是思考如何应对复杂变化的竞争环境；二是思考如何使人力资源管理与组织的发展战略相一致。与人力资源规划相比，人力资源战略思考问题的时间跨度更长，一般为 2～5 年。

4.3.2 人力资源战略的发起

人力资源战略的组织或发起是人力资源战略制定过程中不可忽视的因素。组织和发起者不同，人力资源战略的制定过程是不同的。

由基层管理者发起的人力资源战略的制定是一个自下而上的过程，是将基层的、具体的人力资源战略会集、综合成为组织整体战略的过程。

由组织高层发起的人力资源战略制定是一个自上而下的过程，是由高层管理者提出整体的人力资源战略，然后分解成低层次的部门战略的过程。中低层人员对战略的认同度是战略成败的关键。

由外部咨询机构发起的人力资源战略是现在最常见的人力资源战略制定过程。通常由组织高层邀请外部专家对组织的人力资源管理状况进行诊断，包括外部与内部环境的评价，确定与人力资源战略相关的问题，提出相应的应对措施，形成组织的人力资源战略。这种方式的前提是，与内部管理人员相比，外部专家具有更宽阔的视野、更专业的人力资源战略制定手段。

4.3.3 人力资源战略制定的方法

依据战略所关注的焦点不同，战略制定的方法可分为以下几种：

1. 分析性方法

分析性方法以问题为焦点，对产品或服务进行分类评估，以确定哪些产品或服务应该改变或取消。生产性部门关注的是市场份额和行业成长性，而公共部门关注的是利益相关者的支持和问题的可控性（tractability，指组织可能成功解决某一问题的前景，取决于技术、目标人群混合度、目标人群的人口构成、目标人群的可变性等因素）。依据这两个变量，公共部门人力资源管理者可将人力资源所面临的问题划分为：

（1）怒虎类问题（angry tiger issue）。此类问题具有较高的公共支持度，较低的可控性。从公众的角度看，此类问题猛如虎，应给予重视和解决。但由于技术局限或目标人群复杂等原因，此类问题目前根本不可能解决，故管理者最好是暂缓解决此类问题，如失业问题就属怒虎类问题。

（2）坐鸭类问题（sitting duck issue）。此类问题既具有较高的公共支持度，又具有较高的可控性。也就是说，公众比较关注此类问题，组织本身又有足够的能力解决此类问题。因此，此类问题应是战略管理者首先考虑解决的问题。此类问题既可以为人力资源战略管理者提高声誉，又可以为怒虎类问题的解决赢得时间。如对员工符合组织战略方向的行为予以精神奖励，就属坐鸭类问题。

（3）黑马类问题（dark horse issue）。此类问题的公众关注度低，但组织有能力将其解决好，即此类问题的可控性高。管理者也应将此类问题作为战略问题予以解决，并作为战略管理的业绩予以宣传。此类问题好比是买股票买到了一匹“黑马”，会给人力资源战略管理带来意想不到的收获。

（4）睡狗类问题（sleeping dog issue）。此类问题像沉睡的狗一样，公众对其关注度低，管理者对问题的可控性也低。此类问题不应纳入人力资源战略制定者的考虑范围。

2. 以参与者为焦点的概念性方法

以参与者为焦点的概念性方法关注内外部人员对组织战略的理解，其强调的是组织所承受的压力。依据侧重点的不同，该方法又分为三种：

（1）行业分析法（industry analytic approach）。它强调通过对组织所处行业竞争因素的分析，来确定组织相应的人力资源战略。使用的分析模型通常是迈克尔·波特的竞争分析模型。

（2）利益相关者回应法（stakeholder approach）。它强调对利益相关者的关注，组织的人力资源战略应力求满足各种利益相关者的需求。对利益相关者需求的分析与回应是此方法的核心。

（3）解释性方法（interpretative approach）。它关注的焦点是建立良好的关系，即将顾客看成是有价值的信息提供者，而不是麻烦的制造者。它认为，组织是个体的集合，这些个体相互达成了规范组织事务的默认条款，战略变革取决于将若干重要个体的支持集中起来。战略是重要顾客在环境中所面临的机会和困境的产物，这些困境不仅取决于是谁发现了什么的问题，更可能取决于对传统的认识。象征性符号是战略的中心，合法性的构建是战略的关键目标。

3. 以组织为焦点的概念性方法

以组织为焦点的概念性方法关注组织的整体能力，强调组织在环境中的位置。它又有四种具体的分析方法。

（1）政策模型方法（policy model approach）。它指运用 SWOT 模型对组织内外因素进行分析，在此基础上制定适应环境的人力资源战略。

（2）问题管理法（issue management approach）。它通常作为 SWOT 模型的补充，旨在使战略的制定更加灵活，更能应对新的问题。在这里，问题是指突然出现的，可能影响组织战略目标实现的新状况。组织应每年都举行人力资源战略会议，解决新出现的人力资源问题，对原有的战略进行修改。

（3）适应法（adaptive approach）。它强调组织对环境的适应能力，特别是与环境中的机会相匹配的能力。这种方法注重对组织环境的分析和对环境变化的回应。

（4）计划系统方法（planning systems approach）。这一方法由人力资源规划发展而来，认为人力资源战略的目的是预测环境的变化和重大事件的发生。其特点是将使命、战略、资源与方向联系起来，进而确定和正确处理它们之间的关系。计划系统应用的方法是规范性的。

4.3.4 人力资源战略的着眼点

人力资源战略的制定是在前期的环境评价基础上进行的，环境评价过程中所发现的人力资源问题就是人力资源战略的着眼点，应对这些问题的措施就是人力资源战略的基础。人力资源战略应体现如下特征：总体的、方向性的、包含具体方案的、涉及多种职能的、相对长期的，等等。詹姆斯·W·沃克在其《人力资源战略》（*Human Resource Strategy*）一书中所列举的一些经营性组织的人力资源战略，可为我们对人力资源战略的描述提供一些启迪。

（1）控制对人力资源供给的短期需求，增加人才供给，积极招募，留住人才［南加利福尼亚凯泽·珀曼恩特（Kaiser Permanente）医护中心］；

（2）将管理教育作为促进变革的手段［尤尼西斯（Unisys）公司］；

（3）对管理人员和员工进行理想教育，并为他们在新环境中的工作提供技能和政策支持［列维·施特劳斯（Levi Strauss）公司］；

（4）扩展员工激励方案，增加员工对企业的所有权［克鲁格公司（The Kroger Co.）］；

（5）致力于招募稀缺技能领域的人才和特定国籍的人才［世界银行（The World Bank）］；

（6）改进工作环境，改进顾客服务，改进人力资源职能部门的效益［美国邮政局（U. S. Postal Service）］；

（7）使公司成为更为积极、更有吸引力的工作场所［约翰·汉考克共同人寿保险公司（John Hancock Mutual Life Insurance Company）］。

这些是对人力资源战略的总体描述，完备的方案还应包括相应的具体实施策略。

4.4　人力资源战略的实施与评价

无论多么完美的人力资源战略，如果不能得到很好的实施，那也只能是一种装饰。因此，对人力资源战略实施的重视，是战略管理者的共识。在战略实施之前先要对战略进行可行性评估，在战略实施之后要对战略进行评价控制。

4.4.1　人力资源战略的可行性评估

任何战略在实施之前，都存在一个可行性评估的必要环节，但这个环节对公共部门的战略来讲尤其重要。其原因是，公共部门除了像私营部门那样要考虑市场因素、员工因素外，还应考虑政治、法律等一系列公共因素。这就是说，影响公共部门战略可行性的因素更多。这就要求公共部门战略制定者从两方面来对公共部门的人力资源战略进行评估。

一方面是对利益相关者因素进行评估。这就需要先确定人力资源战略的利益相关者。利益相关者通常包括服务对象、重要支持者、合作单位、服务提供者、同地区或同业务领域的其他公共部门。然后对这些利益相关者进行等级分类，分类的依据是它们所拥有的影响力的种类及对人力资源战略影响力的大小，进而分析人力资源战略对利益相关者的影响和利益相关者的反应，依此判断人力资源战略的可行性。

另一方面是对实施战略所需的资源进行评估。首先列出实施战略所需的各类资源，既包括资金等物质资源，也包括政治、法律、管理、经验等非物质资源。然后对所需资源进行等级分类，分类依据是这些资源的重要性和潜在的可获得性，进而判断该战略的可行性。

4.4.2　人力资源战略的实施

人力资源战略的实施应该说贯穿于人力资源管理的每一个环节。但除此之外，人力资源战略的实施还需要组织宏观条件的支持，最关键的支持来自以下两方面：

（1）政策支持。政策是指为实现战略目标而制定的准则、方法、程序、规则等。政策是战略实施的工具，政策为奖励和惩罚员工的各种管理活动设立了边界，明确了在追求战略目标过程中组织提倡什么、反对什么，进而促进战略的实施。政策为管理控制提供了基础，使部门间工作的协调更加便利，有利于集中资源保证战略目标的实现。需要制定相关政策的人力资源问题主要有：新员工的录用是通过高校直接招聘，还是通过职业介绍所或广告进行招聘；人员的提升是凭借业绩还是年资；组织举办大量的还是有限的提升管理者能力的培训班；员工的培训活动是集中进行还是分散进行；员工薪酬如何与业绩挂钩；等等。

（2）资源配置。组织中的资源包括财力资源、人力资源、物力资源和技术资源。资源的分配会受到多种因素的影响，既会受到政治因素的影响，也会受到个人因素的影响。战略管理要求组织资源的配置围绕组织战略目标来进行，这是组织人力资源战略实现的基础保障。

4.4.3 人力资源战略评价

当组织的外部或内部环境发生变化时，原来再好的战略也会过时。因此，对战略的实施进行系统化的检查、评价和控制，就成为战略管理的重要环节。

战略评价是保证实现既定目标的必要条件，包括三项基本活动：

(1) 考察组织战略的内在基础。使用外部因素评价方法，对组织的竞争对手的战略变化等外部因素进行分析。使用内部因素评价方法，对组织内部优势、劣势进行评判，以判断人力资源战略的制定基础是否发生变化。

(2) 将预期结果与实际结果进行比较。从战略实施的结果来判断其与战略制定的预期是否一致，也有的组织完全从组织的业绩角度对这种一致性进行评判。若不一致，就应检查原有战略的合理性。

(3) 采取纠正措施。采取相应的纠正措施，对人力资源战略进行调整，确保人力资源战略与组织整体战略以及内外部环境相匹配。

人力资源战略评价应当不定时地、连续地进行，只有这样，才能不断提升组织成功适应环境的能力。

本章小结

人力资源战略管理是现代人力资源管理的前沿与核心问题。本章首先介绍了有关组织整体战略的战略管理学派及其基本思想，通过介绍，旨在使读者对组织的战略理论和思想有一个全面的了解，这也奠定了人力资源战略管理的指导理论。然后，本章从人力资源问题与战略入手，详细介绍了组织内外部环境诸多因素分析的着眼点，以及因素评价方法。在战略制定环节，本章讲述了战略制定的不同方法，列举了一些世界知名企业的人力资源战略，并对人力资源战略的实施与评价进行了简要描述。

思考题

1. SWOT 战略分析方法的内涵是什么？
2. 设计学派、认识学派、学习学派和文化学派的基本的战略管理思想是什么？
3. 如何界定人力资源战略管理问题？
4. 在进行公共部门人力资源战略分析时，我们应该评价哪些环境因素？
5. 人力资源战略制定的方法是什么？
6. 人力资源战略实施的步骤是什么？

第5章

公共部门的工作分析与职位评价

工作分析与职位评价是公共部门人力资源管理的基础。没有周密、细致的工作分析与职位评价，人力资源管理的科学性就无从谈起，招募、甄选、调配、考核、薪酬激励等环节将会流于人治的随意。

5.1 工作分析与职位评价概述

5.1.1 工作分析与职位评价的含义

在了解工作分析与职位评价之前，我们需要知道什么是职位。

职位（post）是指符合一定标准，由上级组织分配给公职人员的职务和责任的集合体。

工作分析（job analysis）是指通过一系列的程序和方法，找出某个职位的工作性质、任务、责任及完成工作所需的技能和知识的过程，也是编写职位说明书的基础。

职位评价（post evaluation）是指运用科学的程序对职位进行比较，以确定一个职位相对于另一个职位在工资或薪金等级中的位置。其比较的真正目标是职位的内容，而不是它对于组织来说相当不准确的“价值”。

工作分析是分析和了解工作内容、环境及其相应的资格条件。细致、完备的工作分析是职位评价准确性的基础。

5.1.2 工作分析与职位评价的历史沿革

工作分析与职位评价的思想来源于以 F. W. 泰勒为代表的“科学管理”理论，它在动作研究的基础上提出了“工作分析”和“职位评价”制度。职位评价作为一种管理制度，首先在企业管理中得到逐步推广，并大大提高了企业劳动生产率，后被逐渐引进到政府管理之中。

1908年，美国芝加哥市首先在政府中试行职位评价制度。1923年的美国职位分类法，标志着工作分析、职位评价制度在美国政府人事管理中的广泛使用。第二次世界大战后，欧洲经济重建，职位评价作为有效的管理手段在欧洲得到广泛推广，先后实施职位评价制度的国家有比利时、丹麦、法国、联邦德国、荷兰、瑞典和英国。

5.1.3 工作分析与职位评价的作用

工作分析与职位评价作为公共部门人力资源管理的基础，其具体作用体现在以下几个方面：

（1）工作分析与职位评价有助于制定工作规范，招募合适的人才。工作分析可以清楚地提供每一个职位的工作内容和资格条件，这为工作规范的制定提供了基础，同时也为组织招募合适的人才提供了依据。而我国公共部门过去大都没有进行工作分析和职位评价，这样就无法制定严格的工作规范，公职人员的录用也没有具体的依据，缺乏针对性，只能从大的专业分类方面来录用所谓的“通才”，从而影响了行政管理效率的提高。

（2）工作分析与职位评价是人员评估的准则。工作分析之后所编制的工作说明书，具体说明了工作的内容和职责，为公职人员的评估提供了明确的标准，进而使我国公职人员的考核评估仅从“质”的方面来考察、干好干坏一个样的局面得到改善，为公职人员的晋升提供了科学的依据。

（3）工作分析与职位评价是确定工资、薪酬的主要依据。工作分析与职位评价明确了工作的主要内容和资格条件，确定了职位在工资等级中的位置。依此确定工资薪酬标准就更具有科学性，可以进一步拉大工资级差，使工资薪酬起到真正的激励作用。

（4）工作分析与职位评价使公职人员培训有了明确方向。有了明确的工作说明，就使公职人员的培训计划有了针对性，可以使我国公职人员的培训只是泛泛的理论训练、缺乏针对性和方向性的现状得到逐步改善。

5.1.4 工作分析与职位评价的前提

任何工作分析与职位评价所指的工作和职位都是特定组织内的。没有特定的组织，工作分析与职位评价就无从着手。因此，组织图的编制就成为工作分析与职位评价的前提。

组织图（organizational chart）是描述某一时期内组织结构的图表。

组织图可以显示出：（1）组织里所设的部门；（2）组织的指挥线（chain of command）；（3）各部门负责人；（4）每位员工在组织中的地位；（5）向上级负责等。图5—1是某市地方税务局局机关的组织图。

有了组织图，就可以使我们明白工作分析与职位评价所针对的是何组织、何部门的何职位，使工作分析与职位评价有了特定性。同时，组织图也是新录用工作人员了解本组织结构的最简捷的方法。

但是，组织图无法提供每项工作的日常活动及职责、组织中实际的沟通形态、员工受

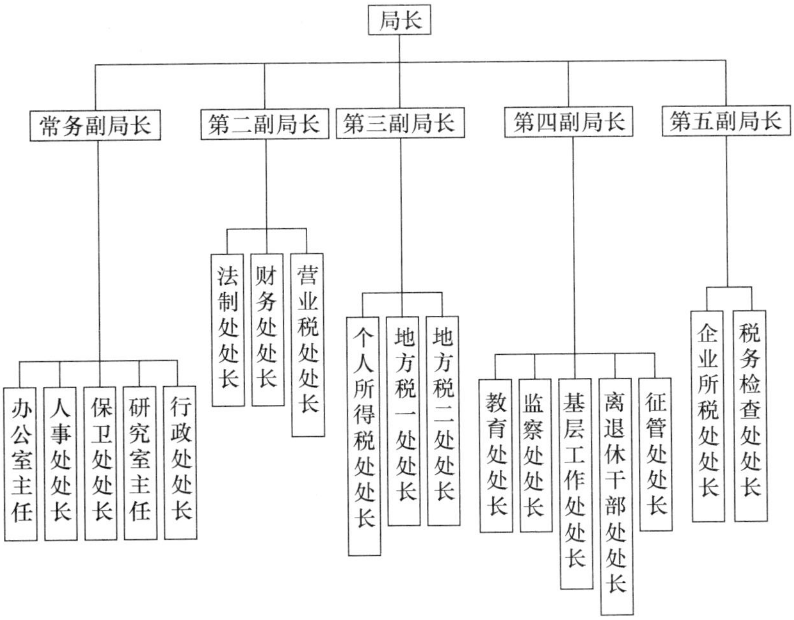

图 5—1　某市地方税务局局机关的组织图

监督的程度、各级领导的实权范围、工作人员的工资等级等内容，这还需要工作分析与职位评价来完成。

5.2　工作分析的内容及其方法

5.2.1　工作分析的程序

由于工作分析的用途广泛，且它又是公共部门人力资源管理的基础，因此，在进行工作分析时必须遵循一定的程序，以避免因资料收集的错误而影响整个人力资源管理的运作。一般来讲，工作分析的程序可分以下几个步骤：

（1）确定工作分析的目标，也就是确定工作分析资料的用途。有了目标、用途之后，才能确定收集什么类型的资料，才不致浪费时间收集一些对分析没用的信息。同时，有了目标、用途之后，才能决定采用哪种方法来进行工作分析。

（2）确定工作分析的执行者。工作分析是一项技术性并需得到各方面认可的工作，因此，工作分析的执行者应由人力资源管理专家、管理层、员工三方面的人员组成，并经过相关知识培训才能进行工作分析。

（3）选择有代表性的职位来进行分析。一般来讲，相类似的工作很多，假若对每一个职位都进行分析，从时间上来讲是不可能的，因此，就需要选择其中若干具有代表性的工作来进行分析，然后进行类推。

（4）收集工作分析所需的资料。这是工作分析的关键环节。需要收集的资料包括员工的在职活动、员工行为、工作状况、必备条件等。至于所使用的方法我们将在下面详细介绍。

（5）让任职者及其直接上司认可所收集的资料。在资料收集过程中，由于某种原因，有些重要的资料可能被遗漏，让任职者和其直接上司认可，能使资料更完备，并使他们更易于接受所收集到的活动资料。

（6）编写工作说明书和工作规范。在资料整理和分析的基础上，编写出工作说明书和工作规范，这是工作分析成果的体现。工作说明书以书面形式描述工作中的活动、职责以及与工作有关的重要因素。工作规范则着重指出任职者所需的资格条件。

5.2.2 工作分析的内容

工作分析的基本要求是，从职位活动中提炼出那些对职位来说是必要的条件和因素，并对职位进行系统的概括说明。因此，工作分析就应着重收集以下两方面的信息资料：

第一，承担的任务和责任，完成每件工作的方式方法；完成工作的动机；使用什么原材料、工具和设备；工作的原则、规律和程序；工作环境。

第二，熟练完成每件工作所要求的知识水平（包括教育程度、培训情况和工作经验）、技术和能力。

为了保证能够系统地收集职位的全部资料，就需要准备一份标准的工作分析表（job analysis information format）。工作分析表中的问题需经过精心选择，一般有下列相关基本要素的提问：

关于职位：

（1）谁从事此项工作？职位的名称是什么？

（2）职位的基本任务是什么？

（3）如何完成这些任务？使用什么设备？

（4）此项任务的目的是什么？此职位的任务和其他职位的任务的关系是什么？

（5）执行者对科室和机器的责任是什么？

（6）工作条件（工作时间、温度、噪音、光线等）如何？

关于工作者圆满完成任务所需的条件：

（1）知识。

（2）技术，包括经历。

（3）受教育程度。

（4）体力状况。

（5）智力状况。

（6）适应性（主动性、灵活性等）。

（请参照附录1“工作分析表”的范例。）

5.2.3 工作分析的方法

工作分析的方法有很多种，但使用较多的有面谈法、问卷法、现场观察法、工作日志法四种，或是这四种方法中几种方法的结合。

1. 面谈法

面谈法有三种形式：个别员工面谈法、集体员工面谈法、主管领导面谈法。集体员工面谈法是在许多员工从事同样工作的情况下使用，通常也邀请其主管领导参加。主管领导面谈法是找一个或多个主管领导面谈，这些主管领导应对下属的工作有充分的了解。

面谈法的关键在于依据工作分析表科学确定面谈的典型问题，同时使参与者充分了解面谈的缘由，不致使他们有被考核的感觉，以保证所收集资料的准确性。

面谈法看似简单，但操作起来有许多技巧和一定难度。执行过程中需注意以下问题：

（1）同主管领导密切配合，找出最了解工作内容和最能客观描述自己职责的员工。

（2）必须很快同面谈者建立融洽的感情沟通。应该知道对方的姓名，讲对方能够理解的话语，扼要说明面谈目的及找对方谈话的缘由。

（3）准备一份完整的问题表格，并留下空白以供填写。重要的问题先问，次要的问题后问。

（4）若对方的工作并非每天一成不变，则应要求对方将各种职责列出，并按重要顺序排列。这样，可以避免忽略那些虽不常出现却很重要的活动。

（5）面谈结束后，应让任职者及其主管领导将所收集的资料浏览一遍，以作适当的修改与补充。

面谈法的优点在于让任职者自己说出其工作活动与行为，能收集到一些其他方法所发掘不到的信息。另外，面谈法也给任职者提供了一个了解工作分析重要性的机会，使他们更容易接受工作分析的结果。同时，面谈中的一些怨言也可以使管理层发现原来未曾注意到的事项。

面谈法的缺点在于所收集到的信息易失真。这是因为，工作分析常常是职位评价、薪酬调整的前奏。因此，员工常把面谈视为一种变相的业绩考核，从而夸大其工作职责，使所收集到的信息被扭曲。

2. 问卷法

问卷法是通过任职人员填写与工作职责有关的调查问卷来进行工作分析的方法。

运用问卷法，首先要确定问卷的结构性程度。结构性程度在这里是指问卷内容的细化程度。在结构性程度高的问卷里，工作职责被细化为上百个小的职责，连完成每项职责所需的时间都要求填写。与此相反，结构性程度低的问卷所设计的问题大都较笼统开放，由任职人员根据自己的判断来填写。这是两种极端化的问卷形式，而在实际操作中，多是两种结合，既有结构性较强的问题又有开放性的问题。

其次，问卷法关键还在确定问卷所应包含的问题。问题设计得如何，直接涉及所收集资料信息的质量，从而影响工作分析的效果，因此，这是一项漫长而复杂的工作。

（请参照附录 2“编拟工作说明书前的工作分析问卷”的范例。）

问卷法的优点在于，可以在短时间内从众多任职者身上收集到所需的资料。其缺点有两方面：一是问卷的编制技术要求高，费时费力；二是不同的任职者对问卷中同样问题的理解可能不一致，这样所收集到的资料信息就会偏离工作分析的主旨。因此，问卷法一般不单独使用，同其他方法结合使用效果更佳。

3. 现场观察法

对于重复性强、身体外在活动较多的职位，用现场观察工作者行为活动的方法来进行工作分析，比较简便易行。但对于无从衡量的脑力劳动占主要成分的职位来讲，现场观察法很难奏效。另外，对于负责处理突发事件（如抢险、救灾等）的职位来说，运用现场观察法进行工作分析也较困难，因为这些条件只是偶尔才会发生，并非平常观察可以发现的，因此，运用现场观察法不可能得到全部所需资料，必须辅之以其他方法才能尽善尽美。

4. 工作日志法

工作日志是一天中工作活动的记录。工作日志法是要求任职者将一天中所从事的工作活动如实地记录下来，然后由分析人员根据工作日志的内容来对工作进行分析。这种方法所收集的材料一般较真实可靠，同时可以检验面谈法等所收集的资料信息的真实程度。

总之，面谈法、问卷法、现场观察法以及工作日志法这四种方法是工作分析的常用方法，一般相互结合使用。有了这几种方法所收集的资料，我们就可以进行下一步工作——编写工作说明书。

5.2.4 工作说明书

工作说明书（job description）是描写某一职位的工作内容、职责、工作环境及任职条件的书面文本。

工作说明书的编写要求做到简洁、清楚、充分，也就是要用普通人能够理解的最简练的语言完整地描述与工作有关的重要信息资料。

工作说明书是在工作分析的基础上，经过对工作分析所收集的资料信息精心筛选而编写成的。一般来讲，它包括以下七项内容：

（1）工作认定（job identification）。工作认定包括工作职位的名称或职务、职位代号、该职位的直属上司职务，以及编写人、编写日期、审批人等。

（2）工作摘要（job summary）。工作摘要是对该职位工作职能、活动的概括描述，所用语言应尽量具体明确，切忌泛泛的概括。

（3）工作关系（job relationship）。工作关系是指该职位工作者与组织内外其他人及部门、机构之间的关系，主要描述该职位与组织内上下级、同事的关系，与组织内其他部门的工作配合关系，与外部机构及人员的合作关系。

（4）职责。职责是指该职位的主要工作内容与责任，一般应分条记载并略加说明。

（5）职权。职权是指与该职位工作职责相应的权力界限，包括决策权限，用人权限，财、物支配权限，监督权限等。

（6）工作条件（working condition）。工作条件是指与工作有关的特殊环境条件，亦称工作环境，如噪音、粉尘、辐射等。

（7）任职资格。任职资格是指从事本职位工作所需的资历条件，亦称工作规范，包括受教育程度、工作经历、培训情况、特殊技能要求等。

以上七项是工作说明书的主要内容，而有的工作说明书把绩效标准也包括在内。工作说明书的编写格式没有明确的规定，可依据组织具体情况自行设定。

5.3 职位评价的方法

在完成工作分析和工作说明书之后，下一步工作就是职位评价。职位评价是在工作分析的基础上，依据工作分析所搜集的资料信息，对职位的“相对价值”进行分等排序的过程。职位评价的方法一般来讲包括排列法、分等法、评分法、因素比较法，或是这些方法的综合。学者们通常将排列法和分等法归为非量化分析方法或非分析法，将评分法和因素比较法归为量化分析方法或分析法。

5.3.1 排列法

排列法（job ranking）是通过将组织内所有职位按责任轻重、复杂程度等因素，由高到低排列出来进行评价的方法。各职位的薪酬水平按照排列次序来决定。

排列法的一个很重要的前提是选择训练有素的评估人员。因为排列法中对职位的评估主要依靠分析人员的主观判断，因此，只有十分熟悉被评估职位、了解每个职位所要求的技术和体能的分析员才能作出公正客观的判断。

有了高素质的评估人员，正式的职位评价就可以开始了。排列法的主要程序为：

（1）确定标杆职位。在工作分析的资料收集齐备后，一般要选择若干标杆职位作为参照系，这是排列法的关键程序。因为其他的职位都要依据标杆职位来进行排列。标杆职位首先必须要有代表性，能够涵盖该组织职位的主要职能和特性。其次，标杆职位需要处在职位之间的恰当位置，并合理地分散在现有的职位结构之中。

至于标杆职位的多寡没有通行的尺度，一般选取职位总数的10%～15%。

在全面的调查分析之后，首先由基层科（处）室来排列标杆职位，然后由分析人员进行全盘考虑，确定最后的标杆职位。选择和排列标杆职位是为了形成一个用以排列其他职位的结构框架，组织内的其他职位可以通过与一个或两个标杆职位的比较来进行排列。

（2）排列其余职位。确定了标杆职位框架后，我们就可以通过对每个职位的全面评估来对其余职位进行排列了，也就是通过分析每一职位对组织来讲，是比某个标杆职位更重要，还是不如标杆职位重要，或者与标杆职位重要程度相当，并依此进行排列。在具体排列过程中，某一职位也可以与已经排好的职位相比较来确定其恰当位置，最后形成职位由高到低的重要性序列。

职位排列的科学与否主要取决于分析人员对职位的熟悉程度。对于相类似的职位来讲，排列相对容易，而对于不相似、无关的职位来讲排列就比较困难。比如司机和打字员，究竟哪个职位更重要，有时很难确定。

（3）职位分级。形成职位重要性序列之后，就需要将这些职位划分出等级，以适应薪酬体系的要求。排列法实际上无法为这种等级划分提供精确客观的依据。这种等级的区分往往是从管理的角度出发，将职位分为若干个小组，不同的小组确定出不同的工资等级，每个等级内再制定出由低到高的工资序列。

排列法的优点在于操作简单、省时；缺点在于缺乏测量尺度，无法提供等级之间差别的客观依据，并过分依赖分析人员素质及对职位的熟悉程度。因此，排列法只适用规模较小的组织，对拥有成百上千个职位的大规模组织很难奏效。

5.3.2 分等法

分等法（job grading）是将职位分成若干等级，然后在每一等级内选出1～2两个关键职位，并附上工作说明和规范。接着评估每一职位，逐一与各级的关键职位相比较，相似的职位被编为同一等级，最后排列出各级的高低，亦称分类法。

分等法的具体程序为：

（1）按职位内容进行分类。在工作分析的基础上，将组织内的职位进行分类，如可将职位分为专业技术类、管理类等。这样，职位的分等就可在同类职位内进行，分等工作就变得简单易行。

（2）确定等级数量及等级定义。1）依据组织规模、工作性质、人力资源管理策略确定出等级的数量。2）确定用来评价职位重要程度的基本因素。不同性质的组织，影响其职位重要程度的因素也不同。美国联邦政府就以下面八大因素来评估职位的重要程度：第一，工作的难度与多样性；第二，监督他人和被监督的程度；第三，判断力的运用程度；第四，需要创造力的程度；第五，工作关系类型；第六，职责；第七，经验；第八，所需知识。3）明确等级定义，即对所分的等级进行概念性的明确描述。这是一项艰难复杂的工作。

（3）评价和分等。这是分等法的最后阶段，即分析人员将工作分析对每个职位的内容说明与等级定义相比较，得出每一职位的评价结果，将职位归入相应等级。

在归等过程中，为了使划等更简单化，一般依据每个等级的特定要求，在每一等级中确定一个标杆职位作为参照系，然后再进行分别归等。

分等法在进行等级定义时参考了指定的工作因素，因此，它比排列法更准确、客观。由于分等法相对简单，故所需费用也相对较少。分等法比较适用于职位内容变化不大的组织，特别流行于公共部门。如美国、加拿大等国的公共部门的职位评价就是采用分等法进行的。但是，分等法程序中的等级定义是一项高难度的工作，对职位内容变化较大的经济实体来讲，使用分等法就会遇到诸多困难。

5.3.3 评分法

评分法（point system）是一种量化的评价方法，首先依据工作内容特点确定出所有职位共同的评价因素，然后度量出每项因素对于被评价职位的重要程度和价值，并以分数形式记录下来，以便计算总值和相互比较。每一职位的总分数就是该职位的价值指标，以此作为核定薪酬的标准。

评分法的程序一般为：

（1）职位群的确定。因为每个处室的工作各异，不可能对整个组织的所有职位都进行评估。所以，首先需要将相似职位分成职位群，如文书性职位群、采购性职位群等，然后，评价委员会再为每一职位群分别拟定评分计划。

（2）评价因素的选择和界定。1）选择出影响职位评价的主要因素，如工作复杂程度、创造性、决策、受教育程度、经验、工作独立程度、技术、人际交往、工作环境等。评价因素的选择没有什么定式，可根据本单位职位内容的需要，参考类似组织成功职位评价的经验来确定。但所选择的评价因素必须是大多数职位都要考虑的，能够表现出共性。英国的银行在进行职位评价时通常考虑六项因素，即经验、复杂性、独立性和进取心、对工作人员的监督、对避免银行损失承担的责任、私人联系。2）在评价因素确定之后，就需要给这些因素一个明确的界定，这样就可避免不同因素之间的内容重叠。同时，也可以给一些抽象因素（如独立性、决策等）以准确的说明。所选择因素的数量越多，评价所需的时间就越长、难度也越大，因此，所选择的因素一般以4～12个为宜。

（3）因素分等。把每一个评价因素再分成等级，以便操作。通常因素的等级不超过6个，以能区别职位为原则，因素过多则评价工作烦琐，因素过少则不能清楚区分职位。如工作复杂性这项因素就可分为四个等级：

1）标准化的工作。很少需要抉择采取何种行为，包括不需要严密监控的重复性工作。

2）按照详细的说明和标准进行操作。所作决策有限，只是在原有的操作程序中作出选择。

3）虽是按照详细的说明和标准进行操作，但所作的决策需要运用某种判断力，或需要对原有的操作程序进行调整。

4）按照一般性的说明和标准进行操作，必须运用判断力和创造力来选择方案，并以机智或判断来处理所遇到的问题。

（4）权衡因素之间的相对价值。不同的评价因素对职位来讲其重要性不同。不同的职位群，其因素的重要性也不相同，甚至相反。比如，智力条件和生理条件两个因素对管理类职位群和体力劳动较多的操作性职位群来讲，其重要程度就正好相反。因此，职位评价委员就需仔细研究因素定义，确定出因素的相对价值权数。

目前，权衡因素一般采用百分比的方法。

1）将评价因素按重要程度由高到低排列，设定最重要的因素价值为100%，然后对其他因素进行评价。如：

决策能力	100%
受教育程度	60%
人际关系	35%

2）将评价因素百分率相加（100%+60%+35%=195%），并加以转换：

决策能力	100÷195≈0.51=51%	相加为100%
受教育程度	60÷195≈0.31=31%	
人际关系	35÷195≈0.18=18%	

（5）确定每个因素等级的分数。评价因素的价值权数明确之后，就需要确定每个因素等级的分数，也就是给等级打分。

1）要确定分数的总值，总值的大小要考虑到方便与否，最好用大数字，可以正好是整数500或5 000，以避免出现小数点，并能更好地表现等级之间的差别。

2）根据评价因素的权数（即百分比）换算出该因素的分数。例如，假定总值为500

分，因决策因素的权数为 51%，得出该因素的分数为 500×51%=255 分。

3）依据因素的总分值，评出该因素各个等级的分数。等级分数的评定可依据算术级数、几何级数或不规则级数中的任何一种规则。算术级数容易被职员接受，等级间差别不大，适合体力劳动占主要成分的职位。而几何级数的等级差别较大，适合于脑力劳动占主要成分的职位。上文的例子按算术级数给等级打分的结果如表 5—1 所示。

表 5—1　　总分为 500 分，按等比算术级数算出的等级分

	一级	二级	三级	四级	五级
决策能力	45	90	135	180	225
受教育程度	31	62	93	124	155
人际关系	18	36	54	72	90

（6）编写职位评价手册。在编写职位评价手册之前，要先对因素评价方案进行验证，发现问题及时修正，直至达到满意结果。

职位评价手册主要是说明职位评价的程序，阐述评价因素，诠释要素及要素等级分数，并要求分发到职位评价所涉及的所有人员。

（7）实施评价。职位评价委员会要按照职位评价手册的要求进行评价工作，每个职位均须依据工作说明书和工作规范来决定每项因素的得分，然后将各项因素的得分相加，即得到该职位的总分。最后按数的多少排列出来，形成一个职位等级结构。若需得出工资结构，可以用货币数代替分数，形成工资的等级系列。

评分法是一种应用很广泛的职位评价方法，其优点在于：1）通过清楚明确的因素界定来进行系统比较，减少了主观决定的成分，评价结果更加客观，易被员工接受。2）评分法具有广泛的适应性，适用于任何职位。其缺点在于：评分方案的制定费时、费力，而且定义和权衡要素的技术要求很高，因此，对规模较小的组织来讲，评分法不一定是最佳的选择方案。

5.3.4 因素比较法

因素比较法（factor comparison）是在排列法基础上改良而成的一种量化评价方法。排列法是以某一个因素为标准来比较各个职位的，而因素比较法是以多个因素为参照系，依次以每个因素为基础来进行多次比较而形成的职位评价结果，然后将评价结果数值化，得出每一职位的总分。

因素比较法常用的因素包括智力条件、生理条件、技能条件、职责、工作环境等。具体评价程序为：

（1）选择标杆职位。标杆职位的选择在所有职位评价方法中都是一件细致而重要的工作，而在因素比较法中尤其如此，因为评价结果的好坏在很大程度上依赖于标杆职位选择的恰当与否。因此，标杆职位必须能被所确定的因素清楚地描述和分析，标杆职位本身要能代表不同等级，并充分显示出每个因素的不同重要程度。在实际操作中，所选择标杆职位数量一般为 15～30 个，数量过多则排列因素时所需时间会过长，数量过少则易产生误差。

（2）按因素排列标杆职位。标杆职位的排列，首先要由职位评价委员会中的成员各自单独作出，然后再集中统一意见，得出标杆的最后排列，如表 5—2 范例所示。

表 5—2　　按因素排列的标杆职位

职位	智力条件	生理条件	技能条件	职责	工作环境
部门主管	1	3	1	1	4
秘书	2	2	3	2	3
打字员	3	4	2	4	2
门卫	4	1	4	3	1

注：1 表示高，4 表示低。

（3）给各因素分配薪资待遇。标杆职位排列完成之后，就需要将标杆职位的工资率按比例分配给各因素。这是因素比较法与其他方法相比的复杂之处。

假设目前部门主管的工资标准是 1 000 个货币单位，那么各因素在其工资标准中所占的比例有可能为：智力条件占 30%；生理条件占 10%；技能条件占 20%；职责占 35%；工作环境占 5%。按此方法，将所有标杆职位的工资标准都按因素进行分配，这样，标杆职位就可按每个因素所分配到工资比例重新排列，表 5—2 中的四个职位重新排列后，结果就可能为表 5—3。

表 5—3　　按因素的薪资待遇排列的标杆职位

职位	工资标准	智力条件	生理条件	技能条件	职责	工作环境
部门主管	1 000	300（1）	100（3）	200（1）	350（1）	50（4）
秘书	830	200（2）	120（2）	150（3）	300（2）	60（3）
打字员	550	150（3）	50（4）	180（2）	100（4）	70（2）
门卫	530	50（4）	150（1）	100（4）	150（3）	80（1）

注：1 表示高，4 表示低。

需要注意的是，不同的职位评价委员对每个因素在职位中的价值可能作出不一致的评价，这就需要职位评价委员会进行协调，达成共识。

（4）比较上述两次排列的结果，删掉不理想的标杆职位。将按因素排列的结果与按照因素的薪资待遇所排列的结果进行比较，得出表 5—4。

表 5—4　　比较两次排列结果

职位	智力条件		生理条件		技能条件		职责		工作环境	
	A	¥	A	¥	A	¥	A	¥	A	¥
部门主管	1	1	3	3	1	1	1	1	4	4
秘书	2	2	2	2	3	3	2	2	3	3
打字员	3	3	4	4	2	2	4	4	2	2
门卫	4	4	1	1	4	4	3	3	1	1

注：A 代表按因素排列的高低，¥代表按因素薪资排列的高低。

从两次排列结果的比较中，查看有无两次结果不一致的职位（表 5—4 中的结果是一致的），若有，就需通过调整不同因素的薪资比例来消除差异。若无法消除，就必须将这一职位从标杆职位中删除。

（5）排列其他职位。在所有标杆职位排列好之后，组织内的其他职位就可以通过与标杆职位相比较确定出自己的位置和工资水平。例如，财会人员对技术的要求可能介于打字员和部门主管之间，因此财务职位技术因素对应的工资也应为180～200个货币单位，其他因素依此类推。

在最后进行职位排列时，因素比较法还常常使用工作比较尺度表（job comparison scale），也就是将职位评价因素分为0～100个不同等级度，然后确定每个职位各个因素得分总和，并换算为工资，如表5—5所示。

表5—5　　　　工作比较尺度表

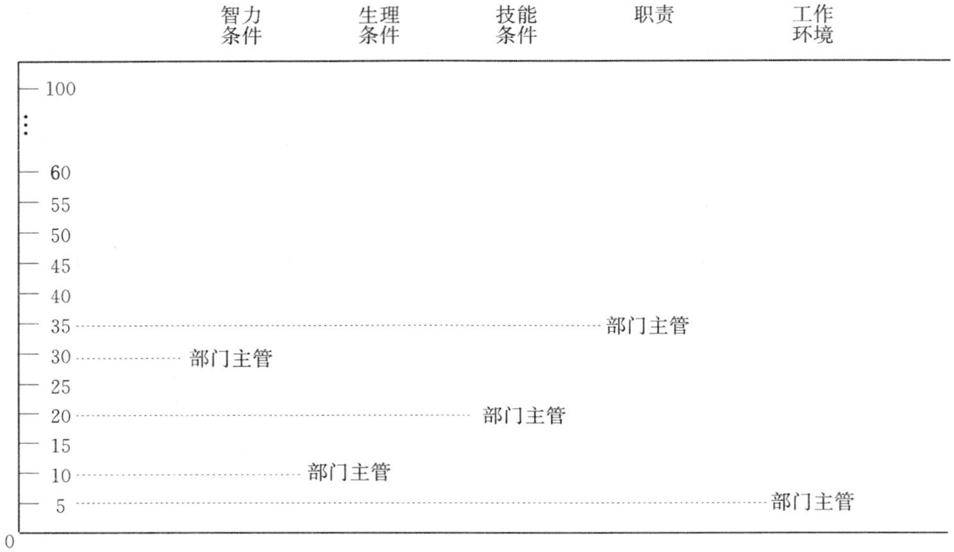

因素比较法也是被广泛使用的职位评价方法，原因在于其大部分职位的排列是通过同标杆职位相比较得出的，是一种准确、系统的量化评价方法。

此外，因素比较法赋予了各因素货币值，工资结构可以在评价中自然形成，减少了工作量。

程序的复杂性是因素比较法的主要缺点，此外，智力条件、生理条件、技能条件、职责、工作环境五因素不一定对组织中所有的工作都适应。

以上介绍的排列法、分等法、评分法、因素比较法是职位评价的四种基本方法。随着职位评价技术的发展和计算机技术的广泛应用，一些专业的人力资源管理顾问公司在这四种方法的基础上发明了一系列更精确化的评价方法，如Hay-Msl图表表象法、决策分组法、尤威科欧尔形象法、传递评价法等，这里不再逐一赘述。总而言之，职位评价在人力资源管理中的重要性已为世人共识。

本章小结

工作分析与职位评价是公共部门人力资源管理活动的起点，也是其他人力资源管理活动客观性和有效性的保证，在人力资源管理中占有重要地位。本章主要以描述和阐述工作分析与职位评价的运作方法为重点。首先介绍了工作分析的内容和方法；其次对职位评价的主要方法，如排列法、分等法、评分法、因素比较法等进行了详细的介绍，旨在使学习者对工作分析和职位评价的整个过程有全面的把握，并掌握其中一些基本操作方法。

思考题

1. 在人力资源管理中，工作分析与职位评价的作用是什么？
2. 工作分析的内容是什么？
3. 工作分析的程序是什么？
4. 排列法、分等法和评分法的主要内容是什么？

附录 1

工作分析表

你的工作职称__________ 代号__________ 日期__________
等级__________ 部门__________
你的名字__________ 使用设备__________
主管的职称__________ 编表人__________
主管的名字__________ 工作时间__________ AM PM______ 至 AM PM______

---

1. 你的工作之一般性目的是什么？
2. 你以前的工作是什么？请写出以前公司的名称。
3. 你希望自己担任怎样的工作？
4. 如果你有部属的话，请列出他们的名字及职称。
5. 如果你有部属的话，下列哪些活动是你工作中的一部分：

______任用　　______教导　　______晋升
______引导　　______辅导　　______奖励
______训练　　______编列预算　　______惩罚
______排定工作进度　　______指挥　　______解雇
______培养　　______评估绩效　　______其他______

6. 你的工作怎样才算是做得成功？
7. 工作职责——请简略描述你所做的工作，以及如何做这些工作，并请指出其中最重要以及最困难的部分：

(a) 每天的职责____
(b) 定期性职责____（请说明是每星期、每月、每季等等）
(c) 不定期职责____
(d) 你承担这些职责多长时间了？
(e) 你目前是否承担了一些不必要的职责？如果是，请描述。
(f) 你目前应该承担一些并不属于你工作的职责吗？如果是，请说明。

8. 教育程度——请勾选该工作应具备的学历水准（并非指你的学历背景）：

(a) ______不需正规学历　　(e) ______四年大学文凭
(b) ______高中文凭以下　　(f) ______四年大学文凭以上或拥有专业执照
(c) ______高中文凭或同等学力
(d) ______两年大专文凭或同等学力

请指出何种学历或何种专业执照。
请说明你当初承担该工作时的学历。

9. 经验——请勾选需要多长的时间经验才能担任你目前的工作：

(a) ______不需要　　(e) ______1～3 年
(b) ______1 月以下　　(f) ______3～5 年
(c) ______1～6 个月　　(g) ______5～10 年
(d) ______6 个月～1 年　　(h) ______10 年以上

请说明你当初承担该工作时具备了多长的时间经验。

10. 技能——请列举该工作所需要的所有技能（例如准确、专心的程度、方法等），请说明你当初承担该工作时具备了哪些技能。

11. 设备——你的工作需要使用到设备吗？是____否____

如果是，请列举设备名称及使用的程度。

设备	很少	有时	经常
(a) ____			
(b) ____			
(c) ____			
(d) ____			

12. 生理条件——请指出该工作有哪些不适的生理条件及其要求的程度：

	很少	有时	经常
(a) ________举重物	________	________	________
(b) ________不良工作姿势	________	________	________
(c) ________过度的工作速度	________	________	________
(d) ________超额的感官要求（看、听、摸、闻、说）	________	________	________
(e) ________震动性设备	________	________	________
(f) ________其他________	________	________	________

13. 情绪条件——请指出该工作有哪些不适的情绪条件及其要求程度：

	很少	有时	经常
(a) ______与一般大众接触	________	________	________
(b) ______与客户接触	________	________	________
(c) ______密切监督	________	________	________
(d) ______赶工压力	________	________	________
(e) ______不规律的工作进度	________	________	________
(f) ______单独工作	________	________	________
(g) ______长途出差	________	________	________
(h) ______其他________	________	________	________

14. 工作场所——请指出该工作有哪些舒适及不舒适的工作场所：

	舒适	不舒适
(a) ______室外	________	________
(b) ______室内	________	________
(c) ______地面	________	________
(d) ______地下室	________	________
(e) ______台架	________	________

15. 工作环境——请说明你工作的环境条件之优劣：

	差	好	极好
(a) ______采光	________	________	________
(b) ______通风	________	________	________
(c) ______温度变化	________	________	________
(d) ______震动	________	________	________
(e) ______设备	________	________	________

16. 环境条件——请指出你的工作需要在下列哪些条件下完成及其经常性的程度：

	很少	有时	经常
(a) ______灰尘	______	______	______
(b) ______泥土	______	______	______
(c) ______热	______	______	______
(d) ______冷	______	______	______
(e) ______烟雾	______	______	______
(f) ______臭味	______	______	______
(g) ______噪声	______	______	______
(h) ______雨天	______	______	______
(i) ______湿度	______	______	______
(j) ______其他______	______	______	______

17. 卫生与安全——请指出你的工作需要在下列哪些卫生与安全因素下完成及其要求的程度：

	很少	有时	经常
(a) ______高地作业	______	______	______
(b) ______辐射	______	______	______
(c) ______机械危害	______	______	______
(d) ______搬运物品	______	______	______
(e) ______炸药	______	______	______
(f) ______电力危害	______	______	______
(g) ______火灾	______	______	______
(h) ______其他______	______	______	______

主管评语

你的部属对于工作条件与职责的描述是否正确？______是______否。如果否的话，请加以说明及补充。

______________ ______________ ______________

日期 职称 签名

资料来源：［美］格利·戴斯勒：《人事管理》，39页，台北，晓园出版社，1992。

附录 2

编拟工作说明书前的工作分析问卷

员　工　问　卷

工作说明书问卷

日期＿＿＿＿＿＿

单　位＿＿＿＿＿＿＿＿＿＿＿＿ 目前的工作职称与等级＿＿＿＿＿＿＿＿＿＿＿＿

部　门＿＿＿＿＿＿处（科）＿＿＿＿＿ 主管姓名＿＿＿＿＿＿＿＿＿＿＿＿

1. 请叙述你的工作之主要职责：

2. 其他较不重要的工作职责为：

3. 请列举你所使用的机器或设备：

	一直使用	经常使用	有时候使用
＿＿＿＿＿＿	＿＿＿	＿＿＿	＿＿＿
＿＿＿＿＿＿	＿＿＿	＿＿＿	＿＿＿
＿＿＿＿＿＿	＿＿＿	＿＿＿	＿＿＿

4. 该工作最低学历资格是（勾选一项）：

□高中以下　　□高中加上 2～3 年其他学历

□高中　　□大学（4 年制）主修______

□高中加上 1 年的其他学历　　□大学加上其他学历

该工作所需要的额外特殊训练（在一般高中或大学不容易学到）为：

5. 担任该项工作的人员需具备多长时间的相关经验？

□不需要　　□1～3 年　　□______

□3 个月以下　　□3～5 年

□3 个月～1 年　　□5～10 年

6. 合乎上述条件的新进员工需要多久才能进入角色？

□2 个星期以下　　□6 个月　　□2 年

□3 个月　　□1 年　　□______

7. 该工作需要主管监督的程度（请勾选一项）：

□经常性：所有异常状况均需向主管报告。

□每天向主管报告若干次，听取其指示。

□因为大部分的工作内容都是重复性的，所以遇有重大异常状况时才向主管报告。

□监督有限。工作指派之后，大部分的工作内容决定于任职者，有时候甚至由任职者来决定工作方式。

□只列出工作目标，由任职者自行决定工作方式。

□直接监督几近没有。在组织一般政策的指导下，工作方式与协调均由任职者自行负责。

8. 该项工作所能作的决策，其性质与范围如何？

______

______

你决定核准前是不是要经过请示？____如果是的话，向谁请示？____

你决定驳回前是不是要经过请示？____如果是的话，向谁请示？____

9. 该工作需要何种机智？

例子：______

______

______

10. 该工作会出现何种过失？______

______

______

上述过失如何发现？______

______

______

如果上述过失未经发现的话，会有什么后果？____________________

____

____

11. 处理事务时，与别人接触的情形：

	一直	经常	有时	从未	方式（电话、书信等）
单位其他部门的工作人员	____	____	____	____	________
客户或代理人	____	____	____	____	________
一般大众	____	____	____	____	________
政府机构	____	____	____	____	________
其他	____	____	____	____	________

接触的目的与例子____________________

____

____

12. 如果该工作需要注意的程度超乎寻常，在下列项目中勾选一项：

□密切注意　　□有时候在短期内需密切地注意

□高度专心　　□经常需要注意，但有时候并不需要

□需保持稳定的注意程度

13. 工作所产生的异常疲倦会导致何种肌肉动作、身体移动、工作姿势？

____

14. 请叙述在工作中你会受到的灰尘、噪声、水、烟雾、热、意外事件等伤害：

____

在一个月当中，出差的次数与方式：____________________

____

在一个月当中，开车出差的次数：____________________

____

如果你有部属担任上述工作的话，请继续回答下列问题：

15. 请勾选你对于上述工作负何种督导责任：

□指导　　□分派人员

□指派任务　　□解决员工问题

□检查工作成果　　□甄选新人

□规划其工作内容　　□调职/晋升

（签呈？____裁决？____）

□维持工作标准

□协调彼此间的工作活动　　□惩罚

（签呈？____裁决？____）

□辞退

（签呈？____裁决？____）

□加薪

（签呈？____裁决？____）

请列出直接受你管辖的工作职称及员工人数：

____________________ __________

____________________ __________

属下员工人数合计：________

评语：

____

____

____

问卷制作人：________

主管人员请注意：你签名之后，表示你已经看过上面的工作说明书问卷。如果你认为有任何地方需加修改，请用红色铅笔注上。最后完稿的工作说明书还会再让你审阅一遍。

你有多少员工担任上述工作？________ 审阅人：________

职　务：________

第6章

公共部门的人员分类管理

公共部门的任职人员是一支庞大的队伍，要对其实施协调、监督等一系列的有效管理，就必须按一定的标准将其划分成不同的类别，进行分类管理。没有分类，就没有管理。

6.1 人员分类管理概述

6.1.1 公共部门的人员分类

人员分类是人力资源管理中的一项基础工作。所谓公共部门的人员分类是指，将公共部门中的工作人员或职位按工作性质、责任轻重、资历条件及工作环境等因素分门别类，设定等级，为人力资源管理的其他环节提供相应的管理依据的程序方法。

由以上定义我们可以得出，人员分类的依据是工作性质、责任轻重、资历条件及工作环境等因素，而这些因素的相关内容是由工作分析、工作说明书、工作规范提供的，也就是说工作分析与职位评价是人员分类的前提和基础，没有科学的工作分析与职位评价，公共部门的人员分类将成为空中楼阁。

由定义我们还可以得出，人员分类的对象是公共部门中的工作人员或职位，由此形成了两种典型的人员分类制度：一是以工作人员的官阶为中心的品位分类；二是以职位为中心的职位分类。

6.1.2 人员分类管理的意义

人员分类是公共部门人力资源管理科学化的基础，其具体意义体现在：

（1）人员分类管理有助于公共部门人力资源管理的简明、高效。公共部门的任职人员是一支庞大的队伍，其工作也繁杂多样，没有一定的分类就无法实现管理的目标，从某种程度上讲，没有分类就没有管理。对公共部门的人员进行分类，可以使国家的公共部门人力资源政策做到有的放矢、政出有因、政出有果，实现公共部门人力资源管理的简明、高效。

（2）人员分类管理有助于公共部门人力资源管理的规范化。无论是品位分类、职位分类还是二者的混合分类，每种人员分类都有相应的分类标准，每等、每级都有客观的评价依据，工作本身又有工作说明书和工作规范，这就使公共部门人力资源管理的录用、考核、薪酬等管理工作做到有章可循、标准客观，势必有助于公共部门人力资源管理规范化程度的提高，使公共部门人力资源管理真正做到客观、公正、高效。

（3）人员分类管理有助于公共部门人员的自我激励和开发。分类管理使人员的等级有了明确的划分，这样，公共部门的任职人员就可以清楚地了解到自己所处的等与级，进一步明确自己的升迁途径和升迁目标。一方面，可以激励其圆满完成现任工作；另一方面，也激励其为将来升迁后可能从事的工作做好知识、技能上的准备，进一步搞好自我开发，达到自我的不断完善。

6.1.3 人员分类制度选择的原则

一个国家、地区、部门的人员分类制度，是在品位分类、职位分类中选择一种，还是将二者相结合，这要依据下列原则：

（1）文化原则。文化是社会中的人们所共有的一种约定俗成的心理状态。它渗透在社会的各个层次和角落，影响到社会的种种管理制度和管理方法。任何一种分类制度的产生和形成，无不深深打上文化的烙印。职位分类制度所推崇的，在录用、考核、薪酬等方面人人平等的规范化与美国民主、平等、自由、向上的文化特色相吻合。品位分类以人为中心对官阶进行分类分等，与英国讲究个人身份、等级的绅士型文化相一致。而我国千年文化积淀中的人本主义讲究万事以人为中心，理性主义推崇礼义、不逾规矩，中庸主义着重折中至当、从容中道，都要求我国人员分类制度的选择既不能照搬美国的职位分类，也不能照抄英国的品位分类，而应吸二者之精华，有中国之特色。

（2）传统原则。任何一个民族的历史传统都是本民族的宝贵遗产。传统可能意味着保守，但并不意味着都是糟粕。人员分类制度的选择和革新也是如此。对传统的东西不能完全摒弃，而应在传统基础上推陈出新。当今美国的公共部门人员分类制度改革是在传统职位分类基础上，吸收一些品位分类的优点；而英国公共部门人员分类制度的革新则是在传统品位分类基础上，汲取职位分类的先进经验。因此，我国公共部门的人员分类制度选择和改革，也不能完全抛弃古代的品级分类和新中国成立后的干部分类方法，而应在此基础上，古为今用，洋为中用，逐步实现我国公共部门人员分类制度的科学化。

（3）组织需求原则。任何分类制度和方法都要最终落实在具体的组织之中，不同的组织，其组织目标、组织任务、组织文化也不相同，这就要求有不同的分类制度来对其工作人员或职位进行分类，在这方面没有放之四海而皆准的分类方法。在研究单位等开放型管理的组织中实行品位分类最能促进其工作和管理的开展；而在经营性、服务性的社会公共组织中，职位分类可能更利于提高效率。总之，分类制度和方法的选择要以组织的需求为根本原则。

6.2　品位分类管理

6.2.1　品位分类

“品”指官阶，“品位”指按官位高低、职务大小而排列成的等级。

品位分类是以国家公共部门工作人员的职务或等级高低为依据的人员分类管理制度。

品位分类在我国已有悠久的历史。自魏晋以来，官阶就称“品”，朝廷官吏分为“九品十八级”，以后各代逐步完善，品级也逐步增多，且品级同俸禄挂钩。但是，在封建社会，品位主要是特权和身份的标志，同现代意义的品位分类有着根本的区别。随着文官制度在西方的建立和发展，品位分类由封建社会的注重特权和身份到注重任职资历条件，再到现代的工作内容和资历并重，逐步达到完善。英国是现代品位分类最典型的国家，其他实行品位分类的国家还有法国、意大利等。

6.2.2　品位分类的特征

品位分类作为人员分类的两大制度之一，其基本特征为：

（1）品位分类是以“人”为中心的分类体系。品位分类的对象是人和人格化的职务等级以及人所具有的其他资格条件。具体而言，即在人员运用方面过分重视人员的学历、资历、经验和能力，个体的背景条件在公职录用和升迁中起着至关重要的作用，任职年限、德才表现等通用资格条件是晋升的主要依据。可见，品位分类是人在事先。

（2）分类和分等相互交织。在品位分类中，分类实际上同职务、级别的分等同时进行，因此，品位分类通常采用先纵后横的实施方法，也就是先确定等级，然后再分类别。

（3）品位分类强调公务人员的综合管理能力。品位分类注重“通才”，不注重公务人员所具备的某一方面的特殊知识和技能。人员的调动、交流、晋升受所学专业及以往工作性质的限制较少。

（4）官等和职位可以分离。在品位分类规则中，官等是任职者的固有身份，可以随人走，官等和所在职位不强求一致。薪酬取决于官等而不取决于所从事的工作。

（5）品位分类在等级观念比较深厚的国家较为盛行。

6.2.3　品位分类评价

从品位分类管理的历史来看，其具有以下优缺点：

1. 优点

（1）人员分类的分类线条粗犷，方法简单易行，结构富有弹性。

（2）公务人员的流动范围广，工作适应性强。

（3）有利于“通才”的培养，便于人员培训。

（4）强调年资，官职相对分离，使公务人员不致因职位调动而引起地位、待遇变化，有利于公务人员队伍的稳定。

（5）注重学历背景，有利于吸收高学历的优秀人才。

2. 缺点

（1）人在事先，易出现因人设岗、机构臃肿的现象。

（2）分类不系统、不规范，不利于严格的科学管理。

（3）限制了学历低、能力强人才的发展。

（4）轻视专业人才，不利于工作效率的提高。

（5）强调年资，加剧了官员的保守性，并易形成官本位倾向。

（6）以官阶定待遇，导致同工不同酬，不利于对人员的激励。

6.3 职位分类管理

6.3.1 职位分类

所谓职位分类，就是在工作分析的基础上，依据工作性质、繁简程度、责任轻重和所需资格条件，区分若干具有共同特色的职位，对其加以分类，并作为公共部门人力资源分类标准的一种管理制度。

职位分类的程序一般有四个步骤：

（1）职位调查。也就是工作分析，这是实施职位分类的第一步。

（2）职系区分。在调查的基础上，依照工作性质的异同，将各种职位划分归并为若干类别，这便是职系。职系是工作性质相同的职位汇集。在职系的基础上再形成职组和职门。职组是工作性质相似的职系汇集，而职门是工作性质相近的职组汇集。这一步骤是职位的横向划分。

（3）职位评价。也称职位品评，就是运用我们在上一章所讲的职位评价方法，对各职系的职位进行纵向的职级、职等的认定。职级是指同一职系内工作性质、繁简难易、责任轻重及所需资格条件充分相似的职位集合；工作性质不同，但工作繁简难易、责任轻重及所需资格条件程度相当的各职级则归纳称为职等。同一职等的所有职位，无论属于何职系，其薪酬均相同。

（4）制定职级规范。以职级规范作为人员录用、监督、考核的依据。职位分类最早产生于19世纪的美国，后被许多西方发达国家所效仿，被认为是现代公共部门人力资源管理比较理想的分类制度。

6.3.2 职位分类的特征

职位分类作为理想的分类制度，其具体特征为：

（1）职位分类是以“事”为中心的分类体系。职位分类首先重视职位工作的性质、责任轻重、繁简难易程度，其次才是人所具备的资格条件。职位分类是事在人先。

（2）分类方式先横后纵。即先进行横向的职系、职组、职门区分，然后再依工作的繁简难易和责任轻重的程度提取纵向等级。

（3）注重人员的专业知识和技能。职位分类注重“专才”，人员的任职调动、交流和晋升，一般在同一职系至多在同一职组范围内进行，跨职系、跨行业的流动和升迁极少。

（4）官等和职位相重合。在职能分类中，官等与职位相连，不随人走，严格实行以职位定薪酬的规则，追求同工同酬。职位变了，官等薪酬均取决于新职位的工作性质。

（5）实行严格的功绩制。在职位分类制度中，功绩制是其人员升迁和薪酬增加的唯一标准。如美国一般行政人员（GS）的薪酬增加方式有两种：一是工作年限增长自动提升等级，表现突出者奖励提升一级；二是职务提升，薪酬相应提高。并且一个人每年只能提一级，且必须有几个人同时竞争，才能最终选出一人提升。

（6）职位分类比较适合民主观念浓厚的国家。

6.3.3 职位分类的评价

任何一种分类制度都有其长也有其短，职位分类也有其优缺点。

1. 优点

（1）规范化的分类管理体系，为各项人力资源管理活动提供了客观依据。

（2）有利于贯彻专业化原则。

（3）有利于定编人员，完善机构建设。

（4）官等与责任、报酬相联系，进一步促进了同工同酬和官员能上能下。

（5）有利于在职培训和适才适用。

2. 缺点

（1）职位分类工程庞大，成本高，推行困难。

（2）人才发展和流动的渠道局限性大，易造成人才流失。

（3）整个体系过于强调量化，缺乏弹性。

（4）官等、工资随人的变动而变动，使其激励性减弱。

（5）不利于综合管理人才即通才的培养。

6.4 人员分类管理制度的发展趋势与我国公共部门的人员分类

6.4.1 人员分类管理制度的发展趋势

随着政治经济环境的不断变化，人员分类管理制度也在不断变革，综观世界人员分类制度的发展，呈现出以下两大趋势：

（1）品位分类和职位分类出现融合、互补趋势。随着专业化分工的不断发展，许多专业性、技术性工作进入政府领域。品位分类原有的注重通才的粗犷型分类方法已不能适应现代社会的需求。因此，原来实行品位分类的国家纷纷吸收职位分类方法的先进性，使分类管理更加系统化、规范化。典型的品位分类国家英国，于 20 世纪 70 年代对原来的公务员分类制度进行改革，引入职位分类方法，把公务员分为10个职类、26个职组、84个职系，提高了分类的科学化程度。日本则改革过去的品位分类，实行了介于职位分类和品位分类之间的名誉上的职位分类，人们称之为“工资分类”。

职位分类管理制度不利于通才培养、不利于人员流动的缺点也随着经济的发展变得愈加突出。最早实行职位分类的美国也于20世纪70年代对其职位分类制度进行了改革，将一般行政人员（GS）中的GS15至GS18职等改为品位分类，取消了职等，只设工资级别，实行级随人走，以便于高层官员的职位流动。同时，改变了原来人员只能在职系内流动的状况，允许公务人员像品位分类人员那样跨职系流动，竞争上岗。

（2）人员分类管理制度呈逐步简化趋势。当今世界的竞争是科技与管理的竞争，效率的高低越来越成为衡量政府的主要标准，因此，许多国家都着力于简化人员分类制度，以提高公共部门人力资源的管理效率。

加拿大的公务系统原有72个职组、102个分组，每个职组都有一套分类标准和工资标准，操作起来很烦琐，无法适应当今社会发展的需要。因此，加拿大政府本着通用、简化的原则对职位分类制度进行了改革，废除了原有的72套分类标准，代之以一种能够适应所有公共部门工作特征的评价体系，使人员分类更加简易，更具灵活性，大大降低了成本，提高了公共部门人力资源管理效率。

近几届美国政府一直在为人员分类管理制度的简化而不懈努力。里根政府早在1986年就提出了旨在以职业通道来代替400多个职系的“文官制度简化法案”，但未被国会通过。90年代的克林顿政府也一直致力于“简化职位分类”，也就是将原来过细的职位设置、狭窄的职位定义、烦琐的分类程序进行简化，但由于受联邦公务员法律的限制，只能在小范围内试点进行。南卡罗来纳州取消了70%的职位，纽约州把职位总数由7 200多个减为5 400多个，更有甚者，是佐治亚州取消了职位分类。这一连串的职位改革的共同宗旨是：简化职位分类程序，改变过去由政府统一进行职位划分的做法，由更了解自己组织状况的用人单位自我进行职位划分和分类。

6.4.2 我国公共部门的人员分类管理制度

我国自新中国成立到20世纪80年代，人力资源管理体制一直是与计划经济相适应的集中统一的管理体制。人员分类制度也呈现出集中统一的主要特色，党政不分、政企不分、政事不分，无论是党的机关、行政机关、权力机关、司法机关的工作人员，还是事业单位、企业单位、群众组织的工作人员都统称为“干部”。人员的等级划分主要依据职务职级、资力深浅、学历高低和工资多寡，实际上是一种特殊的“品位分类”，这种分类管理制度所导致的直接结果是官本位与效率低下。

随着改革开放和市场经济的发展，原来的分类制度已不能适应现代管理的需要。我国于2005年颁布的《中华人民共和国公务员法》，明确规定了公务员实行职位分类制度。在确定职能、机构编制的基础上，进行职位设置，制定职位说明书，确定每个职位的职责和任职资格条件，作为国家公务员录用、考核、培训、晋升等的依据。在政府机关实行职位分类后，我国党的机关也参照政府公务员的分类办法实行了职位分类。检察、审判机关及公安系统也实施了具有各自特色的分类方案。我国人员分类的宏观结构大致形成。原来的国家干部被分成：(1) 行政机关工作人员（公务员）；(2) 党务机关工作人员；(3) 国家权力机关工作人员；(4) 国家审判机关工作人员；(5) 国家检察机关工作人员；(6) 企业单位管理人员；(7) 人民团体工作人员；(8) 事业单位工作人员等。此外，我国还进一步完善了专业技术职称系列，使人员分类制度更加全面。

6.4.3　我国公务员分类的内容

(1) 我国公务员分类的内容主要有：我国公务员的职务分为领导职务和非领导职务两个序列。领导职务指副科长以上的职务和各级政府职能部门的领导职务；综合管理类的非领导职务序列包括：办事员、科员、副主任科员、主任科员、助理调研员、调研员、助理巡视员、巡视员。

(2) 等级划分。我国根据公务员所在职位的责任大小、工作难易程度以及公务员本身的德才表现、资历等因素将公务员分为 27 级，由低到高依次为二十七级至一级，分别与 12 个职务等次相对应。职务等次高低与级别的高低相互交叉，每一职务对应 1～9 个级别，职务越高对应的级别越少，职务越低对应的级别越多。具体规定如下：

公务员领导职务层次与级别的对应关系是：

国家级正职：一级；

国家级副职：四级至二级；

省部级正职：八级至四级；

省部级副职：十级至六级；

厅局级正职：十三级至八级；

厅局级副职：十五级至十级；

县处级正职：十八级至十二级；

县处级副职：二十级至十四级；

乡科级正职：二十二级至十六级；

乡科级副职：二十四级至十七级。

其中，副部级机关内设机构、副省级市机关的司局级正职对应十五级至十级；司局级副职对应十八级至十二级。

综合管理类公务员非领导职务与级别的对应关系是：

巡视员：十三级至八级；

副巡视员：十五级至十级；

调研员：十八级至十二级；

副调研员：二十级至十四级；

主任科员：二十二级至十六级；

副主任科员：二十四级至十七级；

科员：二十六级至十八级；

办事员：二十七级至十九级。

其中，副部级机关内设机构、副省级市机关的巡视员对应十五级至十级；副巡视员对应十八级至十二级，如表 6—1 所示。

表 6—1　　中国国家公务员分类体系中职务与级别对照表

<table>
<tr><th>职务</th><th colspan="12">级别</th></tr>
<tr><td>一</td><td>国家级正职</td><td></td><td></td><td></td><td></td><td></td><td></td><td></td><td></td><td></td><td></td><td></td></tr>
<tr><td>二</td><td></td><td rowspan="3">国家级副职</td><td></td><td></td><td></td><td></td><td></td><td></td><td></td><td></td><td></td><td></td></tr>
<tr><td>三</td><td></td><td></td><td></td><td></td><td></td><td></td><td></td><td></td><td></td><td></td><td></td></tr>
<tr><td>四</td><td></td><td rowspan="5">省部级正职</td><td></td><td></td><td></td><td></td><td></td><td></td><td></td><td></td><td></td></tr>
<tr><td>五</td><td></td><td></td><td></td><td></td><td></td><td></td><td></td><td></td><td></td><td></td><td></td></tr>
<tr><td>六</td><td></td><td></td><td rowspan="5">省部级副职</td><td></td><td></td><td></td><td></td><td></td><td></td><td></td><td></td></tr>
<tr><td>七</td><td></td><td></td><td></td><td></td><td></td><td></td><td></td><td></td><td></td><td></td></tr>
<tr><td>八</td><td></td><td></td><td rowspan="6">厅局级正职</td><td></td><td></td><td></td><td></td><td></td><td></td><td></td></tr>
<tr><td>九</td><td></td><td></td><td></td><td></td><td></td><td></td><td></td><td></td><td></td><td></td></tr>
<tr><td>十</td><td></td><td></td><td></td><td rowspan="6">厅局级副职</td><td></td><td></td><td></td><td></td><td></td><td></td></tr>
<tr><td>十一</td><td></td><td></td><td></td><td></td><td></td><td></td><td></td><td></td><td></td><td></td></tr>
<tr><td>十二</td><td></td><td></td><td></td><td></td><td rowspan="7">县处级正职</td><td></td><td></td><td></td><td></td><td></td></tr>
<tr><td>十三</td><td></td><td></td><td></td><td></td><td></td><td></td><td></td><td></td><td></td></tr>
<tr><td>十四</td><td></td><td></td><td></td><td></td><td></td><td rowspan="7">县处级副职</td><td></td><td></td><td></td><td></td></tr>
<tr><td>十五</td><td></td><td></td><td></td><td></td><td></td><td></td><td></td><td></td><td></td></tr>
<tr><td>十六</td><td></td><td></td><td></td><td></td><td></td><td></td><td rowspan="7">乡科级正职</td><td></td><td></td><td></td></tr>
<tr><td>十七</td><td></td><td></td><td></td><td></td><td></td><td></td><td rowspan="8">乡科级副职</td><td></td><td></td></tr>
<tr><td>十八</td><td></td><td></td><td></td><td></td><td></td><td></td><td rowspan="9">科员</td><td></td></tr>
<tr><td>十九</td><td></td><td></td><td></td><td></td><td></td><td></td><td></td><td rowspan="9">办事员</td></tr>
<tr><td>二十</td><td></td><td></td><td></td><td></td><td></td><td></td><td></td></tr>
<tr><td>二十一</td><td></td><td></td><td></td><td></td><td></td><td></td><td></td><td></td></tr>
<tr><td>二十二</td><td></td><td></td><td></td><td></td><td></td><td></td><td></td><td></td></tr>
<tr><td>二十三</td><td></td><td></td><td></td><td></td><td></td><td></td><td></td><td></td><td></td></tr>
<tr><td>二十四</td><td></td><td></td><td></td><td></td><td></td><td></td><td></td><td></td><td></td></tr>
<tr><td>二十五</td><td></td><td></td><td></td><td></td><td></td><td></td><td></td><td></td><td></td><td></td></tr>
<tr><td>二十六</td><td></td><td></td><td></td><td></td><td></td><td></td><td></td><td></td><td></td><td></td></tr>
<tr><td>二十七</td><td></td><td></td><td></td><td></td><td></td><td></td><td></td><td></td><td></td><td></td><td></td></tr>
</table>

《中国公务员职务与级别管理规定》指出，确定公务员职务，应当在国家规定的职务序列和职数限额内，按照职务任职条件和程序进行；新录用的公务员试用期满考核合格后，根据本人学历、资历等，结合职位要求确定职务；晋升、降低职务或者调任、转任以及因其他原因需要明确职务的公务员，按照拟任职务任职条件等确定职务。

《中国公务员职务与级别管理规定》还指出，公务员级别应当根据其所任职务、德才表现、工作实绩和资历确定；公务员累计 5 年定期考核结果均为称职以上等次的，可以在职务对应级别范围内晋升一个级别；公务员级别的确定、晋升或者降低，按照管理权限，由决定其职务任免的机关批准等。

6.4.4　我国公务员分类制度评价

我国现行的公务员分类制度是在继承传统分类方法基础上，吸收现代职位分类思想发展起来的，其优点和缺点极其明显。

1. 优点

（1）分类简单，易于操作实施。

（2）既兼顾了我国传统的品位分类方法，又吸收了现代职位分类的优点，符合现代人力资源分类潮流。

（3）公务员分类中非领导职务序列的设立，满足了我国行政机关中某些职位责任较大但又不承担领导责任情况的需要，解决了我国行政机关不设专业技术职务但有些职务又只有专业技术人员才能担任的矛盾，体现了责酬一致的原则。

2. 缺点

（1）分类过于简单，科学化和规范化程度较低，属于人力资源分类的初级阶段。

（2）分类范围狭窄，仅局限于行政机关公务员，而其他系统的分类制度不够完善。

（3）我国所实行的职位分类仅是名义上的职位分类，缺乏具体的工作分析、职位评价和工作说明书等实质性内容。

（4）我国的职位分类缺乏具体的规范性文件和正式法规，法制化程度低。

本章小结

公共部门人力资源是一支庞大的公职队伍，工作人员性质多样、种类繁多。对公职队伍进行科学、合理的分类管理，不仅有助于发挥各类人员的能力与特长，使人才按照其内在的规律和优势发展，而且有助于规范公共部门人力资源整体的管理，适合人力资源战略规划的需要。所以，人员分类管理是公共部门人力资源管理的重要内容。本章首先介绍了职位管理的发展与沿革；其次，介绍了公共部门人员分类的原则，进而详细介绍了品位分类和职位分类的内容与优缺点，并对人员分类的发展趋势进行了分析；最后，本章着重介绍了我国国家公务员制度中的现行人员分类管理体系，并对其进行了评价。

思考题

1. 什么是人员分类管理？人员分类管理的意义何在？
2. 公职人员分类管理制度选择的原则是什么？
3. 什么是品位分类制度？
4. 什么是职位分类制度？
5. 我国国家公务员分类管理制度的主要内容是什么？
6. 当前公共部门人员分类制度发展的趋势是什么？

第三篇

公共部门人力资源的获取、激励与发展

第7章

人员招募与甄选

人员的招募（recruitment）与甄选（selection）是公共部门人力资源管理的一项基本任务，它是在人力资源规划与预测的基础上，组织吸收新的合格人才，维护组织人员自然循环的需求，保证组织任务的完成和目标的实现。

7.1　人员招募计划

人员招募计划的目的是分析组织在不同情况下的人力需求，使组织内部有充足的人力资源，以实现组织的长期或短期目标。人力资源规划工作包括估计现有的人力资源以及预测未来的人力需求与供给。人员招募计划可以使组织充分了解组织未来发展对员工资格、技能的需求，进一步做好人员招募甄选工作。

7.1.1　人员需求预测

人员需求是指满足组织未来需要所应配备的人员数量及其所应具备的技能条件的组合。组织对人力资源的需求有多大，受到内部和外部许多因素的影响。

1. 影响需求的因素

影响组织人员需求的因素有以下几个方面：

（1）整体经济环境。一个国家、地区乃至全球的经济环境，直接影响到具体组织的经营管理状况。在经济蓬勃发展时期，对人员的需求就会增加，而在经济衰退甚至经济危机期间，对人员的需求就会大大减少，社会的失业率也会大大增加。

（2）社会及政治压力。对于公共部门来讲，社会及政治压力也是影响人员需求的重要因素。比如失业人数过多，就会带来社会治安、社会保障、失业保险等一系列社会问题，那么，公共部门就不得不慎重考虑自己的增员和减员计划。

（3）技术的改进。新的科技成果转化和技术革新会直接影响到组织的人员需求结构和需求数量的变化。如计算机技术的普遍应用和推广，就会使公共部门增加管理技术型人才的需求，减少可以被计算机替代的人力需求。

（4）组织政策。组织职能目标的转变会对人员的需求产生重要影响。如我国政府职能由微观管理到宏观调控、由全面干预到全面服务的转变，就造成了国家机关公务人员的大幅度减员。国家事业单位由政府包办的研究、辅助性质转向社会化的自谋生路的社会中介组织，也会造成人员需求数量的减少和人员结构的变化。另外，组织文化、管理方式的变革也会对人员需求产生影响。如组织从原来的集中管理到减少中间层次的分权管理的变革就会直接影响到对中间管理层人员的需求。

2. 需求预测的技术和方法

人员需求预测的技术和方法主要有：

（1）趋势预测法（trend projection forecast）。根据过去组织对人员的需求状况，推测出组织未来的人员需求结构和数量的方法叫趋势预测法。例如，可以通过计算过去五年内每年年底组织的员工数目和各个部门的员工数目，得出组织人员需求趋势，进而推测出未来的人员需求。

趋势预测法是一种逻辑推理方法，简便易行。但时间因素往往不是影响人员需求的唯一因素。

（2）比率预测法。比率预测法是通过某种因果因素与人员需求数目之间的比率来推测组织未来的人员需求。例如某研究机构的用人比率为 3∶1，即每 3 位研究人员需要 1 位辅助研究人员。假如需增加 6 位研究人员，那么就需另外录用 2 位辅助研究人员。对于经营性组织来讲，比率法同样适用。

比率法的缺点是没有考虑到规模经济的因素。比如，尽管每 3 位研究人员需要 1 位辅助人员，但在一个有 30 位研究人员的研究机构，辅助人员可能只需 7 人。这是因为辅助人员在团队工作条件下或由于他们各自精于某一方面的工作，总体效率会有所提高。

（3）工作负荷预测法。先进行工作分析，再预测组织未来的工作量，进而推算出对人员的需求。

（4）电脑软件分析法。利用人员需求分析软件对组织的人力需求进行预测是一种现代、快捷的分析方法。也就是将组织的工作量、相关因素等输入电脑，通过计量模型计算出组织各层次人才的需求量，这是现代专业人力资源管理咨询公司常用的一种方法。

无论运用什么方法对人员需求进行预测，都离不开管理人员的主观判断。这是因为各种分析方法所依据的都是历史资料，而未来许多可变因素对人员需求的影响还要依靠管理人员的主观判断。

7.1.2 人员供给预测

人员的供给分内部供给和外部供给。

1. 内部供给

当用组织现有任职人员补充人员需求时，我们称之为内部供给。对组织内部供给进行预测，通常需做以下几方面工作：

（1）了解组织内部人员的状况，包括年龄、级别、学历、经历、技能、绩效等，这些信息可以通过人事档案来获取。了解内部人员的这些特征，就可推算出未来人员的自然退职数目，进而了解职位空缺数，同时还可以知道组织内哪些人员可以顶替空缺。

（2）建立职位置换卡。也就是将每个职位都编成一张卡片，标明哪些人可能来担任这项职位，并指出这些人目前的绩效水准、晋升的可能性以及所需的训练。这样，在组织出现职位空缺时，就可以通过职位置换卡找出合适的人选，若无合适人选再考虑外部招募。

（3）计算组织的人员变动率。在分析内部供给时，不可避免地牵涉到人员的变动率，因为这不但关系到组织内部的人员供给和职位空缺状况，还关系到组织内部的管理是否合理的问题。计算人员变动率通常使用鲍文（Bowey）的稳定性指数（stability index）：

$$\text{稳定性百分比}=\frac{\text{现有职员在N时段的服务月份数之和}}{\text{人员齐备时在N时段的可能服务月份数之和}}\times 100\%$$

若稳定性过低，就需分析其产生的原因和发展趋势。

采用组织现有人员作为人力需求的供给源有多种优势：1）组织现有人员对组织的运作机制和组织文化有很好的了解和适应性；2）组织对现有人员的各方面情况有一定的了解，能够选到比较恰当的人选；3）对组织内部人员进行提升，对其他人员有激励作用。但这样做也存在一定的劣势：1）由于对组织现有人员了解过多，相关候选人的某些缺点会影响其提升，而外部人员则可较好地掩饰其某些缺点；2）组织现有人员往往受到组织文化的同化，缺乏创新思想。

2. 外部供给

在组织内部供给不能满足组织需求时，就需考虑从组织外部招募人才。外部人员供给的分析需考虑以下因素：

（1）人口因素。人口因素的变化直接影响着劳动力的外部供给：1）国家和地区间人口数量的多寡影响到人员的外部供给。在人口密度大的国家和地区，人员的外部供给就相对充裕，反之则紧缺。2）新进入就业队伍的年轻人的人数变化，也影响到人员的外部供给。如我国 20 世纪 60 年代中后期是一个生育高峰期，这样到 90 年代这些人进入就业队伍，90 年代的外部人员供给就比较宽松。3）劳动力结构影响着人员的外部供给。如在年龄结构老龄化的国家和地区，外部供给人员的年龄就偏大；性别结构的变化影响到人员外部供给的男、女比例；劳动力素质结构影响到外部供给能否满足组织对专门人才的需求。

（2）经济因素。社会经济发展景气与否，直接影响到失业率的高低，进而影响到人员外部供给的紧缺程度。另外，地区间经济发展的差异也会影响到人员的外部供给。在我国东部沿海经济发达地区，劳动力供给就相对紧缺，而在西部经济落后地区，劳动力供给就相对过剩，当然也可能出现结构性的紧缺。

（3）政策因素。一个国家和地区的政府人员管理政策和法规，对外部人员的供给有着重要影响。如我国的户籍管理政策对人口的跨地区流动有一定的限制，这样就影响到地区间的人员供给。另外，如平等就业法规、妇女儿童权益保护法、工作时间规定等都对人员的外部供给产生一定的影响。

总之，人员招募计划是公共部门人力资源管理的重要环节，它关系到对外部环境的前瞻性分析和现有人员的潜能开发。成功的人员招募计划能通过把握现有及未来劳动力构成的可能性预测相应成本，这是组织人力资源管理战略与运作的重要桥梁。

7.2 人员的招募甄选

7.2.1 人员招募甄选的意义

招募甄选是指寻找、筛选及录用适当人选出任组织空缺职务的过程。

招募甄选是人力资源管理的入口管理，即对进入组织的人员进行选择、把关，在人力资源管理中具有重要的意义。

（1）有效的招募甄选能为组织不断充实新生力量，实现组织内部人力资源的合理配置，为组织发展提供人力资源上的保障。

（2）有效的招募甄选可以增加组织人员的稳定性，减少人员的流失。因为成功的招募甄选可以为组织的每一个职位找到合适的人选，做到人尽其才，提高对工作的满意度。

（3）有效的招募甄选可降低人员初任培训和能力开发的费用。因为对高素质合格人员的培训开发要比使素质较低的人变得能胜任工作所需的培训和开发更简单、有效。

（4）有效的招募甄选能够提高组织的效率。1）有效的招募甄选可以使每一个职位都拥有合格的人才，整个组织的工作效率必定提高。2）有效的招募甄选可以使对员工的管理变得简单，管理者不再需要花很多的时间来纠正员工的过错或解决员工问题，而是花更多的时间、精力来考虑组织发展的关键性问题。

7.2.2 招募的方式

招募的方式有很多，究竟选择哪种方式要视成本和效益而定。下列几种方式是一般组织都会考虑的：

（1）刊登广告。刊登广告是组织常用的招募方式。这是因为报纸、杂志、电视、网络的接触面广、流通量大，招募到理想人才的机会也较高。

在设计招聘广告时，要注意广告的独特创意，树立良好的组织形象，给读者留下深刻印象。另外，还应把主要的招募内容展示出来，如工作内容、工作时间、工资收入、工作环境、资格条件等。

利用广告进行招募的缺点在于，广告存留时间短、成本较高、信息容量少。

（2）学校招募。经由学校的学生工作处或毕业生分配办公室进行人员招募是公共部门主要的、传统的人员招募方式。这种方式的优点是，应聘者的素质有一定保证，而且应征人数也会很多，可以有计划地进行招募甄选；缺点是，只能在固定时间内进行总招募，不能临时录用。另外，学校毕业生由于急于找工作，通常会同时应征多份工作，结果导致被选中者很可能因同时也被其他机构录用而临时拒绝聘约。

（3）转业军人的安置。在我国，转业军人的安置是公共部门的一项政治任务。因此，从转业军人中招募所需人员，也是公共部门招募人员的主要渠道之一。目前，转业军人已占公共部门工作人员的相当比例，有一些还担任了重要领导职务，对公共部门的发展作出了重要贡献。但转业军人大多缺乏公共部门所需的专业知识，只能从事后勤等辅助部门工作。一些原来误认为不需要什么专业知识的人力资源管理、政策法规等职位，因任用了转业军人而影响了工作的效率和质量。因此，转业军人的录用也应通过严格的甄选，不能只靠上级的分配。当然，这一问题的根本解决还要靠我国军队管理体制的改革。

（4）人才交流中心和职业介绍所。人才交流中心和职业介绍所存有大量求职者的资料信息，组织在急需少数个别职位人才时，通过人才交流中心和职业介绍所招募到所需人才是一种简便的方法，但需要一定的费用。

（5）猎头公司。猎头公司是近几年才在国内出现的一种机构，专门提供引荐高级管理人员或专业技术人员的服务。当组织需要填补重要职位或很专业的职位的空缺时，由于不易找到合适人选，就需要借助猎头公司的帮助。这类公司大都收费昂贵，但物有所值。

（6）由现有职员介绍。部分组织会通过现有职员或朋友介绍人选来填补职位空缺。这种方式的优点是，推荐人清楚组织的运作及职位要求，因此所推荐的人员多符合要求。另外，应征者已于事前从推荐人那里了解到工作环境、工作要求及工作前景，加上碍于推荐人的情面，会在录用后努力工作，且不会随便离职。缺点在于，易形成小的私情集团，出现分党分派情况，影响组织利益。

7.2.3　招募甄选的程序

人员的招募甄选是一个复杂、完整而又连续的程序化操作过程，这一程序的每一组成部分都是为了保证组织人员招募甄选的质量，确保为组织录用到合格、优秀的人才。人员招募甄选的程序包括以下几个步骤：

（1）组织中出现职位空缺，由此提出人员增补需求，人员招募甄选工作开始。一般来讲，只有通过上一节讲到的人员招募计划，才能准确把握组织对各类人员的需求信息，确定人员招募的种类和数量。

（2）确定招募甄选负责部门，制定招募实施计划。一般由人力资源管理部门来负责人员招募甄选，也可由业务部门负责实施计划，包括确定招募人数、招募标准、招募对象、招募经费预算、参与人员等。

（3）确定招募方式。根据组织的具体情况，选择恰当的招募方式，可以几种方式结合使用。

（4）对应聘人员进行考试、面试等甄选工作。一般由人力资源部门会同用人部门共同完成。在这一步骤中，应依据具体职位的工作规范对应聘人员进行各种形式的知识、技能和能力考试及心理测验，从应聘人员的基本素质、心理特点、能力特长上进行甄选，合格者参加面试。绝大多数组织都要通过面试评价来确定最后的录用人选。这是由于，面试评价所提供的关于应聘人员的信息最直观、真实、准确。因此，面试是人员甄选中最重要的环节。

（5）确定试用人员并进行任职培训。经考试、测验和面试合格者成为组织的试用人员，在试用之前，需进行任职培训。通过多种形式的任职培训，使试用人员充分了解组织和工作职位的状况，掌握工作所需的有关知识和技能。

（6）试用人员上岗试用。上岗试用的目的是为了通过工作实践进一步考察试用人员的工作适应能力，同时也为试用人员提供了深入了解组织和职位的机会。事实上，试用期间，组织与试用人员仍可双向选择，双方不受任何契约影响。试用期可为 2 个月至 1 年不等。

（7）试用期满后，对试用人员的工作绩效和适应性进行考核，合格者正式录用为组织人员，双方签订任用合同或其他契约。至此，整个招募甄选过程全部结束。

7.3 人员甄选的方法与技术

甄选是人员录用过程中最关键的环节，因为它决定着录用的结果。因此，在甄选过程中注重甄选方法的科学性就成为必然。

7.3.1 笔试

笔试是最古老、最基本的人员甄选方法。它是通过应征者在试卷上笔答事先拟好的试题，然后依据解答的正确程度或成绩进行测评的方法。

笔试的优点，首先是试卷内容涵盖面广、容量大、对基本知识、技能和能力的测试信度和效度较高；其次是可以对大量的应聘者同时进行，测评效率高；再次是成绩评定比较客观，考试材料可以保存以备待查，体现公平原则。笔试的缺点在于，不能全面地考察应试者的工作态度、品德修养以及组织管理能力、口头表达能力和操作技能。因此，笔试法一般不能单独使用，还须配合其他方法。

7.3.2 面试

面试是应聘者在主考人面前，用口述方式现场回答问题，主考人根据应聘者在面试过程中的行为表现及回答问题的正确程度来进行测评的一种方法。

通过面试，可以判断出应聘者运用知识分析问题的熟练程度、思维的敏捷性、语言的表达能力，并且可以通过应聘者面试过程中的行为举止，了解到应聘者的外表、气质、风度、情绪的稳定性。此外，通过面试还可以核对应聘者个人材料的真实性。

1. 面试的种类

依据面试方式的不同，可以划分出多种类型的面试方法：

（1）非引导式面试。面试人员依自己兴趣所至，随意向应聘人员提出问题。这种方式可以广泛地发掘应聘者的兴趣所在。

（2）定型式面试。面试人员依据预先设计好的一系列问题向应聘者发问。

（3）结构式面试。面试人员所提的问题都是与工作有关的问题，且事先已确定应聘者可能有的答案。面试人员依据应聘者的答复，当场作出不理想、普通、良好的结果评价。

（4）系列式面试。由组织不同层次的人员先后同应聘者进行面谈，各个面试人员依个人观点提出不同问题并作出评价，最后进行综合。

（5）陪审团式面试。由多名面试人员（一般 3～5 人最佳）同时跟应聘者面谈。

（6）压力面试。由专业的面谈人员依据工作的重要特征，向应聘者施加压力，测试应聘者如何应付工作压力。典型的压力面试是以穷追不舍的方式向应聘者发问，逐步深入，直至应聘者无法回答，以考察其机智和应变能力。

（7）模式化行为描述面试。由面试人员向应聘者描绘出一幅“时间图画”，要求应聘者描述其在这种特定情景下的行为方式，面试人员依据应聘者的行为是进取性的、武断性的还是被动性的，归纳出其行为模式，并与空缺职位所期望的模式进行比较，得出评价结果。“时间图画”中的行为模式可以是与职业选择有关的，也可以是与事业发展有关的。

2. 问题与对策

（1）在应用面试法进行人员甄选时，容易产生的问题是：

1）缺乏训练的面试人员往往不能作出客观的评价。

2）面试人员易受光环效应和触角效应的影响。光环效应是指面试人员喜欢应聘者或受应聘者吸引，从而对他们持肯定态度。结果是爱屋及乌，对候选人给出的答案采取宽容的态度，而不是客观评价答案本身。触角效应则正相反，面试人员会从应聘者给出的答案中挑刺。

3）面试人员往往过早作判断，即在见到应聘者的几分钟内就已经作出了判断，即使延长面试时间也不能改变其判断。

4）面试人员过分重视负面资料。面试人员较容易受负面资料的影响，对应聘者的印象容易由好转坏，而不容易由坏转好。

5）面试次序的对比误差，即应聘者接受面试的先后次序会影响面试人员的评分。研究表明，一位中等水平的应聘者若在几位不理想的应聘者之后接受面试，面试人员对他的评价会远远高出其原有标准。

（2）要避免上述五个方面的问题，就需采取以下措施：

1）对参与面试的经理、主管或人事干部进行面试技术培训。

2）确保面试人员在面试之前充分了解空缺职位的工作规范及应聘者的申请材料。

3）选择适当的地点作为面试场所，并注意家具的摆放符合面试的环境要求。

4）合理安排面试时间，并使每位应聘者的受试时间基本相同。

5）面试所提问题中，应包含有关职位的开放式的问题。

6）一般在面试人员提问后，应给应聘者一些时间，允许他们问一些问题并自由发表一些评论。

7）将面试法与其他方法结合使用。

7.3.3　心理测试

心理测试有许多种，但甄选过程中所用的主要是能力测试和个性测试两种，因为这两种测试的结果对预测未来的工作绩效有较大帮助。

1. 能力测试

能力测试分为普通能力测试、特殊能力测试和成就测试。

普通能力测试主要是测试应聘者的思维能力、想象力、记忆力、推理能力、分析能力、数学能力、空间关系能力及语言能力等。一般通过相似、相反、算术计算、推理等类型的问题进行评价。在这种测试中得高分者，被认为具有较强的能力，善于找出问题症结，能取得优良工作业绩。需注意的是某种特定的测试也许只对某类特定的工作有效。

特殊能力测试用于特定能力或才能的测试，如空间感、动手灵活性、协调性等，另外还包括一些专业的基础知识，常用的方法有斯特龙伯格灵敏度测验（Stromberg Dexterity Test）、明尼苏达操作速度测验（Minesota Rate of Mani-pulation Test）、普渡插棒板测验（Purdue Peg Board Test）等。

成就测试是考察一个人已经拥有的能力，主要测试应聘者已经具备的有关工作的能力水平。比如测试一名打字员每分钟能打多少字。

韦克斯勒智力量表

韦克斯勒智力量表（Wechsler Intelligence Scale）是目前世界上应用最广泛的智力测验量表。它是美国学者韦克斯勒（D. Wechsler）于 1955 年主持编制的智力测验量表，后于 1981 年和 1997 年经过两次修订。韦克斯勒智力量表共有 3 套：韦克斯勒成人智力量表（WAIS）、韦克斯勒儿童智力量表（WISC）、韦克斯勒学前和小学儿童智力量表（WPPSI）。韦克斯勒成人智力量表（WAIS-RC，1981 年修订，又称为“中国韦氏成人智力量表”）包括 11 个分量。言语量表 6 个：知识、领悟 、算术、相似性、数字广度、词汇；操作量表 5 个：数字符号、画图填充、木块图、图片排列、图形拼凑。

韦克斯勒智力量表可测验人的智商，得到的智商是标准差为 15 的离差智商 IQ，具体公式为：

$$IQ=100+15Z=100+15(X-M)/S$$

式中，X 为某人实得分数；M 为某人所在年龄组的平均分数；S 为该年龄组分数的标准差；Z 是标准分数，其值等于被测人实得分数减去同龄人的平均分数，除以该年龄组的标准差。

WAIS-RC 各分测验的主要功能如下：

（1）知识：韦克斯勒认为，智商越高的人，兴趣越广泛，好奇心越强，所以获得的知识就越多。故此测验主要测量人的知识广度、一般的学习及接受能力、对材料的记忆及对日常事物的认识能力。

（2）领悟：此测验主要测量判断能力、运用实际知识解决新问题的能力以及一般知识。该测验对智力的 G 因素（一般因素）负荷较大，与知识测验相比，受文化教育影响小，但记分难以掌握。

（3）算术：此测验主要测量数学计算的推理能力及主动注意的能力。该能力随年龄而发展，故能考查智力的发展，同时对预测一个人未来的心智能力很有价值。

（4）相似性：此测验设计用来测量逻辑思维能力、抽象思维能力与概括能力，是 G 因素的很好测量指标。

（5）数字广度：此测验主要测量人的注意力和短时记忆能力。临床研究表明，数字广度测验对智力较低者测的是短时记忆能力，但对智力较高者实际测量的是注意力，且得分未必会高。

（6）词汇：本测验主要测量人的言语理解能力，与抽象概括能力有关，同时能在一定程度上了解其知识范围和文化背景。研究表明，它是测量智力的G因素的最佳指标，可靠性很高。但其记分较麻烦，评分标准难掌握，实施时间也较长。

（7）数字符号：该测验主要测量一般的学习能力、知觉辨别能力及灵活性，以及动机强度等。该测验与工种、性别、性格和个人缺陷有关，不能很好地测量智力的G因素，但具有记分快、不受文化影响的特点。

（8）图画填充：此测验主要测量人的视觉辨认能力，以及视觉记忆与视觉理解能力。填图测验有趣味性，能测量智力的G因素，但它易受个人经验、性别、生长环境的影响。

（9）木块图：该测验主要测量辨认空间关系的能力、视觉结构的分析和综合能力，以及视觉—运动协调能力等。在临床上，该测验对于诊断知觉障碍、注意障碍、老年衰退具有很高的效度。

（10）图片排列：此测验主要测量被试者的分析综合能力、观察因果关系的能力、社会计划性、预期力和幽默感等。它也可以测量智力的G因素，可作为跨文化的测验。但此测验易受视觉敏锐性的影响。

（11）图形拼凑：此测验主要测量处理局部与整体关系的能力、概括思维能力、知觉组织能力以及辨别能力。在临床上，此测验可了解被试的知觉类型，他对尝试错误方法所依赖的程度，以及对错误反应的应对方法。此测验与其他分测验相关较低，并对被试的鉴别力不甚高。

运用WAIS-RC时的注意事项：第一，在操作修订韦氏量表时，一定要按本量表的标准程序进行。这些程序在手册中均有规定，所以采用此量表的人员，一定要阅读手册。除非在临床应用时，因某些特殊情况，在不得已的情况下可进行适当变动。第二，主试者必须受过进行个别和团体测验的训练，掌握本量表的测量技术——提问技术、鼓励回答的技巧、书写回答格式、记分方法、记分标准、原始分（粗分）换算标准分（量表分）的方法、计算智商的方法、对结果作解释等。第三，测验材料有组织，以方便测验时取用，能得心应手，不致紊乱，不影响进行时间。主试者井井有条，则被试者操作自由；主试者忙乱不堪，则会对被试者的操作带来不良影响。第四，测验时间要选择恰当，这是与被试者建立良好协调关系所必需的。被试者应在精力充沛、身体舒适、没有急事的时候来接受测验。第五，主试者应努力取得被试者的合作，尽量使他们保持对测验的兴趣，用如下一些鼓励语言往往是有效的。如“好”，“这不花你许多时间吧”。

WAIS-RC只可用于个别测验，不适合团体测验，花费的实际时间较长，而且往往只限用于高级管理人员使用。它的实施、计分和解释都需要高素质的专业人员。

能力测验方法：瑞文标准推理测验

瑞文标准推理测验（Raven's Standard Progressive Matrices）由英国心理学家瑞文（J. C. Raven）于1938年创制，在世界各国沿用至今，用以测量一个人的观察能力及清晰思维的能力。它是一种纯粹的非文字智力测验，广泛运用于无国界的智力、推理能力测试。它的主要特点是适用年龄范围宽，测验对象不受文化、种族、语言的限制，并且可以用于聋哑儿童、文盲等特殊个体的测试。测验既可以个别进行，也可以团体实施，使用方便，省时省力，结果解释直观简单，具有较高的信度和效度。

整个瑞文标准推理测验一共由60张图组成，按逐步增加难度的顺序分成A、B、C、D、E五组，每组的主题和题型略有不同。从直观上看，A组主要测知觉辨别力、图形比较、图形想象力等；B组主要测类同比较、图形组合等；C组主要测比较推理和图形组合；D组主要测系列关系、图形套合、比拟等；E组主要测互换、交错等抽象推理能力。可见，各组要求的思维操作水平也是不同的。测验通过评价被试者这些思维活动来研究他的智力活动能力。每一组中包含12道题目，也按逐渐增加难度的方式排列。每个题目由一幅缺少一小部分的大图案和作为选项的6～8张小图片组成。测验中要求被试者根据大图案内图形间的某种关系——这正是需要被试者去思考、去发现的，看小图片中的哪一张填入（在头脑中想象）大图案中缺少的部分最合适，主要用于对智力的了解和筛选。

该测验使用人员的范围：6～70岁的不同职业、国家、文化背景的人都可以用，同样适用于聋哑人、丧失某种语言机能的病人、具有心理障碍的人。瑞文标准推理测验一般没有时间限制，但在必要时也可限制时间，在个别测验时，如果记录下测试所用时间，并分析其错误的特性，还可以有助于了解被试者的气质、性格和情绪等方面的特点，一般人完成瑞文标准推理测验大约需要30分钟，最好在45分钟之内完成。

最后根据答题正确率来计算智力水平，通常用百分比等级表示。一级：测验标准分等于或超过同年龄常模组的95%，为高水平智力；二级：测验标准分在75%～95%之间，智力水平良好；三级：测验标准分在25%～75%之间，智力水平中等；四级：测验标准分在5%～25%之间，智力水平中下；五级：测验标准分低于5%，为智力缺陷。另外，根据A、B、C、D、E五个项目的得分的结构，一定程度上有助于了解被试者的智力结构。

对分数作解释时应注意，瑞文测验强调推理方面的能力，并非完全的智力，但目前仅用于智力方面的筛选。

2. 个性测试

一个人的工作能否做好，不单取决于一个人的能力高低，个性品质也会对工作绩效的好坏起很大的影响作用。因此，把对应聘者的个性测试纳入招募甄选过程中就十分必要，对于那些需要比较多人际交流的职位更应如此。个性品质主要包括人的态度、情绪、价值观、性格等方面的特性。对个性品质的测试主要有影射法、个性品质问卷调查法和兴趣盘存法。

（1）影射法。影射法是让受测者看一项不明的刺激物（如图片、墨迹等），然后要求他们诠释其意义或说明自己有何反应。因为刺激物相当模糊，所以应聘者所作的诠释，事实上是他们内心状态的一种影射，他们会将自己的情感态度及对于生活的理想要求融入诠释中，由此测试出应聘者的个性品质。此外，属于影射性的测试方法还有：要求应聘者编造或创造出一些东西或故事、图画的构造法；要求应聘者完成某种材料，如句子的完成法；要求应聘者依据某种原则对刺激材料进行选择或排列的选择排列法等。

（2）个性品质问卷调查法。个性品质问卷调查法是通过应聘者对个性品质调查表中的问题进行回答，依据得分统计来判断应聘者的个性品质倾向。调查表中的问题一般包含了与行为、态度、感觉、信仰等有关的陈述式问题。典型的调查表有明尼苏达多项个性调查表、爱德华兹个人偏爱顺序表等。

（3）兴趣盘存法。兴趣盘存法是将应聘者的兴趣和各种人士的兴趣作比较，判断应聘者适合从事什么工作。其理论依据是，假如应聘者在兴趣方面与绩效优异的在职人员雷同的话，应聘者将来也可能有良好的表现。

总之，个性品质测试的根本目的是通过对应聘者个性品质的考察，判断应聘者的工作动机、工作态度、情绪的稳定性、气质、性格等素质是否与空缺职位的要求相近或相同，若是，就是合适的人选。

人格测验方法——明尼苏达多项人格测验

明尼苏达多项人格测验（Minnesota Multiphasic Personality Inventory，MMPI）是由明尼苏达大学教授哈撒韦（S. R. Hathaway）和麦金利（J. C. McKinley）于 20 世纪 40 年代制定的，是目前应用极广、颇富权威的一种纸—笔式人格测验。除用于临床之外，它还可以用于评价个人或集体的人格特点，为聘用人才及选择职业提供参考。在人员甄选录用中，MMPI 作为心理及性格测验的一种手段也有许多方面的探索。例如 MMPI 中的社会内向量表（Si），作为正常人个性倾向的量表应用广泛。MMPI 中的四个效度量表，被应用于其他量表之中，用以检验反应是否真实。

MMPI 有 566 个自我报告形式的题目，其中 16 个为重复题目（主要用于检验被试反应的一致性，看作答是否认真）。题目的内容范围很广，包括身体各方面的情况、精神状态以及对家庭、婚姻、宗教、政治、法律、社会等问题的态度。MMPI 适用于 16 岁以上的成人，被评价者具有小学毕业以上的文化水平，被评价者可以根据测试指导语的要求完成测试，测试无时间限制，但应尽快完成，可个别施测，也可以团体施测。

一般而言，在结果计分解释中主要使用 10 个临床量表、4 个效度量表和 5 个附加量表。

MMPI 的 10 个临床量表是：疑病（Hs）；抑郁（D）；癔症（Hy）；精神病态（Pd）；男性化—女性化（Mf）；妄想狂（Pa）；精神衰弱（Pt）；精神分裂（Sc）；轻躁狂（Ma）；社会内向。其中 Mf 与 Si 量表只能说明人格的倾向，与疾病无关，从上述 10 个量表中可得到 10 个分数，代表 10 种个性特质。

MMPI 的 4 个效度量表，用于鉴别不同的应试态度和反应倾向。如果在这些量表上出现异常分数，则意味着其余量表分数的有效性值得怀疑。

说谎分数（L）：共 15 个题目，在此量表上分数较低，说明诚实、自信、富于自我批评精神。

诈病分数（F）：共 64 个题目，在此量表上得分高可能是蓄意装病、回答不认真或真的有病，如妄想、幻觉、思维障碍等。

校正分数（K）：由 30 个对装假敏感的题目组成，高 K 分可表示装好的企图，低 K 分可表示过分坦率、自我批评或装坏的企图。K 分数用于校正某些临床量表似可增加其效度。

疑问分数（Q）：表示漏答，无法答或“是”“否”均作回答的题目数，超过 30 题则答卷无效。

人格测验方法——卡特尔 16 种人格因素测验

卡特尔 16 种人格因素测验（Catell 16 Personality Factor Test，16PF）是美国伊利诺伊州立大学人格及能力测验研究所卡特尔（R. B. Catell）教授经过几十年的系统观察和科学实验，以及用因素分析统计法慎重确定和编制而成的一种精确的测验。这一测验能以约 45 分钟的时间测量出 16 种主要人格特征，凡具有初三以上文化程度的人都可以使用。本测验在国际上颇具影响力，具有较高的信度和效度，广泛用于人格测评、人才选拔、心理咨询和职业咨询等工作领域。

16 种人格因素是各自独立的，相互之间的相关度极小，每一种因素的测量都可以对被评价者的某一方面的人格特征有清晰而独特的认识，也能综合了解被评价者人格的 16 种不同因素的组合，从而全面评价其整体人格。具体来说，16PF 直接测量的 16 种人格特征为乐群性、聪慧性、稳定性、支配性、兴奋性、责任性、敢为性、敏感性、怀疑性、幻想性、世故性、忧虑性、开放性、独立性、自律性、紧张性。

除直接测量 16 种人格特征外，卡特尔等人还发展出了一系列的公式，利用 16 个量表的分数以及这些公式，可以计算出一些二元人格特征，主要包括：焦虑性，描述对现在环境的适应程度，是否感到焦虑不满；外向性，描述性格特征的内向或者外向程度；安详机警性，描述个体的情绪困扰程度，以及进取精神；果敢性，描述做事情时的犹豫和果断程度。

16PF 已经被译成多种文字，是世界上使用非常广泛的人格测验。我国研究者也对测验进行了修订，使之适合我国的国情。经检验，该测验具有良好的信度和效度，可广泛运用于心理咨询、人员选拔和职业指导等各个环节，为人事决策和人事诊断提供个人心理素质的参考。

7.3.4 行为模拟测试法

行为模拟测试法亦称情景模拟法，是指通过在一种情景下应聘者所表现出的与职位要求相关的行为方式，来判断应聘者是否适合空缺职位的一种测试方法。此法比较适合于评价具有某种与职位相关的潜能但又没有机会表明的应聘者。通常所采用的行为模拟方式有：

（1）文件筐处理。要求应聘者对文件筐中的各类信件、便笺等进行处理，并作出决定、制定计划、组织和安排、要求合作、撰写回信和报告，依此测出应聘者的工作主动性、独立性、敏感性、组织规划能力、合作精神、分析判断能力、决策能力等。

（2）分析模拟。给应聘者提供有关某种情况的资料，要求其进行分析并提出合理的行动程序，依此观察应聘者筛选数据、分析问题、进行决策的能力并进行评价。

（3）面谈模拟。由应聘者扮演一个角色，评价员扮演与之相对的角色，来进行与工作相关的某种情景下的模拟行为和对话，依此评价应聘者的组织能力、领导能力、灵活性、口头表达能力、控制能力及压力下的工作能力等。

并非所有的甄选都需要采取行为模拟测试法，它一般是作为面试法的补充，另外还取决于甄选的时间及预算的许可度。

7.3.5　工作抽样法

工作抽样法是指将空缺职位、工作的几个关键环节抽样出来，让应聘者在无主持的状况下进行实地操作，以考察其实际工作能力和绩效。科学的工作抽样比其他甄选方法都有效，因为这种方法所得到的信息更直接、更真实，评价结果也更客观、更公正。

7.3.6　评价中心

评价中心在这里实际上是一个运作概念，而不是一个地理概念或机构名称。它是指将应聘者（若应聘者过多，可经筛选后进行）集中起来，采用多种评价方法进行集体评价，然后从中甄选出合格人员的过程。评价的地点可以是一间会议室，也可以是一间特殊的房间。评价中心要求有 10 多名评价员来参与，一是因为应聘人员多，需多人进行评价；二是可以保证评价结果的公正性。评价员一般是在暗中进行评价，也可通过录像进行评价。评价的时间需 2～3 天。评价中心一般包括下列项目：

（1）分内工作——让应聘者面对一堆真正担任空缺职务时所面对的报表、备忘录、信件、电话以及其他文件，要求应聘者逐一处理，如写信、记备忘录、安排会议日程等。然后，再由经验丰富的评价员对工作绩效予以评价。

（2）无主持的群体讨论——给一个问题，让应聘者一起进行讨论，并作出群体决策。然后由评价员对应聘者的沟通技巧、领导能力、个人影响力以及群体接纳程度进行评估。

（3）管理竞赛——让应聘者各代表一个组织，这些组织在市场上有着激烈的竞争，然后让应聘者依据所代表的组织的状况进行一系列管理决策，由此来评价应聘者的决策能力、组织能力、沟通能力及领导能力。

（4）口头报告——让应聘者就某一主题作一个口头报告，以此来评价应聘者的沟通技巧和说服能力。

（5）客观测试——对应聘者进行一系列的内心测试。

（6）面谈——每位应聘者至少都由一位评价员与其面谈，以发掘应聘者的背景、过去的工作绩效、目前兴趣以及激励状态。

需要注意的是，评价中心一般费用较高，比较适合于规模较大的组织。

无领导小组讨论

无领导小组讨论是评价中心技术中经常使用的一种测评技术，采用情景模拟的方式对被测评者进行集体面试。4～8名考生组成一组，进行1个小时左右的讨论。讨论过程中，不指定谁充当主持讨论的组长，也不布置议题与议程，只是发给一个简短案例，即介绍一种管理情境，其中隐含着一个或者数个待解决和处理的问题，以引导小组展开讨论。没有人告诉任何一个小组成员他应该坐在哪个位置上，一般只用一张圆桌，而不使用长方形的会议桌，以使每个座席位置具有同等的重要性。在小组讨论过程中，即使出现冷场、僵局的情况，甚至发生争吵，测评者也不出面干预，令其自发进行。

整个讨论可以分为三个阶段：一是面试官宣读试题，受测者了解试题，独立思考，列出发言提纲，一般规定为5分钟左右；二是受测者轮流发言阐述自己的观点；三是受测者自由发言，不但阐述自己的观点，而且对别人的观点提出意见，最后达成某一协议。

无领导小组讨论将自主形成三类角色：组织者；时间控制者和记录者；参与融入者。

讨论结束后，由观察者根据每人在讨论中的表现及所起作用，按既定维度给出评分。

1. 无领导小组讨论的题型

无领导小组讨论的讨论题一般都是智能性的题目，从形式上来分，可以分为以下五种：

（1）开放式。例如，您认为领导者应具备的特质有哪些?

（2）两难式。例如，您认为情商和智商哪个更重要?

（3）排序选择。例如，对一家上市公司而言，股东分红、投资、雇员奖励哪一个更为重要?

（4）资源争夺。例如，单位计划派出20位具有潜力的员工到美国学习，如何在各个部门中分配名额?

（5）实际操作。形成解决问题的具体方案。

2. 无领导小组讨论的评价标准

（1）参与有效发言次数的多少。

（2）是否能够及时消除紧张气氛，说服别人，调节争议；是否能够创造一个使每一个人都想发言的气氛，并最终使众人达成一致意见。

（3）是否能提出自己的见解和方案，敢于发表不同意见，支持或肯定他人的意见，弹性化地在坚持自己的主张。

（4）能否倾听他人意见，并互相尊重，不强行打断他人。

(5) 语言表达、分析问题、概括或归纳总结不同方面意见的能力。

(6) 反应的灵敏性、概括的准确性、发言的主动性等。

3. 无领导小组讨论的特点

(1) 适宜特殊的测评范围。

无领导小组讨论适合于考查被评价者在团队中的社会和人际方面的能力，比如沟通能力、说服能力、组织协调能力、合作意识、影响力、人际交往意识和能力、团队精神等；解决问题时的分析能力，诸如理解能力、分析综合能力、推理能力、想象能力、创新能力、信息搜集利用能力；被评价者的个性特征，诸如自信、独立性高、灵活性、决断性、情绪稳定性等。

(2) 适宜人群为陌生人。

由于是无领导小组讨论，所以如果被评价者本身存在上下级关系，那么本质上就不是无领导小组讨论了。特别是在尊重长辈、尊重上级的文化浓厚的环境之中，在存在着正式或非正式关系的群体中运用无领导小组讨论的方式进行测评，很可能会导致结果出现偏误。

(3) 被评价者的人际互动性强。

人际互动性强是无领导小组讨论与其他方法相比一个明显的特点。在讨论的过程中，能够观察到小组成员之间的互动细节，以及不同成员在人际互动方面的个性化表现。

4. 无领导小组讨论的优势和劣势

与其他测评工具相比，无领导小组讨论具有以下几个方面的优点：能测试出笔试和单一面试所不能检测出的能力或者素质；在测评指标上，能够考查求职者多种能力和个性；在测评模式上，能使求职者在无意中显露自己各方面的特点；在测评依据上，能真正对求职者的行为表现进行评价；在测评情景上，能观察个体之间的相互作用；在测评结果上，能使求职者有公平竞争的机会；在测评成本上，能节省时间，便于比较。

无领导小组讨论的劣势：对测试题目的要求较高；对考官的评分技术要求较高；对应试者的评价易受考官主观意见的影响；应试者有存在做戏、表演或者伪装的可能性；指定角色的随意性，可能导致应试者之间地位的不平等；应试者的经验可以影响其能力的真正表现。

总之，招募中的甄选方法有很多种，至于选择何种方法，要依组织的具体情况而定，包括组织的目标、招募的规模和时间、预算的许可度等，但有一个问题是所有甄选方法都需注意的，那就是测试的效度和信度。效度是指测试的结果和工作相关的程度，也就是测试的结果能否预测出任职后的工作绩效。信度是指测试的稳定性和一致性，也就是对同一应聘者用内容相似的测验再去测试他，则所得到的分数也应相似。没有效度和信度的测试方法是不能在招募甄选中采用的。

7.4 我国公务员的录用制度

7.4.1 考试录用制度的历史沿革

考试录用作为政府录用人员的一种制度，最早起源于我国古代的科举制度。科举制度即分科举士，形成于我国的隋朝。它同以前各朝代主要通过推荐的方式来选拔政府官员不同，是通过分门别类的考试来确定官吏的选拔和任用。考试成绩是录用的主要标准，这改变了过去只重门第不重才能的录用弊端，是政府录用制度的一大进步。科举制被以后各朝代沿袭并发展。唐朝的科举制分为常科和制科两类。常科每年由礼部定期举行，有秀才、明经、进士、俊士等多种科目。常科考试合格者，只是具备了担任官职的资格，经吏部考试合格后，才能被授予官职。制科是皇帝根据需要临时下诏举行的，是旨在选取非常之才的考试，考试科目多达上百种，考试通过者可直接授予官职。

明清时期科举制度发展到鼎盛时期，考试办法也十分完备。清代的科举考试分为童试、乡试、会试和殿试。童试是一种基础资格考试，只有通过童试的人员（称秀才）才能参加乡试、会试和殿试，后三试是科举的正式考试。乡试为省一级考试，每三年一次，多在秋季举行，又称秋闱，考中者称举人。会试是中央一级考试，每三年一次，多在春季举行，又称春闱，考中者称贡士。殿试由皇帝亲自主持，在会试后一个月举行，考取者称进士，分三甲录取，一甲仅取三名，赐进士及第，第一名为状元，第二名为榜眼，第三名为探花；二甲取参试人数的 1/2 左右，赐进士出身；其余通过者为三甲，赐同进士出身。通过后两级考试者，都可成为级别不同的官员。

科举制度在当时是一种先进的政府官员选拔制度，但由于晚清时期考试内容被限制在“四书”、“五经”之内，并采用八股文体进行考试，限制了人的独立思考和创新意识，再加上社会衰退，假科举之名，行舞弊之实，最终把科举制度引向了末路。

科举制在中国走向了衰落，但其公开考试、择优录用的精髓却被西方吸收和发扬。1870 年，英国政府颁布枢密院令，规定凡未经考试并未持有合格证书者，一律不得任事务官职，标志着英国文官制度的初步形成。从此，英国文官中常务次官以下的文官，均须经考试合格后方可录用。1883 年，美国也实行了公开考试录用文官的制度。第二次世界大战以后，公开考试制度在世界许多国家的政府人员招募中得到推广，考试录用的范围越来越大，内容和方法也越来越科学。

新中国成立之后的前 30 年，我国的干部录用一直是按计划接收国家统一分配的大中专毕业生和军队转业干部，或从企事业单位有经验的工作人员中推荐选拔。直到 1982 年，我国原劳动人事部才制定颁布了第一个关于干部录用工作的综合性文件——《吸收录用干部问题的若干规定》，首次提出国家机关、企事业单位吸收录用干部要实行公开招收、自愿报名、进行德智体全面考核、坚持考试、择优录用的考试录用办法。但该办法只适用于从全民所有制和集体所有制单位的工人中吸收干部以及从社会上的城镇知识青年、闲散专业技术人员、自学成才人员中录用干部，而干部录用的主流仍是接受大中专毕业生和军队转业干部。

1987年，党的十三大决定建立国家公务员制度，强调凡进入业务类公务员队伍的人员，应通过法定程序公开考试，公开竞争。1988年七届全国人大一次会议再次强调，今后各级政府录用公务员，要按照国家公务员条例的规定，通过考试，择优选拔。同年，我国开展了一次大规模的招收干部考试工作，主要是为政法、税务、工商行政部门和银行、保险系统招收干部，此次参加考试的人员有百余万人，录取了8万人。此次干部录用的考试尝试，开创了干部录用的新局面。1989年初，中共中央组织部、人事部联合发出《关于国家行政机关补充工作人员实行考试办法的通知》，要求县及县以上国家行政机关补充工作人员，要贯彻公平、平等、竞争的原则，通过考试考核，择优录用。这意味着考试录用将作为国家机关录用工作人员的主要途径和方法。1989年，有37个国家部委，27个省、自治区、直辖市进行了干部的考试录用工作，收到了良好的效果。1993年我国颁布的《国家公务员暂行条例》规定，国家行政机关录用担任主任科员以下非领导职务的国家公务员，采用公开考试、严格考核的办法，按照德才兼备的标准择优录用。1994年，人事部颁布的《国家公务员录用暂行规定》规定了考试录用的程序和原则。至此，考试录用作为国家公务员的录用制度在我国得到确立。2005年4月27日通过的《中华人民共和国公务员法》，将公务员的考试录用制度以法律的形式固定下来，明确规定，录用担任主任科员以下及其他相当职务层次的非领导职务公务员，采取公开考试、严格考察、平等竞争、择优录取的办法。

7.4.2 考试录用的原则

国家公务员的考试录用，除必须按照编制、工作需要及德才兼备的标准来选拔人才外，还必须遵循以下原则：

（1）公开原则。公开原则是指录用主管部门将计划招募的职位、资格条件、时间、地点及招募结果，通过各种媒体向社会发出公告，招录机关根据考试成绩、考察情况和体检结果，提出拟录用人员名单，并予以公示。公示期满，中央一级招录机关将拟录用人员名单报中央公务员主管部门备案；地方各级招录机关将拟录用人员名单报省级或者设区的市级公务员主管部门审批。公告与公示的目的在于增加政府部门招募、甄选的透明度，接受社会监督，防止人员招募甄选过程中的不正当行为。

（2）平等原则。平等原则是指对所有应聘者应一视同仁、平等对待，不得因民族、性别、出身、宗教信仰、婚姻状况等受到歧视和不平等待遇。这一原则在我国政府部门人员招募甄选的实际操作中还受到一定的限制，如地域条件的限制、婚姻状况的限制等。此外，在公共部门的人员招募中男性与女性也不能做到完全平等。

（3）竞争原则。竞争原则首先是指录用要在全社会范围内公开竞争，通过考试进行。要按照应聘者的素质条件优劣对比进行甄选，不得按照主管人员的主观好恶来取舍。其次，应吸引更多的人员来应聘，只有人多，才有竞争，才能从社会中获得精英人才。

（4）择优原则。择优原则是指通过各种甄选方法，选择真正优秀的人才到政府中来。这一原则适用社会上任何组织的招募甄选工作。这里的择优不是盲目地认为素质越高越好，还要考虑是否符合空缺职位的工作规范要求。

7.4.3 考试录用的条件

依照《中华人民共和国公务员法》的规定，录用担任主任科员以下非领导职务的公务员，采用公开竞争考试录用的方法，而主任科员以上职务的公务员的录用不一定采用考试录用，而主要靠推荐、选拔、调配等方式委任。但在某些省市，副局长以下的主要领导职位也逐步开始采用考试竞争录用的方法。

无论是通过公开竞争考试，还是通过简化程序进入政府公务员系列的人员，都必须具备下列条件：

第一，具有中华人民共和国国籍；

第二，年满 18 周岁；

第三，拥护《中华人民共和国宪法》；

第四，具有良好的品行；

第五，具有正常履行职责的身体条件；

第六，具有符合职位要求的文化程度和工作能力；

第七，法律规定的其他条件。

《中华人民共和国公务员法》第二十四条规定，下列人员不得录用为公务员：

第一，曾因犯罪受过刑事处罚的；

第二，曾被开除公职的；

第三，有法律规定不得录用为公务员的其他情形的。

7.4.4 考试录用的程序

依据《中华人民共和国公务员法》的规定，国家公务员的考试录用应遵循下列程序：

（1）发布招考公告。招考公告应当载明招考的职位、名额、报考资格条件、报考需要提交的申请材料以及其他报考须知事项。招录机关应当采取措施，便利公民报考。

（2）资格审查。招录机关根据报考资格条件对报考申请进行审查。报考者提交的申请材料应当真实、准确。

（3）公开考试。公务员录用考试采取笔试和面试的方式进行，考试内容根据公务员应当具备的基本能力和不同职位类别分别设置。

（4）严格考察。招录机关根据考试成绩确定考察人选，并对其进行报考资格复审、考察和体检。

（5）录用公示。招录机关根据考试成绩、考察情况和体检结果，提出拟录用人员名单，并予以公示。

（6）审批录用。公示期满，中央一级招录机关将拟录用人员名单报中央公务员主管部门备案；地方各级招录机关将拟录用人员名单报省级或者设区的市级公务员主管部门审批。

（7）试用。新录用的公务员试用期为一年。试用期满合格的，予以任职；不合格的，取消录用。

《中华人民共和国公务员法》第三十一条规定，录用特殊职位的公务员，经省级以上公务员主管部门批准，可以简化程序或者采用其他测评办法。

7.4.5　公务员任用形式

由于各个国家政治体制、行政体制存在着差异，所以各个国家公务员所涵盖的人员范围也必然有所差异。但具体的任用制度大同小异，主要有四种形式：选任制、委任制、考任制和聘任制。

1. 选任制

选任制是指由选民或选民选出的代表选举和决定任职人选的任用形式。国家和政府的领导者由公民选举产生，这是现代民主国家的基本政治理念。其前提假设是，国家和政府的权力来源于公民，公民为了彼此利益的共赢而将一部分权力让渡给政府，委托政府进行管理，因此，公民有权集体选择权力的行使者。所以，政府的核心领导应实行选任制。各个国家政治制度不同，存在着直接民主和间接民主的区分，即实行直接民主的国家的领导者是由公民直接选举产生的，而实施间接民主的国家的领导者是由民众选举出来的议会或代表大会间接选举产生的。我国宪法规定，各级政府核心领导者和主要政府部门的领导者由同级人民代表大会选举决定，即实施选任制。我国政党的主要领导者同样是由各级政党代表大会选举产生的。所以说，选任制是我国公务员最为核心的任用形式。

《中华人民共和国公务员法》第三十九条规定，选任制公务员在选举结果生效时即任当选职务；任期届满不再连任，或者任期内辞职、被罢免、被撤职的，其所任职务即终止。选任制的优点在于体现了民主价值。其前提条件是选举程序的合理、公开、公平。如果候选人产生办法不合理、非竞争性等额选举、选举过程暗箱操作，那么选任制也就无法达到其民主的制度主旨。

2. 委任制

委任制是指任免机关或个人依照干部管理权限直接委派干部担任领导职务的一种任用形式。在西方国家，其政务类官员是由总统直接委任的，但公务员基本不适用委任制。我国党政机关职能部门内部领导职务大多数实行委任制，职能部门的负责人实行的是委任制和选任制的结合，即由党和政府的主要领导者提名，由代表机构通过。所以，委任制是我国公务员领导职务任用中最为普遍的任用形式。

《中华人民共和国公务员法》第四十条规定，委任制公务员遇有试用期满考核合格、职务发生变化、不再担任公务员职务以及其他情形需要任免职务的，应当按照管理权限和规定的程序任免其职务。

委任制的优点在于领导者可以选用自己认可的、对自己忠诚的、与自己具有相似价值观的下属来担任系统内部的领导职务，有利于权力的集中和指挥的高效。但是，委任制是现代行政制度所极力限制的一种领导任用形式，因为委任制在西方文官制度之前为政党分肥提供了极大的方便。所以，委任制易于带来用人过程中的任人唯亲、权力寻租，是用人腐败的制度源泉。

3. 考任制

考任制是指通过公开的竞争性考试来甄选、任用人员的任用形式。“逢进必考”是现代公务员制度的基本准则之一。前文所介绍的考试录用制度，就是考任制在我国公务员管理中的具体实践。

考任制的优点是公平、高效，它是委任制的主要替代性制度。对考任制的争议主要在于考试的效度，即有可能出现高分低能。但是目前也没有更好的替代性制度，所以，公开的考试竞争仍需坚持和推广，我们需要关注的是考试形式和内容的多样与完善。

4. 聘任制

聘任制是指通过双方平等协商，达成共同认可的关于职位、职责、薪酬、津贴等方面的聘用协议，从而形成一定时间范畴内的劳动雇佣关系的任用形式。

《中华人民共和国公务员法》第九十五条规定，机关根据工作需要，经省级以上公务员主管部门批准，可以对专业性较强的职位和辅助性职位实行聘任制。涉及国家秘密的职位，不实行聘任制。机关聘任公务员可以参照公务员考试录用的程序进行公开招聘，也可以从符合条件的人员中直接选聘。机关聘任公务员应当在规定的编制限额和工资经费限额内进行。机关聘任公务员，应当按照平等自愿、协商一致的原则，签订书面的聘任合同，确定机关与所聘公务员双方的权利和义务。聘任合同经双方协商一致可以变更或者解除。聘任合同的签订、变更或者解除，应当报同级公务员主管部门备案。聘任合同应当具备合同期限，职位及其职责要求，工资、福利、保险待遇，违约责任等条款。聘任合同期限为1～5年。聘任合同可以约定试用期，试用期为1～6个月。聘任制公务员按照国家规定实行协议工资制。

聘任制的最大优点是弹性化。一方面，它突破了公务员管理的传统的职务常任理念，国家机关可以依据工作任务的实际需要，弹性化地确定雇佣期限；另一方面，聘任制实行薪酬待遇协议化，突破了普通公务员的薪酬架构和制度限制，对于公共部门所需要的高级专业人才，可以支付与外部市场接轨的薪酬待遇，有利于吸收和留住公共部门所需要的特殊专业人才。其负面作用是，在一定时期内，聘任制的推行会影响公共部门已有专业人才的工作积极性。

本章小结

公共部门人力资源招募计划和人员甄选是人力资源“入口”管理的重要环节，它直接影响着公共部门人力资源构成的质量，关系到公共组织的工作绩效水平。同时，公职人员招募的开放性、透明性、公平性，也决定着政府能否获取社会精英，能否采取有效的手段和方法，控制用人上的不正之风。本章首先介绍了人力资源招募计划的制定方法；其次讲解了人员招募的常用模式和甄选的常用技术；最后对我国公务员考试录用制度的历史沿革、我国现行国家公务员考试录用制度的设计进行了详细的说明和分析。

思考题

1. 公职人员招募计划的作用和内容是什么？
2. 人员招募甄选制度的含义、意义是什么？
3. 人员招募甄选的方式和程序是什么？
4. 人员甄选的技术和方法有哪些？
5. 我国国家公务员考试录用制度的原则和程序是怎样的？

第8章 公共部门员工绩效考核

实施绩效考核、关注绩效改进是公共部门不断自我提升和达成战略目标的重要保证。绩效考核又称员工绩效管理、员工绩效评估、绩效考评等。绩效考核的前身是旧的人事管理中的考核及奖惩制度。公共部门员工绩效考核在组织中承担着评价、监督和激励的功能。对公职人员的绩效考核，不仅使员工确定个人成长的方向，找到现存的不足，明确与组织要求的差距，获得组织的支持，而且使组织掌握制定薪酬、培训、晋升、奖惩等各项人事政策的客观依据，还使员工与组织加强沟通交流，融洽关系，从而有效引导员工做出利于组织发展的行为。绩效考核可以增强组织的运行效率，提高员工的职业技能，推动组织的良性发展，最终使组织和员工受益。另外，绩效考核是与组织的战略相连的，它的有效实施将有利于把员工的行为统一到战略目标上来。良好的员工绩效考核，将形成组织与员工之间良好的互动关系，造就一种组织与员工共同发展的机制。

8.1 公共部门员工绩效考核的内涵

8.1.1 绩效与绩效考核的含义

从管理的角度看，绩效是组织期望的结果，是组织为了实现其目标而展现在不同层面上的有效输出，它包括个人绩效和组织绩效两个方面，本章着重论述个人绩效。通俗地理解，所谓绩效，包含效率与效果两个层次的意义，效率是以产出与投入的比率来衡量的，提高效率是指以较少的投入得到较多的产出；效果则是指达成组织整体的目标。从另一个角度来看，效率是指努力以正确的方法来做事，而效果则是指做正确的事。

目前对绩效的界定主要有三种观点："一种观点认为绩效是结果；另一种观点认为绩

效是行为；还有一种观点不再认为绩效是对历史的反映，而是强调员工潜能与绩效的关系，关注员工素质，关注未来发展"①。在实际应用中，由于考核对象不同，对绩效的理解也不同，既可以是以上三种观点中的一种，也可以是以上任意两种观点的组合，还可以是对这三种观点的综合平衡。但将绩效理解为包括结果和行为则更容易被大家所接受。也就是说，绩效不仅看你做了什么，也要看你是怎么做的，即结果（做了什么）＋行为（如何做）＝高绩效。

因此，绩效就是指一个组织所期望得到的富有价值的结果，是组织为达成其有效的增值目标而在不同层面上形成的产出要求。

对于绩效考核的界定有以下几种描述：一是衡量效率与效果指标的达成程度；二是对组织中成员的贡献进行排序；三是一种正式的员工考核制度，是通过系统的方法、原理来评定和测量员工在职务上的工作行为和工作效果；四是人事管理系统的组成部分，由考核者对被考核者的日常职务行为进行观察、记录，并在事实的基础上，按照一定的目的进行考评，达到培养、开发和利用组织成员能力的目的。

绩效考核是人力资源部门以及直线业务主管依据特定的绩效考核目标，借助多种行为化和标准化的测量技术或方法，收集有关信息，建立测量指标体系，设定工作标准，对组织员工的行为能力、工作态度以及产出状况等进行客观评价，从而提升组织产出水平（质量和满意度）的管理控制过程。从某种意义上看，员工绩效考核是绩效管理的一个阶段或者技术工具，承载着绩效管理目标实现的责任。在有效的绩效管理中，员工绩效考核是服务于组织整个绩效管理系统的。图 8—1 展现了一个完整的绩效管理系统的内容。

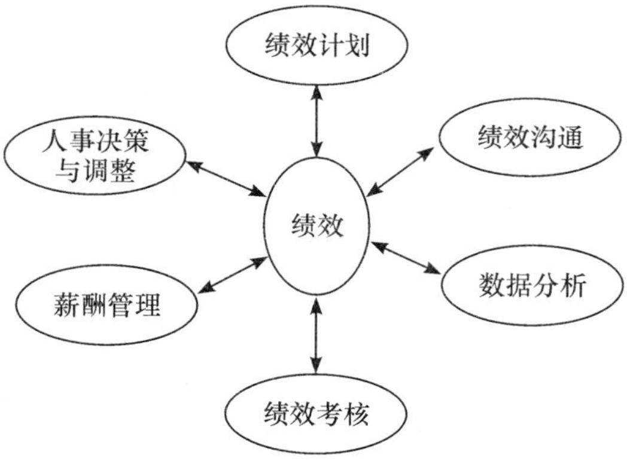

图 8—1 组织完整的绩效管理系统内容

资料来源：孙柏瑛主编：《公共部门人力资源开发与管理》，252 页，北京，中国人民大学出版社，2006。

8.1.2 绩效考核的类型

绩效考核的目的有两类：一类是从维持和发展组织的角度出发而考虑绩效问题；另一类是从对员工个人进行管理的角度出发而进行的绩效考核。前者以实现公共部门战略目标为目的，后者以实现人力资源管理为目的。

① 付亚和、许玉林主编：《绩效管理》，4 页，上海，复旦大学出版社，2004。

1. 以实现公共部门战略目标为目的的绩效考核

以实现公共部门战略目标为目的的绩效考核在组织中处于一个核心的地位，它是组织提升自身的生产力和价值，从而提高组织竞争力的重要工具。员工的绩效考核承担了公共部门一部分的战略目标，同时把公共部门的战略目标分解到组织的每个员工，因此，对组织中的员工的绩效进行考核，能够改进和提高整个组织的绩效，组织的生产力和价值也将随之提高，从而使组织获得竞争优势，实现组织战略转型，并且能够确保公共部门将组织短期目标和长期目标相联系。图 8—2 描绘了在组织战略发展框架中的员工绩效考核。

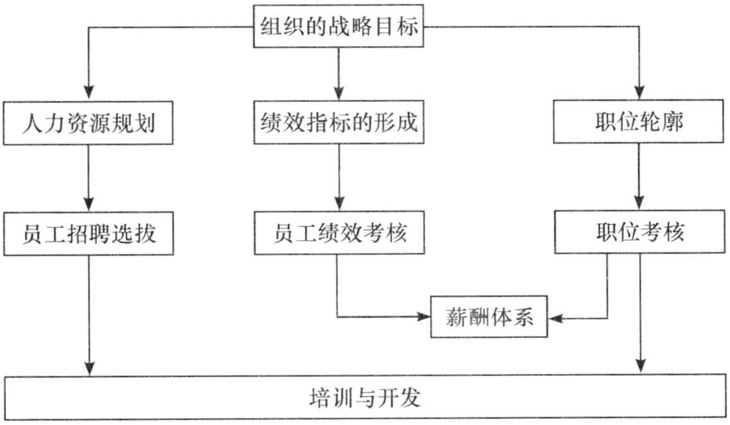

图 8—2　在组织战略发展框架中的员工绩效考核

资料来源：武欣编著：《绩效管理实务手册》，29 页，北京，机械工业出版社，2001。

以实现公共部门战略目标为目的的绩效考核，将战略目标分解到组织的每个员工身上，员工的绩效考核承担了公共部门一部分的战略目标。此种绩效考核是基于战略管理和目标管理的理念，是以“事”为主、以改进绩效为主，工作目标的达成状况是考评的内容，目标达成的水准，除非情况特殊，通常要求具有挑战性与进步性。以实现公共部门战略目标为目的的考核，事先对未来的工作期望与成果予以规划，着重未来的绩效。换言之，在这种考核模式下，主管与部属在事先对考核的项目或标杆均有充分的沟通机会，也会定期商谈目标的进度，因此，对考核的结果双方较有共识，纷争较少。

2. 以实现人力资源管理为目的的绩效考核

以实现人力资源管理为目的的绩效考核评价员工在工作上的表现以及工作进度的状况，通过考核来发掘员工未来的升迁潜力，并据此做好员工的个人职业生涯规划。具体来说，公共组织以实现人力资源管理为目的的绩效考核概括起来就是评价、监督和激励三方面的功能。首先，绩效考核本身是一种绩效控制的手段，但因为它也是对员工业绩的评定与认可，因此一方面，它具有激励功能，使员工体验到成就感、自豪感，从而增强其工作满意感；另一方面，它也是执行惩戒的依据之一，而惩戒也是提高工作效率、改善绩效不可缺少的措施。其次，绩效考核结果是员工调迁、升降、淘汰的重要标准，因为通过绩效考核可以考核员工对现任职位的胜任程度及其发展潜力。最后，绩效考核对于员工的培训与发展也有重要意义。绩效考核能发现员工的长处与不足，对其长处应注意保护、发扬，对其不足则需给予辅导与培训。对于培训工作，绩效考核不但可发现和找出培训的需要，并据此制定培训措施与计划，还可以检验培训措施与计划的效果。

8.1.3 绩效考核的作用

绩效考核主要服务于管理与发展两个方面。① 管理功能是以绩效评估信息作为提高薪资、奖金等奖酬资源分配的依据，以及作为工作指派的参考。组织作出上述各项行政决定时，需要组织内员工之间绩效比较的信息，换言之，绩效考核不只是评定员工个人绩效等第，其绩效优劣程度还需要与组织其他员工的绩效进行比较，使组织不但得以作出有关被考核者个人的行政决定，而且能通过内部员工的绩效比较，为升迁、调职等工作指派提供参考。发展功能是考核者企图通过考核评定，指出员工在其所承担的各项工作中表现的优劣，以改善员工将来的工作绩效，即考核结果是用以了解员工的优缺点，提升员工的工作能力，其重点是注重未来工作绩效的改善。考核结果应明确被考核者的长处和弱点，通过考核面谈的机会由考核者与被考核者充分沟通，以提供明确的考核回馈信息，并将其作为未来发展的参考。具体来说，绩效考核的作用体现在以下几方面：

（1）激励员工改进绩效。在缺乏绩效考核的情况下，一方面，组织员工工作的多少和质量不能得到有效的测量，员工无法预期自己的努力程度与组织目标以及个人发展的相关关系；另一方面，尽管按一定标准进行了测量，但如果绩效测量的结果并未被组织重视和使用，绩效考核的存在便没有实际的意义。绩效考核提供回馈或建设性批评的目的是为了改进绩效，管理者通过绩效考核鼓励员工维持并改进目前的工作绩效。良好的员工绩效考核提供的激励将极大地提高组织的生产力和竞争力，要使激励水平最大化，就要使员工认识到，他们的努力能够导致良好的绩效考核成绩，而这种成绩会给他们带来奖酬。

（2）与员工沟通组织管理层的目标与目的。绩效考核可以强化管理者的预期，在指导员工应该做什么之后，管理者接下来的职责就是通过回馈机制，使绩效与所制定的绩效标准相联结。显然，绩效考核将对组织管理层的预期产生一种强化的效应，考核以及反馈的过程将使员工对组织的管理情况有一个更好的把握。许多研究都表明，对管理层所做的工作的理解，将使员工更好地配合和参与管理。同时，员工绩效考核可能实现对员工行为的引导，通过对员工工作的评价与反馈，可以使员工明确工作中的成绩与不足，以及与组织目标的差距，为员工改进工作指明方向。

（3）促进组织成员的发展。首先，绩效考核可以发掘员工的潜能。通过考核发掘员工的潜能，可以将其调任至更有挑战性或更能发挥其潜能的工作岗位，让员工取得原先没有意料到的工作业绩。其次，可以加强员工自我管理的能力。绩效考核明确了员工的工作要求，这将使员工的责任心得到增加，明确自己应该怎样做才能更符合组织期望。最后，绩效考核可以协助员工建立职业生涯规划。

（4）制定和改进人事决策。管理者把绩效考核结果用于一般的人力资源决策，诸如升迁、任免、调任、解聘等；绩效考核的结果还可以用于确定培训和开发需求，确认员工当前不适应工作要求的能力或技能，并确定弥补方法；绩效考核还可以用做评价员工招聘和员工开发计划有效性的标准。同时，培训与员工职业生涯开发计划的有效性如何，也可以

---

① 参见吴琼恩等：《公共人力资源管理》，109页，北京，北京大学出版社，2006。

通过考察这些项目的参与者的绩效情况来作出评价。此外，绩效考核还可以促进组织的人力资源管理研究。

8.2　公共部门员工绩效考核的内容

8.2.1　公共部门员工绩效考核内容选择的基本导向

20 世纪 70 年代，对考核内容的选择方向普遍取决于工作者自身的品质、性格特征等主体因素，如忠诚、勤奋、判断力、分析力、与人共事能力和创造力等。在考核中，负责测评的组织或员工一般列出 15 个左右的个人品质、性格特征，然后依据品质可能的表现方式，纵向划分为不同等第（优、良、中、差或者五级制评分体制）。

以此方法选择的考核内容比较简单易行、成本较小，能够在一定程度上反映员工的素质和品质。但是，在现代功绩制为本的人事行政管理体系中，它存在着许多不尽如人意的地方。首先，个人品质只代表了个人行为方式的趋向，在实际考核中，特定的品质与员工的工作行为和工作结果之间并未体现出明确的正相关关系，即两者的关联度并不高。其次，考核结果的信度也不高，原因是考核者对品质因素的理解有出入。如两个领导者对忠诚的内涵和外延的理解可能并不一致，这就会影响考核尺度的把握，可能造成被考核员工的待遇不公平。再次，比较性的品质特征考核，在对员工提出忠告方面并不怎么有用，因为它们既没有确认什么是令人满意或不满意的绩效，也没有建议哪些方面有待改进。

为了进一步发掘比较全面、客观、统一的考核指标，近年来，现代公共部门的人力资源管理对员工的业绩考核制度作了较多的探索，逐渐采用了改进式的考核指标体系。这种体系就是将个人绩效评价取向纳入考核中，实行个人品质与绩效考察相结合的考核方式。这种方式具有以下特点：

（1）继承传统个人品质考核的优势，仍将个人品质作为考核指标体系的组成部分。同时，将注意力更多地放在对品质的理解和统一界定上。

（2）改进后的指标以测量员工与工作相关的各种行为和行为的结果为中心，因此考核的内容更多地来源于员工在公务活动中实际的工作表现及其工作的成果。换句话说，组织依据员工的工作态度和工作的质量等级对其作出鉴定，而工作质量等级的标准又是来源于工作分析对职位工作要求的具体描述，这使得测量标准比较统一、客观。

（3）为体现功绩制的精神，现代的员工绩效测评更加注重对行为结果的评价，即重视成果的管理，将业绩成果作为员工发展的主要依据，这使得绩效管理有了比较统一的标准。近年来，各国公务员制度都加大了功绩考核的比例和力度，就是一个明证。

（4）将员工的个人考核与组织目标管理结合在一起。现代公共部门人力资源管理将绩效管理纳入目标管理体系，使其成为组织管理系统的有机组成部分。目标管理不仅吸纳员工参与管理，而且引导着员工行为的方向，促进组织—个人—目标—行为—发展之间的一体化进程，也推进了绩效管理的发展和完善。

8.2.2 公共部门员工绩效考核的具体内容

通常，我们将绩效考核的内容分为工作能力考核、工作业绩考核和工作态度考核。随着人力资源管理在组织中的地位越来越重要，为了实现一定的人力资源管理目的，人们还将潜力考核纳入员工绩效考核系统中。

（1）工作能力考核。工作能力是从事本职工作所需具备的基本能力和应用能力，通俗地说，就是员工对于完成其职责范围内的工作所能使用方法的多寡和好坏。工作能力包括：1）体能——取决于年龄、性别和健康状况等因素。现代社会快节奏的工作环境往往要求员工的精神高度集中，反应敏捷，判断准确，同时还要求员工有持续的耐久力。2）知识——学历、专业知识水平、工作经验等。3）智能——记忆、分析、综合、判断、创新等能力。4）技能——操作、表达、组织等能力。

（2）工作业绩考核。工作业绩就是员工职务行为的直接结果。考评的内容以工作效果为主，着眼于"干出了什么"，重点在结果，而不是行为。这个考核过程不仅要说明各级员工的工作完成情况，更重要的是通过这些考核促使员工有计划地改进工作，以达到组织发展的要求。在绩效考核实践中，工作业绩（结果）包括：1）责任（应负责任）——职位或部门应承担的为部门或组织目标服务的任务，它的重点是结果。2）目标——直接反映工作的先后顺序，是对在一定条件下、一定时间范围内所达到的结果的描述。3）指标——衡量任职者工作执行状况的尺度，强调的重点与焦点在于产出或结果，而不是投入或努力。4）任务——一项应该完成的工作。5）关键成果领域——活动的重要领域，这些领域的成就决定或表明成功。

（3）工作态度考核。工作态度主要指纪律性、协作性、积极性、主动性、服从性、执行性、责任性、归属性、敬业精神、团队精神等，是影响工作能力发挥的个性因素。较强的工作能力并不一定产生高绩效，高绩效要在个体良好的工作态度的前提下，具有内外部条件的支持才能取得。因此，在绩效考核中增加对员工的工作态度的考核，以鼓励员工充分发挥现有的工作能力，最大限度地创造优异的工作业绩，并通过日常工作态度考核，引导员工增强工作的热情，避免"出工不出力"的情况。

（4）潜力考核。绩效考核不再只是"追溯过去"、"评估历史"，它开始强调员工潜能与绩效的关系，关注员工素质，关注未来发展。在公共部门中，知识工作者占一定比例，他们的工作具有创新性的特点，创新是试错的过程，所以潜力考核弥补了只考核结果（只看当前做了什么）的弊端，它关注将来能够做什么。潜力考核要通过各种手段，了解员工的潜力，从而找出阻碍员工发挥潜力的原因，更好地将员工的工作潜力发挥出来，将潜力转化为现实的工作能力。工作能力考核是对员工通过职务行为反映出来的能力进行考核，而潜力考核针对的则是员工在工作中没有机会发挥出来的能力。

8.2.3 我国公共部门人力资源绩效考核的内容

根据现代功绩制的原则，许多国家的公务员制度都将员工在实际工作中的态度和行为作为考核的重点内容。英美等国家的公务员考核制度一般包括考勤（工作态度）与考绩（工作成果）两个方面，其中以考绩为主。《中华人民共和国公务员法》第三十三条规定了考核公务员的内容，按照管理权限，全面考核公务员的德、能、勤、绩、廉，重点考核工作实绩。德，指公职人员政治、思想及道德品质的表现。能，指公职人员从事本岗位工作需具备的业务知识和技能。勤，指公职人员的工作态度、工作积极性及工作效率。绩，指公职人员工作产出的质量、数量、效益和贡献。廉，指公职人员廉洁自律的程度。

虽然我国的公务员法在原来考核德、能、勤、绩四方面内容的基础上增加了对廉的考核，但公务员制度中的考核内容仍然存在缺点。主要缺点是指标设计的粗糙化，即缺乏细化的指标设计，“定性有余，定量不足”。我国的公务员队伍庞大，人数众多，职位种类繁多，职务层级复杂，如果不能对各个维度进行充分细化与具体化，以适应各个层级的各类公务员，就会导致考核结果的粗糙、模糊。目前的公务员考核制度中规定的德、能、勤、绩、廉五项标准只是原则性的规定，绩效测评标准过于笼统，虽然有的部门出台了一些细则，但由于工作性质、工作特点差异大，部门之间、被考核者之间缺乏可比性，考核者无所适从。过于笼统的考核标准往往导致考核结果的失真，严重损伤了考核的公正性与有效性。

8.3 公共部门员工绩效考核的方法

8.3.1 非系统的绩效考核方法

1. 以业绩报告为基础展开绩效考核

（1）自我报告法。

自我报告法是利用书面形式对自己的工作进行总结及考核的一种方法。这种方法多适用于管理人员的自我考核，并且测评的人数不宜太多。自我考核是自己对自己一段工作结果的总结，让被考核者主动地对自己的表现加以反省、评价，对自己的绩效进行考核。

自我报告法通常让被考核者填写一份员工自我鉴定表，对照岗位要求，回顾一定时期内的工作状况及列出将来的打算，举出在这段时间内的1～3件重大贡献事例及1～3件失败的事例，给出相应的原因，并对不足之处提出有待改进的建议。自我报告法一般在年终考核时使用。

（2）业绩评定表。

业绩评定表是一种被广泛采用的绩效考核方法，它根据所限定的因素来对员工进行绩效考核。这种方法通过一个等级表对业绩进行判断并评出等级。等级常常被分成几类，通常是采用一个5级或7级的量表，也可采用诸如优秀、一般或较差这些形容词来定义。业绩评定表受到欢迎的原因之一就是它使用简单、考评迅速。

评价所选择的因素有两种典型类型：与工作有关的因素和与个人特征有关的因素。与工作有关的因素是工作质量和工作数量，而与个人特征有关的因素是依赖性、积极性、适应能力和合作精神等。评价者通过评价最能描述出员工及其业绩的每种因素的比重来完成这项工作。另外，当评价者将被评价者评为最高或最低等级时，应给予特别说明。如对一名员工的积极性评价为不满意，则评价者需提供这种较低评价结论的书面意见。提出这一要求的目的在于，避免出现武断或草率的判断。绩效评价的业绩评定表对每种因素和每一等级也作出了定义。为了得到一个对工作质量的较优评价，一个人必须不断地超额完成其工作任务。对各种因素和等级定义得越精确，评价者就会越完善地评价出被评价者的业绩。当每个评价者对每个因素和等级都有同样的理解时，则会取得整个组织对被评价者评价上的一致性。

2. 以员工比较为基础的绩效考核

（1）交替排序法。

交替排序法（alternative ranking method）指主管按绩效表现从好到坏的顺序依次给员工排序，这种绩效表现既可以是整体绩效，也可以是某项特定工作的绩效。其操作方法是：第一，将需要进行评价的所有员工列出名单，然后将不是很熟悉因而无法对其进行评价的员工的名字划去；第二，运用图表来显示：在被评价的某一特点上，哪位员工的表现是最好的，哪位员工的表现又是最差的；第三，挑出最好的和最差的员工。依此类推，直到所有必须被评价的员工都被排列到表格中为止。这种绩效排序比较适用于中小型组织，当组织员工的数量比较多时，以这种方法考核员工绩效就比较困难。

（2）配对比较法。

配对比较法（paired comparison method）指将每一位员工按照所有的考核要素（工作数量、工作质量等）与所有其他员工进行比较，根据配对比较的结果，排列出他们的绩效名次，而不是对各被考核者笼统地进行排队。例如，若要对 5 名员工进行工作绩效考核，首先，我们要列出一张表，标明被考核员工的姓名以及需要考核的所有工作要素；其次，将所有员工根据某一类要素进行配对比较，用“＋”（好）和“－”（差）标明谁好一些，谁差一些；最后，将每一位员工得到的“好”的次数相加。在考核时，一般先采用排列组合法决定对数，再对每对员工的工作分别作出评价和比较，区分谁优谁劣。各对员工一一比较后，按得好次数或得分高低进行排列。

这种方法准确性较高，但操作过程烦琐，一般适用于人数较少的组织，否则工作量过大。如 7 名员工，就要排列组合为 21 对，配比的次数按 $[n(n-1)]/2$（其中 n＝人数）的公式计算。许多组织将配对比较法推广为人与人比较法，几个人为一组，参照考核标准，由高至低地依次排列考核成绩。这种方法使考核标准取决于特定比较群体的整体状况，可能或多或少地偏离考核标准本来的要求，具有相对性。

（3）强迫分布法。

强迫分布法（forced distribution method）与“按照一条曲线进行等级评定”的意思基本相同。为了避免由于大多数员工都得到比较高的等级而没有真正把绩效优秀的员工区分出来，可以使用强迫分布的方法，即对各个等级的人数比例作出限制。一般来说，各个等级的比例分布应该接近正态分布。

强迫分布法的比例规定只是一个对总体比例的控制，具体到各个部门，可以有一定的上下浮动。这种方法存在的问题是：员工的绩效可能不适于分配进设定的等级。如果大部分员工的绩效都比较好，一定要把 30％的员工归入“较差”等或“差”等就不尽合理；反之亦然。解决这一问题的办法是尽量将比例分布与部门整体的工作任务完成情况结合起来。

3. 针对员工行为及个性特征的绩效考核

（1）图解式考核法。

图解式考核法是应用最为普遍的绩效考核技术。采用这种方法，主要是在一个等级表上对业绩的判断进行记录。它由两部分组成：一是一系列组织所期望的或者是不期望的个性特征；二是在每个特征旁边设一个考核尺度。在进行工作绩效评价时，首先针对每一位员工从每一项评价要素中找到最符合其绩效状况的分数，然后将每一位员工所得到的分数进行加总，即得到其最终的工作绩效评价结果。表 8—1 列示了一个图解式考核表。

表 8—1　　图解式考核表

<table>
<tr><th>一般性工作绩效评价要素</th><th colspan="2">评价尺度</th><th>分数</th><th>评价事实依据或评语</th></tr>
<tr><td rowspan="5">（1）质量：所完成工作的精确度、彻底性和可接受性</td><td>O□</td><td>90～100 分</td><td></td><td></td></tr>
<tr><td>V□</td><td>80～90 分</td><td></td><td></td></tr>
<tr><td>G□</td><td>70～80 分</td><td></td><td></td></tr>
<tr><td>I □</td><td>60～70 分</td><td></td><td></td></tr>
<tr><td>U□</td><td>60 分以下</td><td></td><td></td></tr>
<tr><td rowspan="5">（2）生产率：在某一特定时间段完成的工作的数量</td><td>O□</td><td>90～100 分</td><td></td><td></td></tr>
<tr><td>V□</td><td>80～90 分</td><td></td><td></td></tr>
<tr><td>G□</td><td>70～80 分</td><td></td><td></td></tr>
<tr><td>I □</td><td>60～70 分</td><td></td><td></td></tr>
<tr><td>U□</td><td>60 分以下</td><td></td><td></td></tr>
<tr><td rowspan="5">（3）工作知识：实践经验和技术能力以及在工作中所运用的信息</td><td>O□</td><td>90～100 分</td><td></td><td></td></tr>
<tr><td>V□</td><td>80～90 分</td><td></td><td></td></tr>
<tr><td>G□</td><td>70～80 分</td><td></td><td></td></tr>
<tr><td>I □</td><td>60～70 分</td><td></td><td></td></tr>
<tr><td>U□</td><td>60 分以下</td><td></td><td></td></tr>
<tr><td rowspan="5">（4）可信度：某一员工在完成任务和听从指挥方面的可信任程度</td><td>O□</td><td>90～100 分</td><td></td><td></td></tr>
<tr><td>V□</td><td>80～90 分</td><td></td><td></td></tr>
<tr><td>G□</td><td>70～80 分</td><td></td><td></td></tr>
<tr><td>I □</td><td>60～70 分</td><td></td><td></td></tr>
<tr><td>U□</td><td>60 分以下</td><td></td><td></td></tr>
<tr><td rowspan="5">（5）勤勉性：员工上下班的准时程度、遵守规定的工作间隔休息/用餐时间的情况和总体出勤率</td><td>O□</td><td>90～100 分</td><td></td><td></td></tr>
<tr><td>V□</td><td>80～90 分</td><td></td><td></td></tr>
<tr><td>G□</td><td>70～80 分</td><td></td><td></td></tr>
<tr><td>I □</td><td>60～70 分</td><td></td><td></td></tr>
<tr><td>U□</td><td>60 分以下</td><td></td><td></td></tr>
<tr><td rowspan="5">（6）独立性：完成工作时不需要监督和只需要很少监督的程度</td><td>O□</td><td>90～100 分</td><td></td><td></td></tr>
<tr><td>V□</td><td>80～90 分</td><td></td><td></td></tr>
<tr><td>G□</td><td>70～80 分</td><td></td><td></td></tr>
<tr><td>I □</td><td>60～70 分</td><td></td><td></td></tr>
<tr><td>U□</td><td>60 分以下</td><td></td><td></td></tr>
</table>

续前表

一般性工作绩效评价要素	评价尺度	分数	评价事实依据或评语
评价等级说明： O：杰出（outstanding）。在所有各方面的绩效都十分突出，并且明显地比其他人的绩效优异得多。 V：很好（very good）。工作绩效的大多数方面明显超出职位的要求。工作绩效是高质量的并且在考核期间一贯如此。 G：好（good）。是一种称职的和可信赖的工作绩效水平，达到了工作绩效标准的要求。 I：需要改进（improvement needed）。在绩效的某一方面存在缺陷，需要进行改进。 U：不令人满意（unsatisfactory）。工作绩效水平总的来说无法让人接受，必须立即加以改进。绩效评价等级在这一水平上的员工不能增加工资。			

资料来源：［美］加里·德斯勒：《人力资源管理（第六版）》，335～336 页，北京，中国人民大学出版社，1999。

图解式考核法的优点是实用而且开发成本低，因此许多组织都使用图解式评定量表。但此方法也有缺点，比如量表不能有效指导行为，也就是说，评定量表不能清楚地指明员工必须做什么才能得到某个确定的评分。除此之外，图解式评定量表多数负面反馈定义为模糊的个人特征（如表 8—1 中的“可信度”），而不是集中在具体行为上。另外，由于评定量表中的分数未被明确规定，所以很可能得到不准确的评定，一定程度上存在主观判断的偏见。

（2）行为定位评定量表。

行为定位评定量表（behaviorally anchored rating scales，BARS）是基于关键事件法的一种量化的评定方法。具体来说，绩效考核者为每一项工作开发出一系列可能的标准，然后对每一个等级运用关键事件进行行为描述，因此，它结合了关键事件法和图表等级考核法的优势。为了满足与工作相关的效度要求，必须通过工作分析来证实这些以绩效为导向的描述。

行为定位评定量表主要用于评定那些明确的、可观察的、可测量的工作行为。由于采用了客观的标准，这种考核方法相对易于操作。但是，这些量表的开发往往比较浪费时间，并且由于行为和个性特征之间的差别并不像先前想象得那么明显，所以，它们也并不能够真正满足期望。表 8—2 是一个对教师课堂教学技巧进行考核的行为定位评定量表。

表 8—2　　教师课堂教学技巧评定量表

考核要素：课堂教学技巧	
定义：课堂教学技巧主要是指教师在课堂上有效地向学生传授教学内容的技巧。	
等级	描述
9	● 使用多样化的教学方法，提高学生的自我学习能力。例如，有些内容采取让学生上来讲解、教师点评的方法
8	● 鼓励学生提出不同的意见，引导学生进行创造性思考
7	● 能将具有关联性的问题联系起来讲解，使学生形成完整的知识体系
6	● 讲解某些问题时，能够使用恰当的例子
5	● 讲解问题时重点突出
4	● 使用清楚、容易理解的语言讲课
3	● 对稍有难度的问题讲不清楚，并且对学生的不同意见不接纳
2	● 讲课乏味、枯燥，照本宣科
1	● 经常讲错一些重要概念

资料来源：武欣编著：《绩效管理实务手册》，166 页。

利用行为定位评定量表进行考核的优点很多。首先，工作绩效考核标准更为明确，等级尺度上所附带的关键事件有利于考核者更清楚地理解各绩效等级上的工作绩效到底有什么差别。其次，行为定位评定量表能通过关键事件给被考核者提供有效的反馈，利于被考核者改进今后的工作，使员工知道他们被期望作出哪些类型的行为。再次，工作绩效的计量更为精确，因为行为定位等级体系是由那些对工作及其要求最为熟悉的人编制的。但行为定位评定量表也有缺点，当考核者在尝试从量表中选择一种员工绩效水平的行为时，会发现员工表现出了量表两端的行为，如表 8—2 中，被考核的老师可能对稍有难度的问题讲不清楚，并且对学生的不同意见不接纳，而同时使用清楚、容易理解的语言讲课。

8.3.2 系统的绩效考核方法

1. 关键绩效指标法

组织在员工绩效管理中遇到的一个棘手的问题就是很难确定客观的、量化的绩效标准，这种情况在一些非生产型的组织中尤为明显。因此，在绩效考核中，如何确定关键绩效指标至关重要。关键绩效指标（key performance indicators，KPI）是用于考核和管理被考核者绩效的定量化或行为化的标准体系。关键绩效指标是针对对组织目标起到增值作用的工作产出来设定的。基于这样的关键绩效指标对绩效进行评价，就可以保证真正使得对组织有贡献的行为受到鼓励。关键绩效指标因其容易理解、客观并可量化的特点而备受欢迎。以下是关键绩效指标的主要特征：

（1）关键绩效指标是用于考核和管理被考核者绩效的定量化或行为化的标准体系。也就是说，关键绩效指标是一个标准体系，它必须是定量化的。如果难以定量化，那么也必须是行为化的。如果定量化和行为化这两个特征都无法满足，那么就不是符合要求的关键绩效指标。

（2）关键绩效指标体现对组织目标有增值作用的指标。这就是说，关键绩效指标是连接个体绩效与组织目标的一个桥梁。关键绩效指标是针对对组织目标起到增值作用的工作产出而设定的指标，基于关键绩效指标对绩效进行管理，就可以保证真正使得对组织有贡献的行为受到鼓励。

（3）通过在关键绩效指标上达成的承诺，员工与管理者可以就工作期望、工作表现和未来发展等方面内容进行沟通。关键绩效指标是进行绩效沟通的基石，是组织中关于绩效沟通的共同词典。有了这样一本词典，管理者和员工在沟通时就可以有共同的语言。

表 8—3 是一些关键绩效指标的范例。

表 8—3　　主管常用的一些关键绩效指标

完成的工作结果	关键绩效指标
下属员工的绩效	上级主管对以下方面感到满意： ·所有员工都有书面的绩效标准 ·所有员工都清楚参照标准，知道他们做得怎么样 ·所有员工每年至少接受一次绩效反馈面谈 ·所有员工都接受了年度的书面的绩效考核 ·员工认为报酬体系和对自己的认可是可以接受的 ·员工有具体的绩效改进计划 ·员工认为他们的努力得到了认可 ·员工工资的提高比率随着绩效不同而不同

续前表

完成的工作结果	关键绩效指标
员工的满意度	对员工的调查表明： • 员工理解公司的发展方向、部门的工作目标和他们自己在达到这些目标的过程中扮演的角色 • 员工具体地了解他们的主管对自己的期望 • 员工知道自己的工作做得怎么样，并且知道自己在哪些方面需要改进 • 员工认为绩效考核准确地反映了他们的绩效 • 员工有完成工作所必需的工具和手段，并且一旦他们没有这些工具和手段，可以了解其中原因 • 员工拥有完成工作所必需的知识和技能，或者有获得这些知识和技能的计划 • 员工好的绩效得到了认可和赞赏

资料来源：武欣编著：《绩效管理实务手册》，57 页。

关键绩效指标的制定，不仅要从组织战略目标出发，考虑关键绩效指标的过程、结果与监控，而且要经过一系列的测试，以确保关键绩效指标的客观性、相互兼容性、可量化等特性。在确定关键绩效指标时，应注意 SMART 原则。表 8—4 提出了设立关键绩效指标时应考虑的原则。

表 8—4　　设立关键绩效指标的原则（SMART）

原则	正确做法	错误做法
具体的 （specific）	• 切中目标 • 适度细化 • 随情境变化	• 抽象的 • 未经细化 • 复制其他情境中的指标
可度量的 （measurable）	• 数量化的 • 行为化的 • 数据或信息具有可得性	• 主观判断 • 非行为化描述 • 数据或信息无从获得
可实现的 （attainable）	• 在付出努力的情况下可以实现 • 在适度的时限内实现 • 过高或过低的目标	• 期限过长
现实的 （realistic）	• 可证明的 • 可观察的	• 假设的 • 不可观察或证明的
有时限的 （time-bound）	• 使用时间单位 • 关注效率	• 不考虑时效性 • 模糊的时间概念

资料来源：武欣编著：《绩效管理实务手册》，68 页。

2. 作为员工绩效考核工具的平衡计分卡

平衡计分卡（Balance Score Card，BSC）是将组织战略目标与绩效管理链接的一种工具，即借助于平衡计分卡，组织将全局、宏远的战略意图转换成为可以看见、可以识别的绩效指标，以指引和激励员工预期行为并促成组织和员工个人的绩效。

平衡计分卡，美国哈佛商学院教授罗伯特·卡普兰和戴维·诺顿 1992 年提出，被《哈佛商业评论》称为 75 年来最具影响力的组织战略管理工具。平衡计分卡通过财务、顾客、内部流程、学习与成长等四个维度，将组织战略目标分解为相互关联、相互支持的绩效计划和管理体系，并将平衡计分卡有机融入绩效反馈以及考核激励中去，以此推动各个部门、各个成员自觉实现预定的绩效计划（见图 8—3）。因此，平衡计分卡是现代组织员

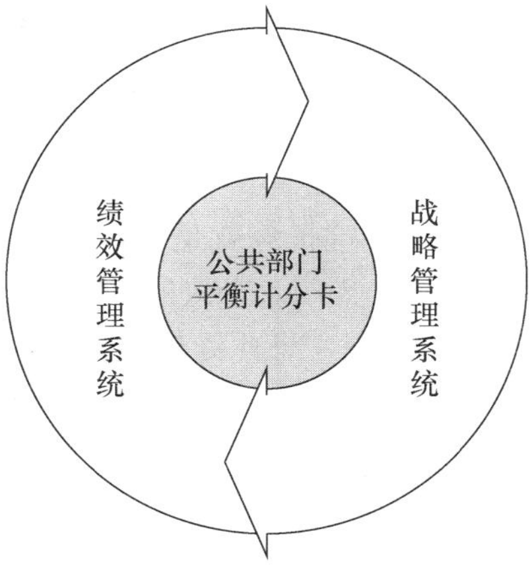

图 8—3　平衡计分卡：链接组织战略目标与组织绩效管理

工绩效考核的来源和基础。

（1）平衡计分卡的考核标准。

一个好的平衡计分卡应该体现出组织的战略，我们可以从以下三方面对此作出考核：

1）因果关系：平衡计分卡所包含的每一个考核指标都应与组织的战略发展方向具有因果关系。

2）绩效驱动器：常用的财务指标往往是“滞后指标”，而绩效驱动器即各种业务指标（先行指标）则体现了在不同战略下对考核对象的行为驱动。一个好的平衡计分卡应当兼有先行指标和滞后指标。

3）与财务挂钩：目前许多组织纷纷放弃原有的财务考核体系，片面注重质量、客户满意度等指标。实际上，尽管这些指标的确具有战略意义，但是归根到底还应当与财务指标相联系。

（2）引入平衡计分卡的基本程序（见图 8—4）。

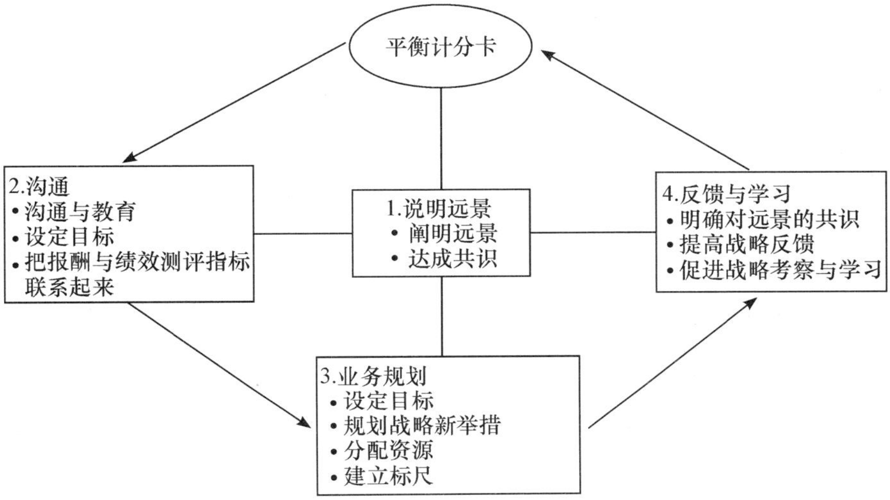

图 8—4　平衡计分卡的四个基本程序

资料来源：付亚和、许玉林主编：《绩效管理》，290 页。

1）说明远景。最高管理层要将组织的使命和战略变为有用的行动指南，必须要得到众多中层管理者的认同和支持。所以，最高管理层要尽量阐明组织远景，让组织成员认同远景，并将远景融入自己的工作。

2）沟通。沟通的目的就是管理者能在组织中就战略要求进行上下沟通，并把它与各部门及个人的目标联系起来。沟通的关键任务就是要使各个层次的员工能理解长期战略，使部门及个人的目标与战略保持一致，部门及个人的目标服务于长期战略。

3）业务规划。按照沟通达成的共识，将业务规划与财务计划统一起来。将利用平衡计分卡制定的目标作为分配资源和确定优先顺序的依据，规划能推动自己实现长期战略目标的新举措。

4）反馈与学习。反馈与学习可以帮助组织不断进步，能够修改和调整战略以随时反映学习所得。从顾客、内部流程、财务、学习与发展四方面监督组织在战略实施中的短期结果。

（3）在公共部门运用平衡计分卡应注意的问题。

1）在公共部门与在企业组织中运用平衡计分卡的区别。

基于平衡计分卡在企业是在四个基本层面运用的基础之上，公共部门四个层面的指标框架体系分别是：社会公众层面、经济指标层面（财政与税收）、公共部门内部组织流程管理层面、公共部门及其公务员学习与发展层面。在这个体系中，使命位于公共部门平衡计分卡的最顶层，与企业以追逐股东价值为最终目标不同，公共部门服务于更高层次的目标，如为居民提供良好的治安环境、保护弱势群体等。战略仍然是公共部门平衡计分卡的核心，其顾客维度、内部业务流程维度、员工学习成长维度、财务维度的指标体系必须围绕战略来建立。相比企业组织，公共部门平衡计分卡的顾客维度得到提升。从使命出发，公共部门更关注公众的利益，而不是像营利企业那样只关心股东以及其他利益相关者的利益。财务维度得到保留，但其重要性下降。公共部门的任何活动同企业一样都需要财务资源，在公共部门平衡计分卡模型中，财务维度可被视为顾客维度的强化剂，同时它也是组织经营的限制条件，要求公共部门以最低成本提供服务。也就是说，组织要通过财务维度解决如何在为顾客创造价值的同时控制成本的问题。公共部门内部业务流程维度和员工学习成长维度与企业组织相比没有发生本质的变化，其指标的建立遵循相同的原则，要回答的问题仍然是：为了实现公共利益，组织必须完善哪些关键内部流程？为了满足持续提高的要求，组织如何使自己成长与改变？

2）在公共部门中运用平衡计分卡具体操作时应注意的问题。

第一，平衡计分卡应将公共部门的绩效管理与组织的战略管理紧紧地联系在一起。它应以一种明确而又简单一致的责任描述，使战略在组织各个层面得以具体体现，使组织上下的焦点都集聚在战略上。因此，平衡计分卡从实质上来看首先是一个战略管理系统，其次才是业绩评价系统。运用平衡计分卡前要层层分解组织的战略目标，并能够与组织内部的部门、工作组、个人的目标达成一致，其中个人的利益要服从组织的利益。

第二，平衡计分卡所揭示的四个方面的指标存在明确的因果驱动关系，但在公共部门内部针对不同类别的职位系列或个人分别列出这四方面的指标并不容易。所以，不必每个职位系列都涵盖这四方面的指标。

第三，实施平衡计分卡前，要确定以下配套制度是否健全。这些制度包括财务核算体系的运作、内部信息平台的建设、岗位权责划分、业务流程管理以及与绩效考核相配套的人力资源管理的其他环节。

8.3.3 其他绩效考核方法

1. 目标管理法

目标管理是管理大师彼得·德鲁克提出并倡导的一种科学优秀的管理模式。所谓目标管理就是指组织的最高层领导根据组织面临的形势和社会需要，制定出一定时期内组织经营活动所要达到的总目标，然后层层落实，要求下属各部门主管人员以至每个员工根据上级制定的目标和保证措施，形成一个目标体系，并把目标完成情况作为考核的依据。它是根据注重结果的思想，先由组织最高管理者提出组织在一定时期内的总目标，然后由组织内各部门和员工根据总目标确定各自的分目标，并在获得适当资源配置和授权的前提下，积极主动地为各自的分目标而奋斗，从而使组织的总目标得以实现的一种管理模式。

目标管理法的实施步骤及过程包括以下几个方面：首先，设定绩效目标，为每位被评估者设立所应达到的目标以及为达到这一目标所应采取的方式、方法；其次，制定被评估者达到目标的时间框架，通过对时间的有效约束，保证组织目标的实现；再次，将实际绩效水平与设定的绩效目标进行比较，查找工作实施过程中的优缺点，从而有助于决定对于培训的需求以及确定下一绩效评估周期的各级绩效指标；最后，制定新的绩效目标。

2. 360 度考核法

360 度考核法又称为全方位全视角考核法，最早被英特尔公司提出并加以实施运用。它的基本原理是，员工的工作是多方面的，工作业绩也是多维度的，不同个体对同一工作得出的印象是不相同的。因此，通过上级主管、同事、下属和顾客进行 360 度考核，更能全方位、准确地考核员工的工作业绩。同时，员工通过评价知晓各方面的意见，更能清楚自己的长处和短处，了解来自组织内外不同人员对自己职位与素质的要求和期待。与传统的上级评价相比，360 度考核法更能体现多层次、多维度的意见，可以综合不同评价者的意见，得出一个相对全面、公正的评价。360 度考核法是员工参与管理的方式，在一定程度上增加员工的自主性和对工作的控制，他们的积极性会更高，对组织会更忠诚，从而能够提高员工的工作满意度。

3. 情境模拟考核法

情境模拟考核法是一种模拟工作考评法。它要求员工在考核小组人员面前完成类似于实际工作中可能遇到的活动，评价小组根据活动完成的情况对被考核者的工作能力进行考核。它能有效地考核出员工的工作潜力。情境模拟考核法适用范围不宽，主要适用于考核公共部门中直接向公众提供服务的员工和事务性工作人员。

上述各种考核方法都有其特点，要保证绩效考核的客观公正，还必须在具体实施过程中坚持平时与定期相结合、定性与定量相结合，综合各种评估方法的优势，从不同角度、不同层面、不同渠道全面进行员工的绩效考核。

8.4 公共部门员工绩效考核的流程及偏差控制

8.4.1 考核绩效的主体

正如衡量工作的标准并非单一一样，绩效考核的参与者也是多方面的。在传统观念中，管理者的权力表现形式之一就是考核下属的绩效。这种观念的理论基础是，因为管理者对下属的绩效负有责任，所以，只有由他们来进行绩效考核才有意义。实际上，多元化的考核主体往往有利于取得更好的考核效果。

1. 上司考核

组织中对中低层员工的绩效考核，95%是由他们的直接上司来进行的，即直线领导是考核员工的直接主管。组织认为，好的主管比其他任何人更了解下属的工作和行为表现，因此主管在绩效考核中最有发言权。但有些组织已经认识到这种考核方式的缺陷。例如，许多上司感到难以对每个下属的独特贡献作出考核，有些上司则抱怨自己被迫在员工的职业生活中扮演“上帝”的角色。另外，在20世纪90年代，由于许多组织开始引入自我管理团队、电子通信和其他组织手段，这就拉大了上司与其下属之间的距离，因此，员工的直接上司对员工的绩效考核就不一定可靠了。尽管上司考核有诸多不足之处，但实际工作中，上司考核往往是最普遍、最不可缺少的。

2. 自我考核

让员工考核他们自己的工作绩效，与自我管理和授权观念是一致的，而且这通常是目标管理的一个重要组成部分。自我考核法得到了员工的高度评价，有助于消除员工对考核过程的抵触，能有效地刺激员工和他们的上司就工作绩效问题展开讨论。但是，这种方法的考核结果易被夸大，且难免存在自我偏见。而且，自我考核结果也往往与上级的考核结果不一致。因为问题较多，自我考核更适用于员工的自我开发计划，而不是为评价而评价。

3. 同事考核

同事考核是最可靠的考核资料来源之一。这是因为：第一，同事之间的行动密切相关，日常接触使他们对与自己一起工作的同事的绩效有一个全面的认识。第二，同事的考核提供了许多独立的判断。一方面，一个上司对下属只能提出一种考核意见，而同事们则可以提供多种考核意见，把它们加以综合和平均肯定比单一评价更可靠；另一方面，同事之间可能不愿意相互考核而且也可能存在朋友之间的偏袒现象。

4. 下属考核

下属考核一般不常采用，但是这种考核方法与诚实、透明以及向员工授权等诸多价值观是一致的。下属考核能够提供关于管理者行为的准确翔实的信息，因为考核者与被考核者的接触比较频繁。这种评价方式存在的明显的问题是，员工害怕因为给上司的评价太低而使管理者对他们施加不利影响，所以评价容易失真。如果想得到准确的考核结果，在考核中就应采取匿名形式。

在今天的工作环境中，团队合作是一个越来越突出的行为方式，这对人力资源管理提出的挑战之一是：尽管存在着较大的难度，但员工考核系统将朝着强调同事和下属考核的必要性的方向发展。越强调团队合作，就要越重视“同他人合作”以及其他特定的同团队有关的个人行为。然而，在一个保留了官僚化倾向的较大规模的组织之中，除了上级考核之外的任何考核方式都将导致冲突。一种协调的办法是，在强调同事和下属考核方式发展作用的同时，保留上级的分配决策和正式的考核判断形式。然而，对持续地改进组织绩效的目标与官僚化控制及权威之间的冲突进行调和仍然比较困难。

5. 顾客考核

公共部门的顾客是广大社会公众。公众对公共部门员工进行考核不失为一种好办法。虽然公众不能完全了解工作的标准和要求，但是他们能够从服务对象角度出发，对公共部门员工是否有效提供了服务、对服务是否满意、服务要素是否欠缺等提供有用的考核信息。公众根据自己的期望、经验及感受考核公职人员，考核会更加务实、公正。

但是，公众考核在具体操作上存在一定的难度，由于公众不是组织的员工，因此在考核上比较费力费时，而且考核成本也较大。另外，这种考核只适用于公共部门中与公众接触最密切的员工。

8.4.2　绩效考核的基本流程

公共部门的绩效考核是一个复杂且需要连贯统一的流程。它包括准备阶段、衡量绩效、绩效反馈面谈、制定绩效改进计划四个阶段。

1. 准备阶段

绩效考核是一个很复杂的过程，绩效考核的准备阶段为接下来的工作铺路，准备的效果好坏直接影响整个考核的成败。绩效考核实施前主要做以下几方面的准备工作：

（1）制定考核计划。包括确定考核的目的和目标、考核的时间、考核对象、考核范围、考核方法等。

（2）确定考核主体。上文介绍的五种考核主体都可以成为考核人员，但要成立考核小组，确定负责人和组成成员。

（3）培训考核主体。在正式的绩效考核实施之前，要对所有考评人进行一次业务培训。培训的目的是使考评人了解绩效考核的目的、作用和原则，了解绩效考核的内容，掌握考核操作方法和考核沟通技巧，识别和预防考核中的误差。

（4）公布考核的信息。让组织与员工就绩效考核问题在思想上达成共识，使被考核者有充分的思想准备，积极参与绩效考核。

2. 衡量绩效

任何绩效衡量如果要发挥效用，必须符合以下三个基本要求[①]：第一，衡量工作必须与绩效标准密切相关；第二，对于某一样本的衡量必须足以代表整个母体；第三，衡量必须明确、具体且有效。除此之外，这一阶段尤需注意绩效标准的建构。一般而言，绩效标准在上一轮绩效考核后就已制定出来，通常是员工的工作计划、工作目标或工作任务书。

---

① 参见吴琼恩等：《公共人力资源管理》，112 页。

在本次绩效考核中，必须将员工上次绩效考核后制定的绩效改进计划等作为绩效标准，并参照这些标准对员工进行考核。

根据公共组织的情况，各部门的绩效考核工作既可以并行实施，也可以按顺序实施。在第一次实施时，建议按顺序实施，以便人力资源部门进行监督、指导。最好自上而下地实施绩效考核，这样便于目标的制定和压力的传递。绩效考核可以先从自我考评开始，然后员工互评，最后由上级进行考评并撰写评语。上述工作完成后，进入绩效反馈面谈阶段。

3. 绩效反馈面谈

绩效反馈面谈是绩效考核中非常重要的环节。在实际工作中，很多组织忽视了反馈面谈，从而影响了绩效考核的最终效果。它的主要任务也让被考核者认可考核结果，客观地认识自己并且改进工作，这也正是进行绩效考核的根本目的。绩效反馈面谈也让被考核者有一个申辩说明或补充的机会，让其了解自身表现与组织期望之间的符合程度，改善被考核者与组织的关系。

绩效反馈面谈一般由考核者和被考核者单独进行，沟通的程序建议采用“三明治法”，即先对被考核者的工作成绩进行肯定，对被考核者的表现达成双方一致的看法；然后提出一些不足，指出员工有待改进的地方；最后再对被考核者进行一番鼓励，使其认识到自己的闪光点，从而对员工起到积极的激励作用。因为人往往有一种自卫本能阻挡其接受不愿听的信息，所以为了提升考核反馈效果，反馈面谈必须注意技巧。

4. 制定绩效改进计划

前面三个阶段只能发现问题，第四个阶段是绩效考核中重要的一环，它是解决问题的阶段。上级与下属一起制定下属的绩效改进计划。绩效考核在肯定成绩的同时，更重要的是让员工知道自己的缺失，以便通过培训、指导、检讨加以改进，从而提升绩效。绩效改进计划就是员工在以后的工作中参照的一系列新绩效标准。

我国公务员年度绩效考核程序是：先由个人总结，再由主管领导人员在听取群众意见的基础上写出评语、提出考核等次的意见，经考核委员会或者评估小组审核后，由部门负责人确定考核等次。考核结果要以书面形式通告本人，听取本人意见。考核结果要存入本人档案，作为公务员奖惩、培训、辞退及调整职务、级别和工资的依据。

8.4.3 绩效考核工作中常见的偏差及控制措施

绩效考核作为主体对客体的评价过程，即使人事主管部门确立了客观、量化的考核指标，但它还是受到考核主体的主观知觉影响。也就是说，考核者的价值观与态度、思维定式、知觉特征与局限性等，都会介入考核过程中，这使得人们对考核因素的认识和界定有所出入，给予各因素的权重也不相同。加上某些利益关系的驱动，考核工作中常常会出现一些知觉偏差，给考核工作带来负面影响。

（1）从众心理。由于考核主体过多地考虑与被考核者的利害关系，或受外部环境压力的束缚，在考核中，容易放弃自己对被考核者的意见而采用“随大流”的方式，人云亦云。这种现象较多地出现在下属对上级领导进行的考核中。这种误差造成的结果是：多谈优点，少谈缺点甚至不谈缺点，使考核流于形式；被考核者无法了解人们真实的想法和意见，也不能够以积极的态度改进工作中的不足。解决这种误差的方式通常是加强考核前培训，对考核者的顾虑进行疏导，或者在下级考核上级时采取匿名方式，当然这要避免下级的报复性扭曲真实绩效。

（2）趋中误差。考核主体不愿或没有将被考核者工作业绩的差异性表现出来，而是把被考核者的成绩集中在同等水平的分数界限内，导致了考核结果的平均化倾向。这种误差的出现，客观上是由于公共部门产出的群体合作性与难以测量性导致的；主观上则是考核员工时害怕突出差异及其带来的矛盾，热衷于平衡导致的，其结果是使考核应有的激励作用丧失殆尽。为了克服这种误差，应对各种考核要素及其等级加以明确定义，必要时可预先规定考核成绩分布率，采取成绩分布限制法进行考核。

（3）优先与近因效应误差。这是人在判断事物时，由于知觉局限性而自觉或不自觉出现的误差。优先效应是将最先获得的信息作为重要信息，而忽视以后得到信息的价值。近因效应则是不考虑时间范围，而将最近发生的事情和自己记忆最清晰的事情看做最为重要的信息，抛弃以往储存信息的价值。这些知觉偏差在考核中会带来一些负面影响。它将视点聚焦在某一方面，因而妨碍考核者对被考核者客观、全面地认识与评价，偏离了员工的真实表现，可能带来对其不公平的待遇。为避免这种误差，考核者一定要了解和掌握被考核者整个考核期的相关资料，对其整个考核期的表现进行全面的、综合的评价。

（4）光环效应误差。当一个人有一个显著的优点时，人们会误以为他在其他方面也有同样的优点，这就是光环效应，又称以点带面效应。由于受思维定式和价值观等的影响，判断者往往偏重于事物的某一方面的特征，并人为地放大它的作用，甚至将这一特征泛化到事物的其他方面或全部方面，还自以为抓到了事物的本质。这不仅会犯上述与优先效应和近因效应同样的错误，而且还会人为地夸大或贬低事实，扭曲真实的情况，使考核结果缺乏可靠性和真实性。为避免这种误差，考核者对被考核者工作的每一方面都应作认真评价，避免以偏概全，同时也要提高考核者的考核技能。

（5）刻板印象误差。俗称偏见，即不顾时间、空间的推移，将以往的经验和观念带到现实环境中。在考核中，以固有的对人的概念，笼统、僵化地判断和评价他人。它反映了对人的认识上所持的顽固、僵化的观念，使考核者不能以发展的眼光看待被考核者，同样影响了对公务员的正确、客观、真实的评价。可以通过采取加大考核前的培训力度、提高考核者的考核技能避免这种误差。

（6）自我比较误差。考核者不自觉地将被考核者与自己进行比较，以自己作为衡量被考核者的标准，这样就会产生自我比较误差。这种误差可能放大被考核者的缺点或者夸大其优点。考核者进行自我比较时，因对与自己的某一方面（民族、籍贯、学历、专业、母校、志趣）相类似的人有偏好而给予其较有利的评价。避免这种误差的办法是将考核内容和考核标准细化和量化，并要求考核者严格按照考核要求进行考核。

（7）盲点误差。考核者由于自己有某种缺点，而无法看出被考核者也有同样的缺点，这就造成了盲点误差。盲点误差的解决办法与自我比较误差的解决办法相同。

为了弥补人们在知觉上的局限性，降低考核误差的发生率，在员工的考核中，一方面，考核者应当寻求更为科学的考核方法，综合运用多种标准，加大以绩效为导向的考核标准的比重；另一方面，考核应当更为合理地组织实施，针对不同的考核对象选取不同的考核人员，并对考核人员进行培训。

8.5 绩效考核结果的应用

8.5.1 合理使用考核结果的理论依据

绩效考核结果能否被合理使用，关系到绩效考核本身的意义和价值。如果绩效考核结果不能有效地转化为进一步培养、发展组织员工的途径，那么，绩效考核的激励、竞争和行为引导作用会变得徒有其名，被管理者也会失去对它的信赖。现代行为科学和组织行为学，从多个角度为绩效考核结果的使用提供了依据。

（1）期望理论。人有多层次的需求期待，希望获得需求满足，这是构成其行为动力的一个重要方面。组织可以满足员工的多种需求，而通过对考核结果的合理使用，提供员工个人发展的路径，可以使员工的需求，特别是高层次的需求得以实现。如果期望与行为努力的结果没有建立相关的关系，人们对组织的管理手段就会失去信心。合理使用考核结果才能将期望—行为努力程度—激励结果有机地统一起来。

（2）强化理论。个体的行为可以得到不断强化。组织使用和改变外部刺激的方法或环境，使个体行为出现相应的反应。正是行为的强化措施，导致组织目标—个体行为—行为强化（正强化与负强化）—组织目标的循环的出现。借助绩效考核结果的使用，组织积极强化职员的优异行为，以提高此行为的发生频率。同时，通过惩罚组织不欢迎的行为，降低其发生的频率。可见，正是绩效考核结果的使用，使绩效考核具有了示范、引导和激励的功能。

（3）公平理论。根据公平理论，我们可以看到，一个人对其所获得的报酬是否满意，认为报酬是否公平，不是看其绝对值的多少，而是看在比较过程中获得的相对值的多少。具体地说，是自己的报酬程度与努力程度之比和他人报酬程度与努力程度之比的比较。如果他认为，自己的努力程度高于他人，而未获得相应比例的报酬，他就会感到不公平，从而失去进一步努力的动力。公平的绩效考核过程以及考核结果的合理使用，无疑将对所有职员产生巨大的激励效果。

8.5.2 员工绩效考核结果的用途

在公务员系统中，绩效考核结果的用途是很多的。这些用途不仅包括与企业类似的一些人事决策，而且，行政系统固有的等级性使得这些考核结果对于确定员工的职务、级别等显得十分重要。

（1）报酬分配和调整。这是绩效考核结果的一种非常普遍的用途。一般来说，为了增强报酬的激励作用，在员工的报酬体系中应当有一部分报酬是与绩效挂钩的。另外，薪酬的调整往往也由绩效来决定。考核结果比较令人满意的公职人员，可以得到工资增加的奖励，根据不同情况，既可以晋升工资档次，又可以晋升职务工资和级别工资。在我国，公职人员在现任职务任期内，年度考核连续两年被确定为称职以上等次的，在本职务工资标准内，晋升一个工资档次。同时，晋升职务和晋升级别的公职人员，相应提高职务工资和级别工资。对不称职的公职人员则要降低相关的工资。

（2）级别调整。优秀员工可以晋升级别，工作不合格者可以降低行政级别。公职人员的级别工资部分也作相应调整。我国公务员法指出，国家公务员连续三年被确定为优秀等次，或连续五年被确定为称职等次的，在本职务对应的级别内晋升一级，级别工资相应提高。

（3）职务变动。绩效考核的结果也可以为职位的变动提供一定的信息。如果员工在某方面的绩效突出，就可以让其在此方面承担更多的责任。如果员工在某方面的绩效不够好，很可能是目前他所从事的职位不适合他，可以通过职位的调整，使他从事更加适合他的工作。职务升降对公职人员的激励作用最大，因为它具有复合性，会影响到公职人员的权力、荣誉、地位、级别、工资等一系列因素。一般而言，职务晋升，相应的行政级别会提高，工资也会随之调整；反之亦然。我国国家公务员制度规定，国家公务员连续两年被确定为优秀等次的，或连续三年被确定为称职等次的，具有晋升职务的资格。

（4）员工选拔和培训效标。绩效考核的结果可以用来衡量招聘选拔和培训的有效性如何。如果组织选拔的员工实际的绩效考核结果良好，那么就说明选拔是成功的；反之，则说明选拔的标准或方法存在问题。绩效考核的结果同样可以用来检验员工接受培训之后的效果。如果培训之后一个时期内员工的绩效提高了或提高得很显著，就说明培训确实有效果；如果绩效没有什么变化，就说明培训没有达到预期的效果。

（5）奖惩。绩效考核结果与奖惩措施被联系在一起。员工的奖惩最直接地影响员工的名誉，不仅如此，惩罚措施将影响到今后对受罚员工的评价，严重不满意的绩效水平甚至将影响国家与员工之间的雇佣关系。

（6）员工培训与发展的绩效改进计划。这是绩效考核的结果最重要的用途之一。通过绩效考核，职员可以知道自己哪些地方做得好，哪些地方做得不够好，这些做得不够好的地方就是今后培训和发展的空间。而绩效表现优秀的员工，甚至可以得到更好的培训机会，这同时也是一种奖励。

本章小结

绩效考核越来越受到企业组织和公共部门的重视，通过学者的理论研究与工作在第一线的考核者的实践经验总结，绩效考核理论也越来越完善。我们可以看到它的发展趋势：首先，它趋向开放，绩效考核结果不再是秘密，员工可以知晓自己的绩效考核记录；其次，它趋向员工的更多参与，员工参与绩效考核的过程，更利于考核结果的应用，从而改进绩效；再次，它趋向过程与结果指标并重，趋向多元考核方式。

绩效导向的人力资源管理是公共部门改造的核心工程。绩效考核在人力资源管理中作用重大，它与人力规划、任用招募、培训发展、薪酬管理、改善员工关系等方面都有关联性。公共部门要改进激励与监督机制，强化政府全面绩效管理，必须科学地进行绩效考核，让公务员能够从绩效考核的结果中得到成就感，并以绩效决定升迁、奖惩等，进而以绩效来决定训练、培育，发掘公务员的潜能，全面提升公务员的素质。

思考题

1. 绩效考核有哪些方法，在实际工作中应如何选择绩效评估的方法？
2. 绩效考核在人力资源管理中有何作用？
3. 绩效考核的结果应用体现在哪些方面？
4. 绩效考核的误差有哪些？如何控制绩效考核中出现的误差？
5. 绩效考核的基本流程包括哪几个方面？

附录 1

综合的人员工作评估与绩效评估表范例

员工姓名	工资等级	
职位	部门	主管
上任日期	评估日期	

简介

要恰当地评价一个人的绩效，对他在一段时间内所完成的工作进行回顾是必要的。而且，过去和现在的绩效与未来的成绩也是紧密相关的。在一个有效的评估过程中，对前一阶段的工作，每个工作人员都有机会进行讨论，而他的上司拥有加以评论的机会。在评估中，参与者双方都需设定下一阶段想要达到的目标。

第一部分：当前工作任务或责任的回顾

下表中的内容应当由主管和工作人员在每一个评估阶段开始的时候共同讨论确定。工作任务或责任主要是从对工作描述的回顾中得出的当前的重要职责。第一部分还应该包括具体的任务分配、目标、计划以及工作改进项目。

主要工作任务或责任

第二部分：绩效等级说明

给每项任务的完成情况或履职情况赋予一个能最准确代表工作人员绩效的等级。极高或极低（不满意）的等级必须在这张表格第二部分的“说明”部分用具体的例子加以说明。我们建议履行这一步骤，以使工作人员认识到不足，了解到某些特定的行为将得到特别的好评。在给工作责任履行情况定级的时候要谨记工作人员管理以及任务管理的技巧。记住，并不是所有技巧都可以应用于每项结果。要确保对基本工作要求的完成情况有一个全面的检查，并加进从员工的工作记录中得到的任何数据。

选择以下选项之一来对工作任务的完成情况或履职情况进行评级：

E（excellent，出色）

在相当长的一段时间内保持了出色的工作绩效。与职位的基本要求以及其他人的表现相比，该员工是极为博学的、高度积极的和非常高产的。该员工表现非常主动，判断相当准确，履行所有职责只需要极少的指导或无须指导，能预见组织的需要，为解决现有的或是潜在的问题提出了独立的见解，以高质量的工作标准为完成组织的目标作出了极大的贡献。

AE（above expectation，高于期望）

很好地具备了一个出色的员工所需要的条件，但是持续的时间相对较短，在独立性和创新性上也有所欠缺。

FS （fully satisfactory，比较满意）

该员工能够按照标准达到职位的要求，相当于或超越了同事的工作水平，对新的工作表现主动，在需要时可以行动独立，只需要很少的指导就能很专业地执行任务。

A （acceptable，可以接受）

该员工达到了一些个人目标，以可接受的方式完成了任务。尽管在有些地方需要额外的指导或是监督，但整体的表现与职位需要可以相称。

P （provisional，达到基本要求）

这个等级描述的绩效情况仅仅是达到了工作的最低要求，员工需要组织的引导才能将绩效提高到一个可以接受的水平。这个等级也适用于在职位上相对生疏但是好学而且表现出进步，在更好地给予工作职位需要的条件时能够迅速提高的新手。

U （unsatisfactory，不能满意）

这是一个对于员工来说最多只能出现一次的等级。在下次评估之前，该员工的工作绩效应当得到提高，或者该员工应当被调到一个他可以胜任的工作岗位上去，或者该员工应当被解雇。

第三部分：工作任务或责任的绩效

对工作人员在评估期间应当负责（已在第一部分写明）的每项任务或责任进行评级，这包括解释性的和澄清性的说明，为的是对整体绩效进行评级。

工作任务/责任	等级
评论：	
整体绩效评级：	

第四部分：附加的说明

由主管填写（讨论工作人员可以把工作做得更好的方法以及确定为提高未来的绩效工作人员应当采取的措施。提出在工作或任务绩效表格所列内容之外的工作人员所做的额外工作）：

由员工填写（列举对于绩效、绩效提升以及工作责任的不同理解）：

第五部分：可否提升

显示在未来 3～5 年内工作人员的发展潜能：

可以把该工作人员提升到你负责的范围内的哪些职位？ 当____________时，____________________ 当____________时，____________________

你将建议把该工作人员提升到你负责范围之外的哪些职位？ 当____________时，____________________ 当____________时，____________________

工作人员的职业期望：

对工作人员的附加培训：

主管签名：	日期：
工作人员签名*：	日期：
下次评估检查日期：	
*我已经阅读并与我的主管讨论了这次评估，我了解其中的内容。	

资料来源：美国培训与开发协会管理文件汇编（由英文版翻译），2001。

附录 2

人力资源开发中雇员价值观和知能培养的 360 度图及其评估指标①

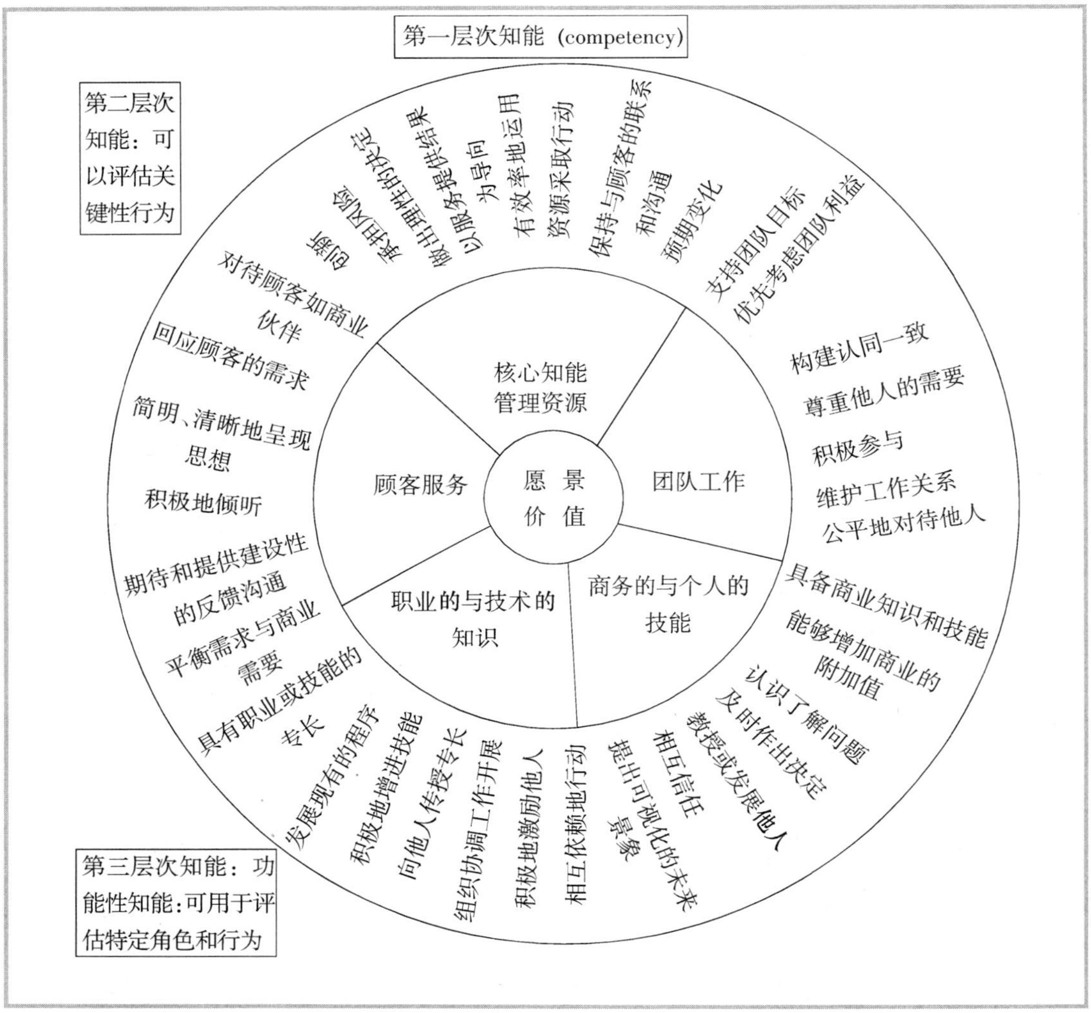

反馈接受者

请问您与被测评人的关系（请在下面选择适当的位置画圈）：

- 本人 ………………………………………………………… “我正在评估我自己”
- 主管 ……………………………………………… “我作为他的主管正在评估我的雇员”
- 同事 ……………………………………………………… “我正在评估我们部门的同事”

---

① Walter W. Tornow, *Maximizing the Value of 360—Degree Feedback*, New Jersey: Jossey-Bass Publisher, 1998.

· 下属 ………………………………………………………… “我正在评估我的主管”

· 内部顾客 ……………………… “我正在评估一个同事或我们部门之外的团队成员”

· 其他人 …………………………………… “我正在评估一个不属于上述各类的人员”

您已经被确认作为众多的提供有价值的绩效信息的员工之一参与此项测评。您个人的回应将是匿名进行的（除非您是组织雇员的上级主管）；接受测评的雇员只得到合成后的信息。

这个接受测评的雇员在怎样的程度上实现着这些技能呢？请使用下列标度（scale）进行您的评估：

（9～10）卓越技能——雇员在其工作领域中能够表现持续一致的卓越行为和能力。

（7～8）优势技能——雇员在其工作领域在大多数情况下能够满足组织对其行为和技能的期望。

（5～6）适当的技能水平——雇员在其工作领域中大体上能够满足组织对其行为和技能的期望，即总体上能够反映对责任的积极态度。

（3～4）无技能优势——雇员能够满足组织对其一些行为和技能的期望，但有时会出现一些不足。

（1～2）低技能水平——雇员在其工作领域中基本上无法达到组织对其行为和技能的期望水平。

（N）“没有应用性的”或“没有被观察的”。

顾客服务

像商业伙伴那样对待顾客 ……………………………… N 1 2 3 4 5 6 7 8 9 10

认同、确定、理解和回应顾客适当的需求 ……………… N 1 2 3 4 5 6 7 8 9 10

简明而清晰地呈现思想和想法 …………………………… N 1 2 3 4 5 6 7 8 9 10

积极地倾听内外部顾客的建议 …………………………… N 1 2 3 4 5 6 7 8 9 10

征询并提供富有建设性的和诚实的反馈信息 …………… N 1 2 3 4 5 6 7 8 9 10

保证与其他雇员的沟通 …………………………………… N 1 2 3 4 5 6 7 8 9 10

按照经营的需要平衡各种要求 …………………………… N 1 2 3 4 5 6 7 8 9 10

团队工作

支持团队的目标 …………………………………………… N 1 2 3 4 5 6 7 8 9 10

将团队的利益放在自身利益之先 ………………………… N 1 2 3 4 5 6 7 8 9 10

建立彼此认同和一致并分享相关信息 …………………… N 1 2 3 4 5 6 7 8 9 10

承认并尊重每个人的贡献和需求 ………………………… N 1 2 3 4 5 6 7 8 9 10

积极地寻求参与并从不同角度听取、使用信息 ………… N 1 2 3 4 5 6 7 8 9 10

建立和维持团队有建设性的工作关系 …………………… N 1 2 3 4 5 6 7 8 9 10

公平地对待其他人，如团队中的少数族裔成员 ………… N 1 2 3 4 5 6 7 8 9 10

商务的和个人的技能

表现出广泛的商业经营知识和技能 ……………………… N 1 2 3 4 5 6 7 8 9 10

表现出对组织经营的附加价值 …………………………… N 1 2 3 4 5 6 7 8 9 10

能够认识问题和确定潜在的原因 ………………………… N 1 2 3 4 5 6 7 8 9 10

做出及时的决定 …………………………………………… N 1 2 3 4 5 6 7 8 9 10
教授和发展他人 …………………………………………… N 1 2 3 4 5 6 7 8 9 10
信任、开放和诚实 ………………………………………… N 1 2 3 4 5 6 7 8 9 10
具体化地感知组织的现在和未来并发展组织战略 ……… N 1 2 3 4 5 6 7 8 9 10

职业的与技术的知识

表现出专业化和专业技术 ………………………………… N 1 2 3 4 5 6 7 8 9 10
改进当前的工作过程或采用新的工作方法 …………… N 1 2 3 4 5 6 7 8 9 10
积极地增进个人的技能、知识和技术基础 …………… N 1 2 3 4 5 6 7 8 9 10
向他人传授个人的专长 …………………………………… N 1 2 3 4 5 6 7 8 9 10
组织团队工作 ……………………………………………… N 1 2 3 4 5 6 7 8 9 10
通过榜样示范和鼓励激励他人发展绩效 ……………… N 1 2 3 4 5 6 7 8 9 10
通过可靠的行动在第一时间准确完成任务 …………… N 1 2 3 4 5 6 7 8 9 10

管理资源

创造性地应对发生的事情 ………………………………… N 1 2 3 4 5 6 7 8 9 10
判断、分析和计算风险性 ………………………………… N 1 2 3 4 5 6 7 8 9 10
做出理性、合理、及时的决定 …………………………… N 1 2 3 4 5 6 7 8 9 10
以服务提供结果为导向 …………………………………… N 1 2 3 4 5 6 7 8 9 10
有效率地使用资源 ………………………………………… N 1 2 3 4 5 6 7 8 9 10
通过沟通提出清晰的发展方向 …………………………… N 1 2 3 4 5 6 7 8 9 10
预测和准备组织的变化与变革 …………………………… N 1 2 3 4 5 6 7 8 9 10

评价得分： ______________________________

第 9 章

公共部门人力资源的培训与开发

21 世纪，人类社会进入知识经济时代。人的技能和素质成为知识经济发展的先决条件。人类社会的发展历史表明，人力资本存量的不断增加，人力资源质量的不断提高，是发展的重要源泉，如何最大限度地发挥员工的潜能成为世界各国各类组织面临的共同问题。培训作为现代组织开发人力资源的重要手段，在公共部门人力资源管理体系中占据着重要地位。公共部门人力资源培训不仅可以提高公职人员的素质和能力，还可以满足公众对公共部门服务水平和质量的要求。随着公共部门人力资源培训功能的不断强化，公共部门人力资源培训已经走上法治化进程。

9.1 公共部门人力资源培训与开发概述

9.1.1 人力资源培训与开发的含义

人力资源培训与开发通常是指组织为使员工获得或改进与工作相关的知识、技术、能力、态度、动机和行为而开展的有计划的活动，通过这些活动增进员工绩效，并促使员工行为与组织战略目标相一致。培训与开发的重点都是通过有计划的学习，帮助员工提高关键技术和技能，以便胜任现在或将来的工作。但事实上，培训与开发不是完全相同的两个概念，二者的侧重点有所不同。培训主要是向员工传授完成当前某项任务或工作所需要的知识和技能，着眼于当前；而开发则强调员工为胜任未来工作所做的准备，其关注的焦点是更长期的员工职业发展和组织目标的实现。培训是人力资源开发的主要手段，但并非唯一手段，人力资源开发还与人力资源管理的其他职能有关。

公共部门人力资源培训作为一种成人继续教育形式，表现出以下特点：

（1）针对性。公共部门人力资源培训以提高员工工作效率、改进工作方式为核心，它针对性强，培训的内容和方式围绕公职人员从事行政活动所必备的政治素质、职业道德以及知识、能力和技巧展开。

（2）终身性。公共部门人力资源培训是一种终身的、回归的继续教育，是常规教育的延续，属于“第二教育过程”，它伴随着员工个人职业生涯发展的始终。

（3）现实性。人力资源培训的内容是根据职位或职务的具体要求，向受训者灌输专门的知识和特殊技能，因此必须以工作需要为着眼点，围绕员工的实际情况开展培训。

（4）灵活性。人力资源培训在教育时间、范围和方法上都针对实际工作需要，因此形式更加灵活多样。

9.1.2 公共部门人力资源培训的基本类型

人力资源培训按照不同的分类标准可以划分为多种类型。例如，人力资源培训根据培训对象的不同，可以分为管理人员培训、专业技术人员培训以及操作人员培训；根据对象层次的差异，可以分为高级培训、中级培训和初级培训；根据培训方式的差异，可以分为在职培训和脱产培训；根据职业发展阶段的差异，可以分为职前培训、调任培训、晋升培训和退休培训等。

世界各国为了规范对公务员培训的管理，通常将公务员培训纳入公务员管理体系中，并对培训的内容进行规定。根据《中华人民共和国公务员法》的规定，我国公务员培训主要有四种基本类型：

（1）初任培训。初任培训是指经考试录用进入国家行政机关，担任主任科员以下非领导职务的新任人员的培训。其目的在于帮助新录用人员了解党和国家的方针、政策，了解机关的工作特点和组织纪律，明确自身的工作内容和职责范围，初步掌握工作所需的基本知识，为正式开展工作做好准备。初任培训是新录用人员在试用期内的必经环节，时间不少于10天。初任培训合格者方能任职定级。初任培训通常有两种方式：一是工作实习，即在有经验的公务员的指导下，新任用人员直接参加实际工作，在实践中学习；二是集中培训，即由各行政部门组织培训班进行集训或将培训对象送往专门的培训机构接受培训。

（2）任职培训。任职培训是指对晋升领导职务人员，按照拟任职位的要求，对其所需的知识和技能进行的培训，其目的在于提高拟晋升人员的政策水平、组织领导能力和业务知识能力，为其胜任今后的工作做好准备。任职培训一般在职前进行，时间一般不少于30天。任职培训对象主要包括两类：一是行政机关以外调入国家行政机关担任领导职务的公务员；二是在行政机关内晋升一定层次领导职务的在职公务员。任职培训的方式一般采用离职培训。

（3）专门业务培训。专门业务培训是指公务员在从事某项专门性的业务工作或临时性业务工作之前接受的培训，其目的在于使公务员掌握拟从事的专门业务工作所需的知识、能力和技能，从而胜任此专项工作。专门业务培训的时间和方式视工作需要而定。

（4）在职培训。在职培训是指对在职人员进行的以增加、补充和拓宽相关知识为目的的培训。其目的在于使公务员不断更新现有知识，学习和掌握新的技能，从而适应不同的职位要求和时代发展的需要。根据规定，我国公务员每人每年参加的在职培训的时间累计不少于7天。在职培训通常采用离职培训的方式，在培训期间，公务员原有的职务、地位和各种待遇保持不变。

9.1.3 公共部门人力资源培训的重要性

（1）公共部门人力资源培训是顺应时代发展趋势的必然要求。21世纪，人类社会进入一个崭新的时代，传统的学习和工作方式逐渐被网络化替代，知识更新的速度大大加快。社会的剧烈变迁对公共部门员工提出严峻的挑战，他们需要回答一系列新的问题，即如何进行自身的学习革命，如何形成有机的学习型组织，如何改变陈旧的知识结构，如何掌握快速学习和更新知识的方法，如何用新的工作方式从事公共事务管理活动，如何用自己的知识为政府和公众服务等，对这些问题的回答最终都归结到人力资源培训。公职人员只有通过培训来持续学习，不断更新知识和技能，才能适应社会发展的要求。

（2）公共部门人力资源培训是应对日益严峻的社会问题的客观需要。当今政府面临的社会问题更加复杂，诸如犯罪、吸毒、失业、环境污染、危机冲突等社会问题往往带有多因、相互连带和性质难定等特征，公共部门员工在面对这些社会问题时，必须通盘考虑，并且要善于把握问题的轻重缓急。因此，公职人员必须参加培训，不断完善自我，增强判断能力和解决问题的能力，同时要掌握各种先进的技术手段来应对复杂多变的社会问题。

（3）公共部门人力资源培训是行政改革和行政发展的客观要求。当今政府逐步由统治型政府向服务型政府转变，新的管理模式被引入政府治理中来。管理方式的转变要求政府不仅要关注效率的增长，同时还必须关注公众的需求，以公众满意为目标，提高对公众的服务质量。政府职能转变要求政府必须塑造一支能够胜任公共部门新型运作方式的公务员队伍。因此，人力资源培训将在这个转型中充当至关重要的角色。

（4）公共部门人力资源培训是实现公职人员职业生涯发展的重要平台。人力资源培训的基本目标是通过员工个人知识、技能和能力发展来增进组织绩效。然而，人力资源培训的目标绝不仅限于此。培训作为员工知识和技能更新的重要手段，应与其个人的职业生涯规划相结合，成为实现职业生涯发展的重要途径。现代人力资源管理强调在确保组织利益的同时，充分尊重成员个人的发展意愿，从而使人力资源管理呈现出双向平衡。人力资源培训可以帮助内部员工构建清晰的职业发展路径，有利于将组织目标与个人发展相统一。

随着人力资源管理理论和实践的不断发展，公共部门人力资源培训不再只是关注公职人员关键技能的培养，而是开始更多地关注公职人员综合素质的发展。这种培训理念的转变拓宽了公共部门人力资源培训的范围，同时也对公共部门人力资源培训提出新的挑战。如何应对挑战成为公共部门人力资源培训面临的主要任务。

9.2 公共部门人力资源培训需求分析

9.2.1 人力资源培训需求分析的任务

公共组织在开展培训活动之前，需要对培训需求进行分析。人力资源培训需求分析是指从长期发展目标或近期目标出发，采用各种方法和技术，对组织各层面及其成员的素质、知识、技能等进行系统的分析和评价，以确定是否需要开展培训及开展何种类型培训的活动。培训需求分析是进行培训规划的前提，其分析效果直接影响到培训方案的实施效果。人力资源培训需求分析的任务是：

（1）确认差距。培训需求分析的基本目标是确认差距。这包括两方面的差距：一是绩效差距，即组织及其成员绩效的实际水平同应有水平之间的差距；二是为达到某项绩效目标而存在的知识、技能和能力方面的差距。差距分析通常包括三个步骤：一是分析理想的或预期的知识、技能和能力标准；二是分析现实中尚缺的知识、技能和能力；三是对理想的与现有的知识、技能和能力之间的差距进行分析。通过确认差距，公共组织可以根据分析的结果，为组织成员提供有针对性的培训方案。

（2）赢得支持。培训需求分析涉及组织的各个层面，组织成员都参与到分析过程中，能够为培训赢得广泛的支持和认同。在公共组织中，培训需求分析是组织与其成员沟通的桥梁：一方面，通过需求分析，组织可以了解员工的真实需求，为其个人职业发展提供帮助；另一方面，通过需求分析，组织可以将与培训有关的信息传递给组织成员，使其充分了解培训活动的必要性以及培训的流程，从而保证员工给予其充分的支持。

（3）确定培训的可行性。有了科学的培训需求分析，并且找到了存在的问题，组织就能够将成本因素和预期产出因素引入培训需求分析中，对培训进行可行性研究。组织可以粗略估算某个培训项目将要付出的成本及预期将要产生的价值，然后通过对培训成本和价值的比较来确定是否需要开展培训以及能否开展培训等。但是，并非所有培训项目都可以清楚地确定成本，有些项目的成本是无法量化的。因此，对于这类项目进行需求分析时应当将定量分析和定性分析结合起来综合考虑。

（4）建立信息资料库，促进人事分类系统向人事开发系统转换。培训需求分析是一个运用各种方法和技术收集与培训有关的信息资料的过程。公共组织通过培训需求分析过程，可以了解组织人力资源的现状，掌握与组织人力资源开发有关的信息，从而可以建立一个人力资源培训与开发的信息资料库。借助于信息资料库中存储的信息，组织不仅可以制定长远的培训计划，还可以确定培训评估的标准，以评估培训项目的有效性。

信息资料库的建立不仅可以推动培训管理工作的有序化，同时还可以促进组织人事分类系统向人事开发系统转换。通过资料库平台，公共组织能够确定员工现有知识、技能和能力与理想状态的差距并帮助其进行改进，同时还能够根据组织的特殊需求制定高质量的目标规划。

9.2.2 公共部门人力资源培训需求分析的内容

公共部门通常从三个层面进行培训需求分析，它们是战略/组织层面、工作层面和人员层面，这构成了人力资源培训需求分析的基本内容。

1. 战略/组织层面的需求分析

战略/组织层面的需求分析是指通过对组织发展战略的分析，确定相应的培训项目，为培训提供相应的资源与组织支持。战略/组织层面的需求分析通常由组织分析完成，其目的是更好地认识组织的特征，以确定什么地方需要培训，以及达成目标的背景条件。此项分析通常包含以下要素：

（1）组织目标分析。在进行培训需求分析之前，必须充分了解组织的目标和战略。对于那些已经达成的目标，组织需要对其进行监控，以便及时发现问题和提高绩效；对于那些尚未达成的组织目标，组织需要分析目标未能达成的原因、组织现实绩效与理想绩效的差距及其产生原因以及是否能够通过培训来弥补绩效差距等（必要性分析）。在此基础上，组织确定需要开展何种类型的培训来解决问题、培训的规模和节奏及培训支出的费用（现实性分析）。同时，组织还须明确在各种可选择的解决问题的方案中，培训这种方式是否有效，即是否存在更加经济和有效的其他替代途径（充分性分析）。

（2）组织资源分析。组织可利用的资源是组织开展培训工作的现实基础。组织资源分析包括对组织的资金、时间和人力等资源的分析。资金是指组织所能提供的经费，它将影响培训的范围和深度。时间关系到培训需要的相应时间保证。人力是决定培训是否可行和有效的关键因素，包括人员的数量、年龄、技能和知识水平，人员对工作与单位的态度及工作绩效等分析。

（3）组织环境分析。组织环境指直接影响培训活动的各种外部因素。当组织发生变革或技术更新时，员工的培训需求必然发生变化。在适应环境变化的过程中，人力资源开发人员一方面要面对现实，充分利用现有的有利条件，克服不利条件，扬长避短，积极创造培训条件；另一方面要对环境变化导致的组织培训需求变化有足够的敏感性和适应性。

（4）组织特质分析。组织特质对培训的效果有着重要影响。当培训规划与组织价值不一致时，培训的效果很难得到保证。组织特质分析主要是对组织结构、文化、信息传播等特质的把握。

（5）组织支持分析。管理者和员工的支持关系到培训效果的最终转化。培训成功与否的关键在于管理者对培训活动是否支持，他们是否愿意向受训者提供与工作有关的知识、技能和能力的信息，以及是否能够为受训者提供在实际工作中应用培训所学内容的机会。只有当管理者和员工都从内心里认识到培训的重要性，并为培训的开展提供支持时，培训的成果才能够有效转化。

2. 工作层面的需求分析

工作层面的需求分析指通过查阅工作说明书或具体分析完成某一工作需要的技能，了解员工有效完成该项工作必须具备的条件，找出差距，确定培训需求，从而弥补差距。其目的在于了解与绩效问题有关的工作的详细内容、标准和完成工作所应具备的知识和技能。工作层面的分析通常采用五个步骤：

（1）通过工作分析，撰写详细的工作说明书。通过工作说明书，可以让人力资源开发人员对职位所包含的任务性质、员工的实际工作条件以及所需素质资格具有清楚的认识。

（2）确定职位包含的具体任务。人力资源开发人员通过对工作任务及其绩效标准的把握，可以确定哪些是需要弥补的作业缺陷以及受训者在培训结束时应该达成的绩效水平。这些信息是设定培训目标的重要依据。

（3）明确知识、技术、能力等任职资格条件。人力资源开发人员必须确定每项工作的任职资格条件，因为这些能力是员工在培训中必须发展和学习的。人力资源开发人员可以通过对主管、任职者、专家进行访谈或查阅文献资料等方式确认职位所需的知识、技术和能力。

（4）确认通过培训改进的工作、知识、技术和能力目标。该步骤的重点在于决定人力资源培训与开发项目中应该包含哪些工作和技能作为培训开发的内容。这需要考虑职位的重要性、时间成本、工作所需的知识、技术、能力，学习难度等方面的因素，并评定等级。在设计人力资源开发项目时应优先考虑在综合评定中排名靠前的任务、知识、技术和能力。

（5）培训需求的排序。该步骤是将上一步骤提出的任务、知识、技术和能力按照重要性进行排序。由于资源的稀缺性，组织需要考虑用于培训过程的各项资源，包括设备、物资、培训专家、费用等，这样，培训方案才更具有可行性。

3. 人员层面的需求分析

人员层面的需求分析从培训对象的角度分析培训需求，通过人员分析确定哪些人需要培训及需要何种培训。人员层面的需求分析一般对照工作绩效标准，分析员工目前的绩效水平，发现员工现有绩效与标准绩效的差距，以确定培训对象、培训内容和培训后应达到的效果。其内容包括：

（1）人员的能力、素质和技能分析。这是与工作分析密切相关的工作。从人员角度进行分析，用以考察工作人员是否达成这些要求，即其能力、素质和技能具有怎样的水平，由此决定培训的需求状况。对人员能力、素质和技能加以分析不仅为了满足当前工作需要，也是为了满足未来发展的工作需要，即通过培训发挥人的潜能。对人员的能力、素质和技能进行分析的工具通常包括：1）员工的自我评量。以员工的工作清单为基础，由员工针对每一单元的工作成就、相关知识和相关技能进行真实的自我评价。2）上级评价。员工的上级根据其平时的工作表现和工作能力作出综合评价。3）员工的态度评量。运用定向测验或态度量表，帮助组织了解决定员工绩效水平的工作态度状况。

（2）人员的绩效分析。通过个人绩效考核记录的分析，将员工目前实际工作绩效与组织设定的绩效标准进行比较，如果人员的工作绩效不能达到组织的标准，就说明组织存在着培训需求。个体需求分析过程中的绩效评估模式应遵循下列步骤：一是进行全面准确的绩效评估；二是确认员工行为、特质与理想的绩效标准之间的差距；三是确认造成绩效差距的原因，这涉及组织分析、任务分析和个体的技术能力方面的资料；四是选择适当的干预措施以消除绩效差距。

9.2.3 公共部门人力资源培训需求分析的方法与技术

1. 人力资源培训需求分析的方法

培训需求分析的方法有很多种，其中最常用的是问题分析法和全面分析法。

（1）问题分析法。问题分析法又称绩效差距分析法（performance gap approach），这种方法被广泛应用于各个层次的培训需求分析。顾名思义，问题分析法关注的焦点是组织或组织成员工作中存在的问题。具体来说，问题分析法在分析组织及其成员现有绩效和理想绩效差距的基础上，确认和找出造成差距的症结和根源，分析培训是否是解决绩效问题、提高组织绩效的有效途径。问题分析法与决策过程中认定政策问题的 KT 法非常相似。问题分析法包含以下程序：

1）发现和确认问题。找出组织或组织成员现有实际绩效与理想绩效之间的差距，认定和筛选造成绩效差距的各种可能的问题，进行初步的分类分析。

2）收集资料或直接观察，确定问题的性质。培训主管人员通过一定手段收集相关资料，如使用绩效评估报告、工作总结等文献资料，或者采用观察、面谈和问卷等技术，明确造成绩效差距的关键问题所在。为了有效掌握问题的性质和根源，必须充分了解和说明问题四个方面的状态，即何种问题、何时发生、何处发生、何种程度。只有详尽掌握这些信息，才能找到问题发生的根源。

3）分析、判断造成问题的主要原因。在分析过程中，应当去粗取精、由表及里地分析各种问题，找出造成问题的主要原因，为明确培训的必要性奠定基础。

4）培训需求分析。明确绩效问题与组织培训之间存在的联系，识别培训是否是解决绩效问题的重要途径，说明培训项目展开的必要性。

5）呈现培训需求分析的结果。从组织需求、工作需求和个人需求三个层面出发，提出组织培训方案，说明培训的种类和方式，建立培训项目的详细目录。

（2）全面分析法（comprehensive approach）。全面分析法是指通过对组织内部各个层面进行全面、系统的调查和分析，确定理想状态和现实状态的差距，从而确定是否需要开展培训以及培训的内容和方式。与问题分析法相比，全面分析法偏重于组织运转的各个方面，而不仅仅是针对某些具体的问题，其分析结果可以应用于人力资源开发的许多环节。全面分析法的一般程序如下：

1）进行工作分析，研究组织工作的性质，据此制定出组织岗位评价标准和职位规范。

2）编写组织任务和所需技能的目录清单。把任务分解成一个个分析单位，描述出每一项任务的内容和所需的资格条件。在此基础上，对任务的性质与技能的性质进行比较分析，确定理想的绩效水平标准。

3）分析组织现实的绩效水平状况，找出差距并分析造成差距的原因。接下来的工作与前述的问题分析法步骤相同。

4）培训规划设计。针对全面分析的结果，制定有效的培训方案并加以实施；在培训实施过程中不断修正和完善培训方案。

全面分析法的优势在于，它能够帮助组织获得多功能的分析资料，全面而深入地认识组织人力资源管理中存在的问题。但是，由于全面分析法涉及组织的各个层面，因此分析工作比较烦琐。此外，全面分析法的成本较高，它需要组织投入大量的资金和时间，有时组织会因受到时间和资金的限制而放弃全面分析法，转而使用操作简单、重点明确的问题分析法。全面分析法多适用于任务简单、操作性强以及人际关系不太复杂的组织环境中。

2. 公共部门人力资源培训需求分析的技术

在培训需求分析过程中，培训主管部门通常采用一些具体的技术方法，如观察法、问卷法、访谈法和讨论法等，这些分析技术各有其优缺点（见表 9—1）。所有这些技术方法既可以单独使用，也可以结合使用。

表 9—1　　培训需求分析的主要技术及其优缺点

培训需求分析的具体技术	优点	缺点
观察法 从旁观者的角度观察员工在工作中或在会议进行过程中的行为	· 得到有关工作环境的资料 · 将评估活动对工作的干扰降至最低	· 观察员需要具备熟练的观察技巧 · 只能在观察到的环境中收集资料 · 被观察者的行为方式有可能因被观察而受到影响
问卷法 采用不同的抽样方式选择对象回答问题，形式有开放式、等级量表式等	· 可以在短期内向大量的人员进行调查 · 成本低 · 使被访者回答问题时更加自然 · 易于对数据资料进行归纳总结	· 问卷编制周期较长 · 限制受访者表达意见的自由，不够具体 · 回收率可能会很低，有些答案不符合要求
咨询法 通过询问特定的关键任务来了解关于培训需求的信息；咨询对象一经确认可采用问卷、面谈等方法收集资料	· 简单省钱 · 可以建立与参与者沟通的渠道并加强与参与者的沟通	· 取得的培训需求资料可能会具有一定的片面性
访谈法 结构性或非结构性、正式的或非正式的对某些特定人群的谈话	· 有利于观察当事人的感受、发现问题的症结和解决方式	· 费时 · 不易量化分析 · 需要熟练的访谈技巧
团队讨论法 类似于面对面访谈。可以用于任务分析、团队问题分析、团队目标设定或其他关于团队的任务或主题	· 可以当场汇总不同的意见 · 讨论后决定能够获得支持 · 建立分享机制	· 费时 · 难以量化分析 · 可能出现讨论不充分
测验法 类似于观察法。可以测验员工的工作熟练程度和认知度，发现员工学习成果的不足之处	· 结果容易量化分析和比较 · 特别有助于确认问题的发生是因为知识、技能还是态度等因素导致的	· 结果只能适用于说明测验所测到的知识能力 · 无法展现实际的工作行为与态度 · 效度不高
评价中心法 主要适用于管理潜能开发方面的评价，需要参与者完成一系列活动以确定哪些方面需要发展，让参与者在模拟的管理情境中工作，从而发现其潜力	· 可以对人员的发展潜力进行初步确认 · 直观判断其发展潜力，减少误差，增加甄选的客观性	· 耗费时间、成本 · 评价被试者潜能的过程中难以有固定的标准可运用
书面资料研究法 用分析资料的方式考查相关的文献	· 通过现有的重要信息和问题的线索，提供客观的证据 · 资料容易获得	· 通常无法找到问题的原因和解决之道 · 信息的实效性差

资料来源：徐芳主编：《培训与开发理论及技术》，112 页，上海，复旦大学出版社，2005。

9.2.4　公共部门人力资源培训的规划与设计

人力资源培训的规划与设计（以下简称“规划”）指公共组织通过预测组织未来的培训需求状况，结合组织的发展目标而制定专门计划，对组织近期和未来的培训工作进行设计的活动。人力资源培训规划是在培训需求分析的基础上建立起来的，从某种程度上讲，培训规划是培训需求分析的直接成果。培训规划通过合理的制度安排和资源投入，使培训工作付诸实际行动，满足组织的培训需求。培训规划包括以下主要内容：

（1）准备工作。主要指前面阐述的培训需求分析工作，这是人力资源培训规划的基础性工作。

（2）明确培训对象。培训需求分析最先为组织提供的信息是组织中的哪些人员需要接受培训，然后才能够确定培训的类型和方式。因此，确定培训对象是培训规划的首要任务。通常，公共部门在确定培训对象时，应当考虑以下因素：一是培训对象的来源（行业、部门、单位）；二是培训对象的类型；三是培训对象的层次；四是培训对象的规模；五是培训对象的知识背景等。

（3）明确培训机构。培训机构是指承担培训任务的专门机构。长期以来，公共部门人力资源培训都是由专门的培训教育机构来承担的。随着社会分工的发展以及培训的专业化、复杂化程度的增加，出现了许多提供培训服务的专业培训机构。公共部门有时出于成本和专业性的考虑，会将部分培训工作外包给社会培训机构来承担。

（4）确定培训人员。培训师的知识结构、专业水平及个人能力将直接影响培训的效果。一旦培训机构确定以后，组织需要根据培训的类型和受训者的特点，选择合适的培训师。培训师通常可以分为内部培训师和外聘培训师两类。对于外聘培训师，组织需要进行严格的甄选，根据培训需求选择合适人选；而对于内部培训师，组织不仅需要对其进行筛选，同时还要通过建立培训师辅导机制，建立"培训师"的培训机制。

（5）确定培训内容。对于不同的培训对象，其培训的内容也不相同。对于新录用的公职人员，其培训主要是介绍政府组织的基本运行，明确公职人员的基本素质要求；而对于拟晋升人员来说，培训的目的是为了提高其政策水平和领导能力，培训较多地关注对其管理能力、沟通能力、协调能力的培养。

（6）估算培训成本。培训成本是培训规划的重要内容，需要考虑许多因素。通常，最简单的方法是将培训中花费的各种直接费用相加，得出总额，但这种计算方法只能是大致估计，精确性不高。在计算培训成本时，还必须考虑培训对象因参加培训而付出的机会成本。成本统计学家认为，机会成本最保守的计算方法是将培训对象培训期间的工资数额翻一番。培训成本估算不仅为培训的实施做准备，还为培训效果评估提供参考。

9.3　公共部门人力资源培训体系的构建

培训是组织一项具有战略意义且经常性的工作，培训的顺利实施有赖于一个完整的人力资源培训体系的构建。从各国公共部门人力资源培训的实践来看，完整的人力资源培训体系不仅包括培训的管理机构，还包括培训的保障支持系统。而培训的管理机构根据职能的差异，又可以分为培训的主管机构和教育机构两大类。

9.3.1　公共部门人力资源培训的主管机构

公共部门人力资源培训主管机构是指对国家公职人员培训进行综合管理的机构。其基本职能是制定公职人员培训的法规和政策，拟定公职人员培训管理的标准；制定公职人员培训的总体规划并在其实施过程中进行宏观调控和政策解释；按照分类分级管理的原则，对公职人员培训的教育机构进行指导和控制；组织培训者的培训和培训理论研究等。当前，世界各国的人事管理体制存在差异，对培训的重视程度也各不相同，因而各国公共部门人力资源培训的主管机构的设置方式有差异。

在我国，各级政府人事部门是国家公务员培训的综合管理机构。各级政府工作部门的人事机构，负责本部门的公务员培训管理工作。

国家人事部培训管理的主要职责是：拟定国家公务员培训法规和政策，拟定并组织实施国家公务员的培训规划，组织培训者培训和培训理论研究，按照分类分级原则对国家公务员培训施教机构进行业务指导。①

地方各级人事部门培训管理的主要职责是：贯彻执行党和国家有关培训工作的方针、政策、法规和法律，组织进行本地区公务员培训的需求预测和调查研究，编制本地区公务员培训发展规划和年度计划，组织和领导本地区公务员培训学员招收工作，对本地区公务员培训施教机构进行业务指导，向国家人事部或上级主管部门提出申请或建议。

9.3.2 公共部门人力资源培训的教育机构

公共部门人力资源培训的教育机构是指在培训主管部门的领导或指导下，在同级人事主管部门的指导下具体实施培训工作的机构。我国目前实施公职人员培训的教育机构包括：

（1）行政学院，包括国家行政学院和地方行政学院。国家行政学院是直接隶属于中央政府的专门对中高级公职人员进行培训的机构。其主要任务是培训高、中级国家公务员和培养高层次行政管理与政策研究人才。国家行政学院还负责指导地方行政学院开展培训工作。

地方行政学院是地方各级人民政府组建的地区性公务员专门培训机构。其主要职责是承担地方中层以下公务员的培训工作，组织实施同地方政府人事部门相关的公务员培训计划，负责公务员培训的管理事项。地方行政学院是新型的、成长中的公务员培训教育机构。据不完全统计，我国已通过新建、改建、挂牌等各种方式成立地方行政学院三十余所。②

（2）管理干部学院。管理干部学院是指由中央或省级政府的某些职能部门经过同级人事主管部门许可后建立的培养本部门、本行业公职人员的教育机构。管理干部学院具有较强的针对性，培训内容专业化，培训方式灵活化，有利于公职人员迅速掌握行业的最新知识和技能。部属的管理干部学院实行双重管理体制，在人事行政关系以及财务关系上直接隶属于上级职能部委，在业务和部分管理事项上，如教师职称评定，带有学位、学历性质的培训证书发放等，受到国家教育主管机构的指导和控制。近年来，管理干部学院在我国发展极为迅速，已经初具规模。我国现有各级各类管理干部院校五千余所。③

---

① 参见《国家公务员培训暂行条例》第二十一、第二十二条。

② 参见吴琼恩等：《公共人力资源管理》，231 页。

③ 参见上书，232 页。

（3）党校。党校是指在党委直接领导下培养党员领导干部和理论干部的学校，是党委的一个重要部门。党校曾经是我国进行干部教育和培训的主要基地，它实际上承担着培训中高级公务员的职能。党校的教学以社会主义建设理论和实践为中心，以党的基本理论、基本路线和党内政治生活的准则作为主课。同时还开设一些领导科学、管理科学、经济科学和法学等方面的课程和讲座。对高、中级公务员的培训，党校采用读马克思主义原著、自学和研讨的方法进行，而地、县党校则侧重于讲授、自学和讨论相结合的方法。

（4）高等院校。高等院校在公共部门人力资源培训体系中扮演着重要角色。各国政府都借助高等院校知识资源充足、师资力量雄厚和教学经验丰富等优势，为政府培养优秀的管理人才。我国高等院校在经过人事部以及省级人事部门的批准，并通过执行培训资格许可后，可以成为实施公务员培训的教育机构，承担起公务员综合性知识和专业化知识的培训任务。当前，MPA教育是我国高等院校参与公职人员培训的重要形式之一。

9.3.3 公共部门人力资源培训的保障支持系统

公共部门人力资源培训是一项系统工程，仅仅依靠培训主管机构和教育机构的参与无法保证培训的有效实施，因此，还必须建立一套相应的保障支持系统，为公共部门人力资源培训提供动力和支持。保障支持系统包括法律制度保障、经费保障、组织保障等方面。

（1）法律制度保障。在一个民主法治国家里，法律、法规是开展各项工作的前提和依据。世界各国都运用法律对公职人员的培训给予规定，力求将公共部门人力资源培训工作纳入法治化管理的轨道。如美国国会1958年7月正式颁布《政府职员培训法》，对培训的范围、方式、内容等作出具体规定。法国于1971年通过了《继续教育法》，以法律的形式将公务员的职业培训工作固定下来。我国最新颁布的《中华人民共和国公务员法》对公务员培训的必要性、培训的类别、培训的机构以及培训的管理作出了明确规定，并且将公务员培训的成绩和鉴定作为任职、定级和晋升职务的重要依据。

一般来说，对公共部门人力资源培训的法律规定包括三个层次：一是对公共部门人力资源培训的基本原则、基本任务和发展方向进行规定；二是对培训的种类、内容、方法及教学管理、组织保障问题进行规定；三是对培训过程中面临的各种细节问题进行规定，如培训教育机构的分工、教材使用以及经费管理等。

各国政府还从制度上对培训给予保障。

第一，培训是公共部门的一项常规性工作。有些国家规定，以一个财政年度为单位，机关列支的培训总费用必须占到同期工资总额的一定比例。

第二，实行"先培训，后上岗"、"先培训，后任职"制度。对新录用的或拟晋升的员工，必须先进行培训、教育，具备条件后方可上岗或提拔。

第三，实行岗位工资与培训相结合的制度。通过培训达到标准的员工，可以获得相应的岗位工资。

第四，将培训和考核制度结合起来。通过考核来发现培训需求，评估培训成果。

第五，建立培训证书制度。对参加培训且成绩合格的员工发放成绩合格证书或荣誉证书，以此作为确定工资和职务升迁的依据。

（2）经费保障。公共部门人力资源培训必须具备足够的资金保障。培训经费是开展培训工作不可或缺的物质基础，经费的来源及其用途关系到培训的规模、质量和效果。随着各国公共部门人力资源培训地位的不断提高，公职人员的培训投资已经由过去的“成本观念”转变为“收益观念”，即人力资源培训被认为是一种能够为公共部门带来收益、产生附加值的长期投资。因此，很多国家都加大对公职人员培训的投入力度，公职人员培训经费也在不断增加。同时，公职人员培训经费的来源渠道也在不断拓宽，由过去单一的政府投资变为政府、市场、个人相结合的投资，这有效地减轻了财政负担，增加了公职人员的培训机会。很多培训项目不再由政府组织开展，而是外包给其他培训机构，这同样有利于减轻政府负担，增强培训的专业化效果。但公共部门需要不断明确培训的需求，以保证培训投资“物有所值”。

（3）组织保障。公共部门人力资源培训工作的开展，除了需要获得法律制度保障和经费保障外，还必须得到相关部门的支持，特别是部门主管领导的支持。只有各级政府领导从思想上认识到人力资源培训开发在现代管理中的重要性，才能从各方面支持和推动公共部门人力资源培训的开展。因此，各级政府领导应当树立新的人力资源开发观念，明确人才的重要性，在人员安排、培训以及资金等各方面给予培训工作一定的支持，保证培训工作的有序运转，推动培训工作的健康协调发展。

9.4 公共部门人力资源培训的方法

人力资源培训的方法是指公共部门人力资源培训的教育机构在实施培训的过程中，按照一定的教育思想，设计和采用一定的教学形式和教学辅助形式，对公职人员进行知识和技能培养的一整套方法。公共部门在选择培训方法时，需要遵循以下原则：一是培训方法的选择应当考虑培训对象自身的特点；二是培训方法的选择应当具有针对性，必须与培训的内容相适应；三是培训方法的选择必须与组织文化相适应；四是培训方法的选择必须考虑实施的难度及成本；五是确保培训人员能够熟练掌握培训的技术方法；六是在必要的时候综合运用多种培训方法，实现培训方式的多样化。

9.4.1 公共部门人力资源培训的传统方法

尽管培训趋势倾向于运用培训的新方法，但传统方法在公共部门人力资源培训中仍然发挥着无法替代的作用。

1. 课堂讲授法

课堂讲授法是指由培训人员以口头讲解的形式向受训者传授知识、技能的培训形式，它目前仍然是最常用的培训方法之一。课堂讲授法之所以能够经久不衰，原因在于这种方法非常容易操作，能够在相对短的时间内将大量的信息传递给受训者。有时，在讲座过程中可以配合使用一些视觉资料，如幻灯片、图表、阅读材料等，这将有助于受训者理解和接受培训内容。

课堂讲授法存在着明显的缺陷。首先，课堂讲授法是一种以培训人员为中心的教学方式，它所传递的知识和信息很大程度上取决于培训人员的水平；其次，课堂讲授法在沟通上具有单向性，受训者处于被动接受地位，缺乏与培训人员之间的互动和交流，容易产生消极的抵触心理和厌倦心理，影响培训效果；最后，课堂讲授法只能传递一些概念性的知识，对改变受训者的行为和态度的作用不大。为了取得良好的讲授效果，培训人员应遵循以下原则：

（1）选择合适的内容和对象进行讲授。课堂讲授法在传授理论知识方面具有不可替代的优势，它可以在较短的时间内使受训者把握知识和理论的精华。但是，在传授具体技能时，直接体验可能比单纯的讲解更为有效。

（2）采用灵活多样的授课形式。在授课过程中，避免采用单纯的"填鸭式"的灌输方法，而应当灵活运用多种教学形式吸引受训者参与教学过程。如可以通过引导、自学、提问等形式，使受训者具有更多的学习自主权和积极性，提高其分析问题和解决问题的能力。

（3）对教学内容进行充分的准备。培训人员在教学前要充分备课，在教学过程中根据事先准备的要点提示讲授，不能照本宣科。授课时应当大方自然，不能死记硬背。

（4）在讲授过程中注意与受训者保持沟通。时刻注意受训者的反应，在必要时可以通过改变教室的布置来增强与受训者之间的互动。例如，现代培训中很多时候都采用环形、V 形、U 形、臂章形教室安排，便于培训人员与受训者进行交流和互动。

2. 研讨法

研讨法是指为受训者确定某个主题，让受训者自由表达自己的观点和看法，通过参与者相互交流、相互学习来达到培训目的的方法。在目前的人力资源培训中，研讨法是仅次于课堂讲授法被广泛采用的一种培训方法，它通常采用多种形式，包括演讲—讨论式、小组讨论式、集体讨论式、系列讨论式、委员会式、攻关小组式以及沙龙式等。

研讨法培训的目的是为了培养意识，交流信息，提高能力，产生新知。它通常适用于管理者培训或者为解决某项难题而开展的培训。其优点在于：（1）强调受训者的积极参与，鼓励受训者积极思考，有利于激发受训者的学习兴趣；（2）可以实现培训者与受训者、受训者之间的信息多向传递，有利于受训者开阔思路，增长见识；（3）通过知识和经验的交流，有利于受训者取长补短，提高能力。实践证明，研讨法对于提高受训者的责任感和改变工作态度特别有效。

研讨法也存在着不足之处。它不利于受训者系统地掌握知识和技能，同时对培训者和受训者的能力都有较高的要求。培训者必须具有良好的组织讨论的能力，能够适时调控讨论的进程；而受训者必须具有共同的讨论焦点，否则，讨论只能停留在表面或者根本无法开展。因此，研讨法要求参与者在实施之前进行充分的准备，培训者在实施过程中还应当使用一些组织领导的技巧。

3. 案例分析法

案例分析法是指为受训者提供某个现实案例，让受训者运用自己的知识和经验，以讨论的方式来解决案例中提出的问题或者对案例进行分析，以培养受训者应用知识解决实际问题的能力的方法。它根据一定的培训目标，将现实生活中的真实情景或事件加以典型化处理，从而使受训者真实地体验和分析复杂问题。案例分析法是当前公职人员培训中受到普遍欢迎的一种培训方法。

与其他培训方法相比，案例分析法具有以下五个特点：（1）案例通常来源于组织的实际问题；（2）案例分析过程中尽可能让参与者陈述自己的看法，并征求他人的意见，经过综合比较后再作出决策；（3）受训者对培训者的依赖程度达到最低；（4）关于案例的分析没有对错之分，培训者无须回答对错的问题；（5）培训者可以采用一定程度的戏剧化方式来推进案例研究。

在案例分析法中，培训者扮演着至关重要的角色。培训者不是讲师或说教者，而是催化剂和教练。培训者应当成为有效的信息源，通过提出探讨性的问题来激发学员之间的热烈讨论。

案例分析法的难点在于案例的编写。如果案例没有真实具体的情景，不具有典型性，尤其是存在基本的常识错误，那么很难启发学员思考，甚至很可能会对学员形成误导。因此，案例编写应遵循以下原则：（1）案例中的事件具有典型性，能够反映现实生活中的某些重要问题；（2）能够提供事件发生的背景资料、时间及人物关系；（3）具有相对独立和完整的情节，能够清楚地表述问题；（4）结构合理，语言流畅；（5）具有一定的争议性，能够引发学员间的辩论，并且能够贯彻培训的目标。

4. 角色扮演法

角色扮演法是指为受训者设定一组特定情境，让受训者在情境中扮演角色，通过与其他角色的交往或博弈过程，表现出与培训有关的行为，以达成培训目标的方法。这种方法由集体心理疗法发展而来，它使受训者有机会经历许多与工作相似的问题，借此来获得与工作有关的知识和体验，从而达到强化或改善其行为的目的，其重点在于促进管理人员态度的改变和人际关系技能的培养。图 9—1 是培训行为模拟和角色扮演的设计流程图。

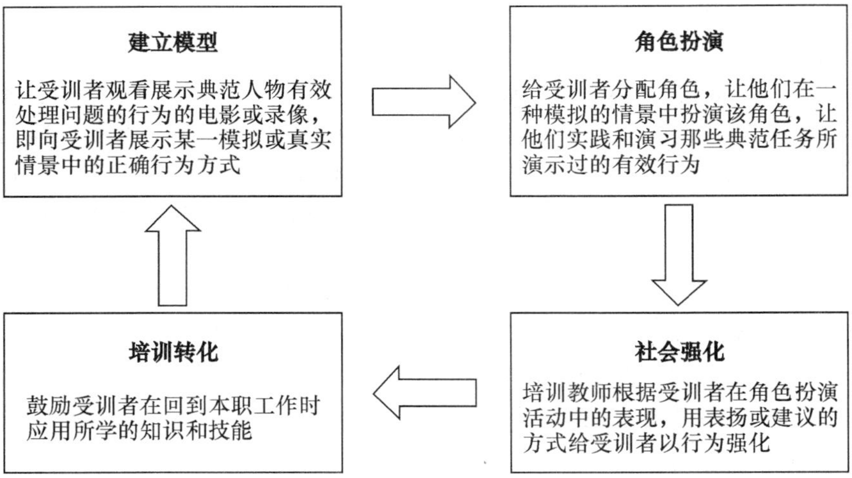

图 9—1　培训行为模拟和角色扮演的设计流程图

资料来源：孙柏瑛主编：《公共部门人力资源开发与管理》，335 页。

角色扮演法具有多方面的功能和作用：（1）角色扮演法采用特定的模拟环境和主题，有利于增强培训的效果；培训者与受训者之间充分的交流互动，有利于提高受训者的积极性。（2）通过角色扮演，培训者可以诊断学员存在的问题，并对其行为给予指导；而受训者通过扮演和观摩活动，可以学习交流各种技能，取长补短。（3）通过角色扮演，培训者可以发现学员的管理才能和解决问题的能力，还可以了解学员的个性特征及交往合作能力，有利于为组织储备管理人才。

同案例分析法一样，角色扮演法的关键也在于角色的设计。角色应当来源于现实生活，能够反映现实中的某些问题，但同时也要避免角色与现存组织状况过于接近，以防止学员对号入座，产生消极防卫行为。

9.4.2　公共部门人力资源培训的新方法

1. 多媒体培训

多媒体培训是指以计算机技术为基础，综合运用声音、图片、图表、文字等多种信息开展培训的方法。相较于传统培训方法而言，多媒体培训可以更加生动、形象地传递培训内容，有利于调动受训者的多种知觉，迅速掌握培训信息，从而达成培训目的。通常，多媒体培训方法主要有以下几种：

（1）静态媒介培训。静态媒介展示的是一些静止的文字和图像材料，如印刷品、幻灯片和投影等。印刷品包括一些分发的材料、图册、指南、参考书目和教材，受训者可以保留这些材料，以便在培训过程中随时查阅。幻灯片与印刷品的功能相类似，但它需要借助一定的多媒体设备，通常借助电脑和透镜将图像投影到一个大屏幕上，以方便受训者阅览。投影仪用来将图像投影到屏幕上，它比幻灯片更加灵活，培训者可以根据需要添加新的内容，由投影仪投射到屏幕上，因此培训者可以随时修改内容。

（2）动态媒介培训。动态媒介是指可以动态呈现系列事件的技术和媒介，如录音带、CD、电影、录像带和视盘等。运用动态媒介不仅可以使抽象、枯燥的知识变得生动、形象，还可以激发受训者的学习积极性和求知欲望，使其更加容易接受培训内容。另外，动态媒介可以与传统培训方法结合使用。例如，在角色扮演结束后，可以组织受训者观看整个行为过程的录像回放。在观看录像时，培训者可以对受训者的行为给予评论，让受训者知道自己在哪些方面做得好，哪些方面做得不好，从而可以强化正确行为，改正错误行为，这个过程也称作“自我面对”。这种培训方法将受训者置于人际互动的环境中，让受训者亲自参与和发现问题，并对其给予及时的引导，可以加深受训者对知识的理解，提高其处理实际问题的能力。

（3）网络培训。网络培训是指通过国际互联网和内部网来传递培训信息，由浏览器进行演示的培训方式。网络培训可以为虚拟现实、动感画面、人际互动、雇员间的沟通以及实时视听提供支持。网络培训可以分为互联网培训和内部网培训。

互联网培训是指通过互联网的相互连接来实现不同操作系统的个人电脑间的信息传递和数据传输。互联网培训包含五个独立的层次，分别是：一般性的沟通和交流；在线资料检索；培训需求分析、培训管理和测验；以计算机为平台的培训项目的传播；多媒体信息的传播。

内部网培训是指利用组织内部的电脑网络来实现信息的搜寻、管理、创造和传递。通过内部网，人力资源开发人员可以实现与受训者的信息沟通，进行培训需求分析，完成其他培训管理工作，传递课程资料和培训文档，随时随地对员工进行测试。随着多媒体技术的发展，内部网培训越来越多地带有多媒体光盘教学的特征，但不同的是，内部网培训可以实现实时的交流和互动。

网络培训的优点表现在：一是网络培训可以实现信息和资源的共享，有助于培训者与受训者、受训者之间实现交流和互动；二是网络培训可以打破时间和空间的界限，降低培训的差旅费用，有利于及时开展培训；三是网络培训可以轻松地更新培训内容，提高受训者对培训的接受程度；四是网络培训让受训者自行控制学习进度，可以激发受训者的积极性，促进培训成果的转化；五是网络培训可以测试受训者的培训效果，并对测试结果进行备案，有利于对培训进行管理。

网络培训的不足表现为：首先，网络培训适合进行知识培训，不适用于其他类型的培训项目；其次，网络培训的实施在很大程度上依靠受训者的自觉性，无法对受训过程进行控制；最后，如何在培训过程中对受训者给予合适的指导，依然是培训者面临的难题。

2. 远程培训

远程培训是指在同一时间针对不同地点的受训者进行培训。尽管培训者和受训者在空间上受到阻隔，但是他们仍然可以通过电话、电视、计算机、网络等方式实现交流。随着通信技术的发展，远程培训也出现了不同形式。

（1）互联网远程培训。互联网远程培训是指通过现代化、多元化的培训手段，运用多媒体教学的形式来传递文本、图形、声音、动画及视频信息的一种教学方式。互联网远程培训通常有两种：一种是网络课件点播。培训的课件放在服务器上，没有使用时间限制，用户可以根据需要随时点击学习。另一种是宽带视频会议，它通过租用数据专线，实现网络视频直播，这通常也被称作远程会议。远程会议可以让不同地区的员工获得培训，还可以为组织节约培训的交通成本。但是远程会议通常需要在课程设计和材料准备上投入大量成本。

（2）卫星远程培训。卫星远程培训是通过卫星进行的，利用卫星数据信号以及互联网的数据传播，以点对面的形式向广大用户提供内容详尽、图文并茂、查找方便的多媒体交互式远程教育的方式。卫星远程培训的开展需要租用专门的卫星通道，有时间限制，需要专门的卫星小站设备，需要一定的初始投资，技术复杂程度也更高。但是，卫星远程培训可以不受地理位置和网络带宽的影响，其建设成本与卫星站数量成反比。因此，卫星远程培训比较适合网络不发达地区。

远程培训的优点在于能够打破空间的界限，在不同地区之间同步开展培训，因此能够减少培训的交通费用，节约成本。同时，远程培训还可以使位于不同地方的员工都能够获得相同的培训，实现培训的标准化。

然而，远程培训最大的缺点在于对技术的要求非常高。远程培训的开展需要有相配套的技术支持，如果技术支持力度不够，很可能会影响培训的效果。例如，如果经常出现文件丢失、网络故障，培训就无法正常开展。因此，远程培训的推广依赖于科学技术的发展。正是由于远程培训对技术设备的要求较高，因此其成本也相对较高。

3. 潜能开发培训法

潜能开发培训法是指通过为受训者提供科学训练，使其感知并改造自己的潜意识结构，从而达到开发其潜能的目的的培训方法。潜能开发的方法多种多样，包括第五深度培训、拓展训练、成功训练、情商训练、魔鬼训练等。

根据开发的形式，潜能开发培训可以分为内化型和外化型两类。内化型培训一般通过室内授课、讨论和心理训练等来达到开发潜能的目的，而外化型培训则通过体能训练来实现潜能开发。接下来我们将以第五深度培训和拓展训练为例，介绍这两类潜能开发方法。

（1）第五深度培训。第五深度培训是指我国专家在多年研究的基础上，借鉴国外相关资料，并结合中国人的特点开发的系列讲座课程。其目的是将“心理培训”作为人才开发的一种手段，使更多的中国人认识到自己的潜能，学会开发自己的潜能，并将潜能开发由理论转变为行动。

第五深度培训是一种内化型培训，其主要培训形式是授课与讨论相结合，主要内容有四个部分：第一部分为潜意识之谜，主要讲解潜能开发基本概念和潜意识训练技术（如暗示、感想、梦想等）；第二部分为塑造自我形象，讲解自我形象的概念和开发方法；第三部分为思维与心境，讲解不同思维形式的功能，以及克服不良的思维习惯、养成“光明思维”习惯的技巧；第四部分为确定目标，讲解目标的重要性、如何使目标进入人的潜意识，以及如何积累目标，并产生效果等。第五深度训练把心理学的有关知识运用到人力资源开发当中，其目的是调整人的心态，提高人的情绪智力，确立美好憧憬，实现理想夙愿。[①]

（2）拓展训练。拓展训练起源于二战中的海员学校，最初的目的是用来训练海员的坚强意志和生存能力。现在这种课程已经从生存训练拓展到管理训练和心理训练等方面。拓展训练以外化型体能训练为前导，同时触及人的深层心理内涵，以达到心理素质的改善和拓展。在精心设计的各项活动中，学员将被置身于大自然和各种刺激、困惑或艰难的情景之中，在面对挑战、克服困难和解决问题的过程中，使人的心理受到磨炼，人格得到完善。拓展训练的课程内容主要有五种，即拓展体验课程、回归自然课程、挑战自我课程、领导才能课程以及团队建设课程。

拓展训练不提供任何具体的工作技术和技能，而是重在对学员心理品质的锻炼。它的假设是，教会人们如何适应环境，不如增强其素质，提高其环境适应性，以不变应万变；传授给人们一种具体的职业技能，不如坚定其信心，提高其接受能力，让他们自己选择和学习；教育人们如何与他人相处，不如以独特的方式和情景告诉他们团结与合作是何等重要。拓展训练摆脱传统的空洞说教，寓哲理于体验之中，借此来发掘学员的潜能，完善学员的人格，是一种新颖而独特的培训方式。

4. 敏感性训练

敏感性训练是一种通过在改善关系小组“实验室”中公开表达情感，以提高参与者对自己行为和他人行为洞察力的方法。这种训练的前提是，接受敏感性训练而变得敏感的员工会觉得比较容易作为一名组织成员与他人和睦相处、共同工作。目前，这种训练方法多用于管理人员培训，它鼓励参与者真诚地相互交流对各自行为的看法并说明所引起的情绪反应。

敏感性训练通常会把受训者带到远离工作场所的地方接受培训。培训开始时，培训者只是简单介绍一下讨论的程序，然后就开始以观察员的身份出现。改善关系小组的成员开始就小组参加者的个人情感、态度以及行为进行坦率而公正的讨论。通过这个讨论过程，受训者能够了解其他人是如何看待自己以及自己的行为的，同时感受到他人的态度，从而增强其敏感性。实践表明，很多接受过敏感性训练的管理者比以前更富有忍耐力，更容易

① 参见陆国泰：《人力资源管理》，179～184 页，北京，高等教育出版社，2000。

接纳别人的意见，同时自我意识得到增强，更加具有合作意识和团队精神。

敏感性训练是一种旨在增强受训者自我意识、改善人际关系的培训方法。它有利于帮助受训者清醒地认识自身的行为以及其他人的感受，增强受训者的敏感性，从而增强其合作意识，改善团队关系。同时，敏感性训练也是一种很好的疏导负面情绪的方法。受训者在改善关系小组中可以真实地表达自己的看法和感受，能够将内心的不满发泄出来，这有助于帮助受训者塑造健康的心理和完善的人格。

敏感性训练是一种完全以受训者为中心的培训方法，受训者在培训过程中占据主导地位。受训者在培训过程中可能会隐藏自己的真实想法，或者不愿真实地表达自己的情感，这些消极防卫行为都会导致敏感性训练的失败。因此，培训者必须掌握充足的训练技巧，在培训过程中对受训者进行引导，以保证敏感性训练的正常进行。

9.5 公共部门人力资源培训的评估

当某个培训项目结束后，公共部门会对其培训效果进行评估。当然，培训评估并不是只在培训结束后才开展，它贯穿于整个培训过程的始终。培训评估通过对培训各个环节的检查和审定，及时向公共部门反馈培训信息，发现培训中存在的问题，以帮助公共部门改进培训方案，提高培训绩效。

人力资源培训评估的目的在于：一是测量公职人员在接受培训后的结果，评估培训规划的总体状况；二是测量和追踪培训过程各个环节，提出改进措施；三是研究培训中一些非量化的或不可测量的因素等。

人力资源培训评估根据不同的标准可以划分为不同的类型。如根据评估的时间不同，人力资源培训评估可以分为事前评估、事中评估和事后评估。根据评估的目标或培训过程相对独立的环节，人力资源培训可以分为反应层面的评估、学习层面的评估、行为层面的评估以及结果层面的评估。

9.5.1 反应层面的评估

反应层面的评估是培训评估的第一个层次，它通常发生在培训刚结束时，用来了解受训者对培训项目的主观感受和满意程度。

反应层面的评估从以下三个方面进行：(1) 评估与培训内容有关的情况，培训内容是否有用、清晰、有趣，培训的教材、进度是否适当等。(2) 评估与培训教师有关的情况，如控制教学内容的能力、语言表达能力以及能否调动受训者积极性的能力等。(3) 评估教学中的后勤保障问题，如教学设备是否齐全、教学环境是否合适等。

反应层面的评估通常运用问卷法、调查法、面谈法等进行，其中最常用的是反应调查法，即根据上述三个方面的评估内容制定一定数量的问题，让受训者以匿名的方式按照等级来评价教学的各个环节。评估者根据这一信息了解培训情况，控制问题，找到解决问题的方法。

反应层面的评估虽然是最基本的评估，非常容易获得评估信息，但是这种评估的缺点非常明显，它很容易受到受训者的知觉、兴趣和价值观的影响，评价可能缺乏客观性，带有极强的主观色彩。

9.5.2 学习层面的评估

学习层面的评估是培训评估的第二个层次，它在培训之中或培训之后进行，主要着眼于对学习的度量，即评估受训者在知识、技能、态度或行为方式方面的收获。因此，它由培训教师或辅导人员负责实施。

学习层面的评估侧重于两个方面：(1) 受训者的学识增长情况，即受训者是否掌握了相关的知识、理论，这可以通过书面考试或诊断性测试来考察。(2) 受训者的行为方式的情况，即受训者是否掌握相关的技能，其能力是否获得提高等，这可以通过观察、角色表演、模拟环境、工作实例、表现测试等多种方式进行考察。此外，对受训者的综合能力的评估，还可以利用项目研究和论文写作等方式予以考察。

学习层面的评估可以对受训者和培训教师双方形成压力，一方面促使受训者认真学习，另一方面督促培训教师认真讲课。但是压力也可能产生负面影响，导致受训者消极被动，不愿参与培训，使培训工作难以开展。

9.5.3 行为层面的评估

行为层面的评估是培训评估的第三个层次，它发生在培训结束之后。行为层面的评估主要关注受训者能否将培训获得的学识和行为转化为良好的工作表现，这关系到培训的最终目标能否达成。

行为层面的评估方法主要有：(1) 观察法。通过领导、主管人员的直接观察，考察受训者培训后的行为表现。(2) 比较法。比较的内容既包括受训者培训前后的自我比较，也包括受训者与未受训者之间的比较。(3) 问卷法或面谈法。通过运用问卷调查或与受训者面谈的方式来总结培训前后行为的变化。

行为层面的评估可以直接反映出培训的效果，并且能够与培训的目标保持一致。但是这项评估需要花费大量的时间和精力，成本较高。同时，影响受训者行为的因素通常较为复杂，增加排除不相关因素的难度。

9.5.4 结果层面的评估

结果层面的评估是培训评估的第四个层次，它发生在培训结束的几个月之后，主要着眼于培训项目引起的组织效益的变化情况。

结果层面的评估通常运用两种评估方法：(1) 客观指标测量法，即确定一系列考察标准，以判断受训者在接受培训后，标准等级是否提升。这些标准包括工作准确率（出错率、返工率等）、质量（服务受抱怨比率、节约资源比率等）、生产力水平（工作完成率、工作完成准时率等）。(2) 主观测量法。由于评估不可能使全部的指标都量化，也不可能以完全客观的方式来体现业绩，因此，主观衡量也成为组织绩效评估的一种重要方式。公共部门基于产出的特性，很难实现衡量的数量化和标准化，因此仍然较多地采用定性的评估方法。

结果层面的评估着眼于对培训效果的长期评估，因此其评估更为全面而细致。但是由于公共部门的产出难以量化，因此其评估效果受到限制。同时，这种评估对于技术的要求非常高，如果不能获得有效的数据支持，则评估的效果会受到极大影响。再者，培训效果并不能在短期内显现，因此，结果层面的评估需要花费大量的时间，这也在一定程度上增加了评估的成本。

本章小结

培训是当今公共部门进行人力资源开发的重要手段。培训需求分析是培训工作的起点，公共部门通常从战略/组织、工作和人员层面开展需求分析，制定培训规划。公共部门人力资源培训依赖一套完整的体系支持，这个体系由培训主管机构、教育机构和保障支持系统构成。为了增加培训的有效性，公共部门不断开发多样化的培训技术，促进培训的有效性。培训评估对于改进培训计划和活动具有重要意义，组织可以从反应、学习、行为和结果四个层面评估公共部门人力资源培训活动。

思考题

1. 简述公共部门人力资源培训的基本类型。
2. 试论公共部门人力资源培训的重要性。
3. 公共部门人力资源培训规划包括哪些内容？
4. 公共部门人力资源培训的教育机构有哪些？
5. 公共部门人力资源培训评估的基本类型有哪些？

第四篇

公共部门人力资源的保障、维持与流动

第 10 章

公职人员的工资、保险、福利

工资、保险和福利是公职人员生存和安全需要满足的主要渠道，是激励和开发人力资源的基础，因此，它是公共部门人力资源管理的重要一环。

10.1 工资的职能、构成和原则

10.1.1 工资的职能

工资是国家依据按劳付酬的原则，以货币形式对公职人员的劳动付出的报酬。其职能为：

（1）补偿职能。公职人员在工作过程中，必然要消耗体力和脑力，只有得到补偿才能维持劳动力的再生产，才能使工作循环进行。同时，公职人员为了更好地完成工作，提高自身素质，需进行自我教育开发投资，这笔费用也需得到补偿，否则，劳动力素质就难以得到不断提高，进而影响组织目标的实现。另外，在职公职人员大多还承担着抚养孩子和赡养老人的责任。这些都不可能完全由社会来承担，有相当部分需由个人解决，解决的途径就是：公职人员以劳动取得工资，以工资换取物质、文化生活资料，使以上支出得到补偿。

（2）激励职能。工资是公职人员满足物质、文化生活需要的主要手段，要想提高生活水平，就需努力工作以得到更高的工资。同时，工资的多少往往与职位和社会地位的高低联系在一起，这激励着公职人员不断积极向上。另外，从世界各国的工资管理经验来看，足够高的工资也是公职人员廉洁奉公的物质保障，即高薪养廉。因此，工资是人员激励的经济基础。

（3）调节职能。工资的调节职能表现在：1）引导人才的合理流动。在人才市场中，人才供求的短期决定因素是工资。工资高，人才供给数量就大；工资低，人才供给数量就小。因此，合理地利用工资经济参数，可以引导人才向合理的方向流动，使其从不急需或过剩的行业、部门、地区，流向急需或紧缺的行业、部门、地区。2）通过工资关系（工资差别）的调整，来留住组织发展的关键人才，并吸引优秀人才到组织中来。3）工资能调节组织内部的报酬分配关系，协调个人、组织、国家三者间的利益关系。

10.1.2 工资的构成

工资的构成是指组成工资量的各种成分及其在工资量中的比重。各个成分各有侧重地执行着不同的工资职能，以更好地体现按劳付酬原则和实现对员工的激励。

由于经济发展水平、生活水平、历史习惯的不同，各国的工资构成不尽一致。即使在不同组织之间，缘于管理制度和组织文化的区别，工资的构成也不尽相同。但一般地讲，工资的构成大致包括基本工资、奖金、津贴、补贴四个部分。

基本工资是员工收入的主要部分，也是计算其他工资性收入的基础。它较全面地实现工资的各项职能，促使员工完成各项工作任务。通常依据所在职位的工作量及本人的资历条件计付。

奖金是针对员工的优异表现所给予的效率工资，目的是为了奖励和激励员工更加努力工作，提高工作效率，更有效地实现组织目标。

津贴是对员工在特殊工作环境下工作所给予的附加工资，目的是补偿员工在恶劣环境下工作的健康和精神损失，一方面是为了在职人员安心和稳定工作，另一方面是为了吸引更多的人来从事该项工作。

补贴是为了保证员工实际工资和生活水平的不下降或鼓励员工长期在本组织工作而设置的补助性工资，如物价补贴、工龄补贴等。

工资的每个组成部分各有自身的特点和作用，只有将其按适当比例有机组合，才能实现最佳效果。一般说来，基本工资应占主要比重，其次是奖金，再次是津贴和补贴。这是因为，基本工资是完成基本工作任务的报酬，是员工基本职责的体现。而奖金是超额完成工作的报酬，若奖金占主要比重则会本末倒置，要么是因为基本工作量定得过少，要么就是变相增加工资。在一些经营性组织中，过多的奖金实际上是变相的计件工资。而津贴、补贴则与工作的好坏无直接关系，津贴更是工作负效应的补偿，因此，津贴、补贴所占比重应最小。另外，因基本工资是员工劳动力再生产和素质提高的主要补偿来源，故基本工资应大于奖金、津贴和补贴之和。

当然，基本工资、奖金、津贴和补贴具体各应占多少比例，则应在基本工资占主要比例的前提下，依据组织的工作性质、工作特点来确定。

10.1.3 工资的基本原则

在确定公职人员工资时，一般应考虑以下几项原则：

（1）按劳付酬原则。按劳付酬原则即按劳动量付酬，也就是在确定公职人员工资时，应以其工作职责和贡献大小为基本依据，并适当考虑年功积累贡献、受教育程度和地区环境等因素。在我国社会主义市场经济条件下，公职人员工资实行按劳分配原则。

（2）比较平衡原则。比较平衡原则是指在确定公职人员工资时，应参考企业职工的工资水平，力求使公职人员的工资水平与企业职工的工资水平大体平衡。大多数市场经济国家都十分重视和强调比较平衡原则，但在实际执行中，除技术性问题外，还受政府财力和管理体制的影响。

（3）同工同酬原则。同工同酬原则是指在确定公职人员工资时，对担任相同职务与工作的人员，应给予大致相同的工资待遇，不应因其性别、民族、出身等不同而有所不同。这实际上也是工资管理的公平与公正，这一原则在职位分类的国家执行得相对好些，而在品位分类国家则相对差些。

（4）定期增薪原则。定期增薪原则是指依照社会经济发展水平和有关法律规定，政府财政预算必须保证一定的经费用于公职人员工资的定期增加，这是保持公职人员工资外部平衡关系和内部合理工资关系的机制，深受当今世界各国政府的重视，但常常受到国家经济状况和财政状况的影响而不能有效贯彻。我国的公职人员也实行定期增薪制度。

（5）物价补偿原则。物价补偿原则是指政府根据物价指数的变动，定期调整工资，使工资增长率高于或等于物价上涨指数。具体有三种方式：1）实行工资指数化。2）参照物价上涨水平，定期调整工资标准。3）发放物价补贴，计入工资标准。

（6）法律保障原则。市场经济国家公职人员的工资都有明确的法律规定，强调依法管理。我国虽然没有工资法，但也明确指出，除国家法律、法规和政策规定外，国家行政机关不得以任何形式增加或者扣减国家公务员的工资。但我国许多内陆省份，经常时间不等地缓发公职人员工资，有的甚至时间长达半年之久。这说明，工资法的制定在我国是当务之急，也是工资法制化管理的必由之路。

10.2　工资等级制度

工资等级制度就是狭义上的工资制度。广义上的工资制度是指为进行工资支付而建立的一套工资收入分配的规章制度、措施和所采用的各种分配形式的总和，包括工资宏观管理制度、等级制度、调整制度、基金管理制度及各种工资形式和支付方式。狭义上的工资制度是基本工资制度，也就是本节所谈的工资等级制度。公共部门的工资等级制度有技术等级工资制、职务工资制、职等工资制、结构工资制、职务级别工资制、岗位技术等级工资制六种。

10.2.1　技术等级工资制

技术等级工资制是将劳动技术和复杂程度等因素划分成不同的等级，并规定相应的工资标准，然后再对雇员的技术水平、熟练程度进行评定，确定其相应工资水平的一种工资制度。劳动技术等级一般采用职位评价的方法或培训时间、费用比较法进行确定，也可由国家主管部门进行统一考核认定。

实行技术等级工资制的人员，无论其从事什么工作，都按其工资级别计付工资。若本人技能有所提高，可经考核合格后相应地提升工资。此种制度有利于激励雇员自我素质的提高，比较适合于对工作技能、熟练程度要求较高，工作内容不固定的组织。

10.2.2 职务工资制

所谓职务工资制，就是根据职务的工作特点与工作价值来决定工资标准的一种工资制度，具体地讲，就是依据该职务对人员的知识、技能需求和工作复杂程度、责任大小及工作环境等因素来确定工资标准。职务工资制的基础是职位评价。

1. 职务工资制的特征

（1）职务工资制依据雇员所承担的工作支付工资，能较好地贯彻按劳付酬原则，做到同工同酬。但由于职务工资不考虑本职工作以外的其他能力，不利于激励雇员提高技能，同时也易出现频繁离职现象。

（2）根据职位评价的结果确定各类职务的相对价值，在一定程度上排除了工资标准安排的主观性，比较公正，易于被雇员接受。

（3）工资与职务紧密挂钩，虽然有利于实现同工同酬，但不利于人员职位间的流动。首先是因为职务变动，工资也随之变动，人员能上不能下；其次是因为，在这种工资制度下，雇员对工作变化的适应性较差。

2. 职务工资制的形式

按照确定工资标准的方式不同，职务工资制可以分为以下几种形式：

（1）单一型职务工资制。每一个职务只对应一个工资标准，同一类型的职务执行同一类工资标准，雇员只有在职务改变时，工资才得到调整。人员的工龄、技能的增加都不是工资调整的考虑因素。这是一种极端型职务工资制，生硬、呆板，对同一职务不同劳动差别的人员来讲，不够公平，不能很好地实现按劳付酬原则。

（2）一职多级型职务工资制。每一职务设有若干等级的工资标准，可依据工龄、工作熟练程度、劳动贡献的不同，对工资标准作一定范围内的调整，这样就使职务工资制的适应性更强，更能体现按劳付酬精神，但这会给不同职务间工资关系的处理带来一定困难。

（3）职务间上下交叉型职务工资制。即在同一职务内设立不同等级工资标准的基础上，允许相邻不同职务间的工资标准上下交叉。这样，既具备了一职多级型职务工资制的优点，又妥善地解决了职务间的工资关系。需注意的是，交叉幅度不可过大，否则就偏离了职务工资制的根本要求。

10.2.3 职等工资制

职等工资制是西方职位分类国家实行的政府雇员工资制度，以美国为代表。

职等工资制的实质是，在按照工作性质、繁简程度、资历条件和工作环境等因素进行职位分类的基础上，给每一职等和职级配以不同的工资标准，工资由职位决定，并依年资和考绩结果决定晋升。如美国一般行政人员（GS）工资共分为 15 等（grade），每等内分为 10 级（step），1～3 级为每一年提升一级；4～6 级为每两年提升一级；7～10 级为每三年提升一级。经考核表现突出的雇员，可奖励提升一级。美国一般行政人员的年薪是多少？表 10—1 可以给我们一个整体的轮廓。

在美国联邦公共雇员中，副总统与国会议员的工资是单列的；法官的工资也自成体系。一般行政人员之上是高级文官（senior executive service），其工资设计属于高级管理人

表 10—1 **美国 GS 类公务员的等级年薪表(2013 年)** 单位:美元

	Step 1	Step 2	Step 3	Step 4	Step 5	Step 6	Step 7	Step 8	Step 9	Step 10
GS -1	17 892	18 490	19 085	19 677	20 272	20 622	21 210	21 802	21 826	22 382
GS -2	20 117	20 595	21 261	21 826	22 070	22 719	23 368	24 017	24 666	25 315
GS -3	21 949	22 681	23 413	24 145	24 877	25 609	26 341	27 073	27 805	28 537
GS -4	24 641	25 462	26 283	27 104	27 925	28 746	29 567	30 388	31 209	32 030
GS -5	27 568	28 487	29 406	30 325	31 244	32 163	33 082	34 001	34 920	35 839
GS -6	30 730	31 754	32 778	33 802	34 826	35 850	36 874	37 898	38 922	39 946
GS -7	34 149	35 287	36 425	37 563	38 701	39 839	40 977	42 115	43 253	44 391
GS -8	37 819	39 080	40 341	41 602	42 863	44 124	45 385	46 646	47 907	49 168
GS -9	41 771	43 163	44 555	45 947	47 339	38 731	50 123	51 515	52 907	54 299
GS -10	46 000	47 533	49 066	50 599	52 132	53 665	55 198	56 731	58 264	59 797
GS -11	50 538	52 223	53 908	55 593	57 278	58 963	60 648	62 333	64 018	65 703
GS -12	60 575	62 594	64 613	66 632	68 651	70 670	72 689	74 708	76 727	78 746
GS -13	72 032	74 433	76 834	79 235	81 636	84 037	86 438	88 839	91 240	93 641
GS -14	85 120	87 957	90 794	93 631	96 468	99 305	102 142	104 979	107 816	110 653
GS -15	100 126	103 464	106 802	110 140	113 478	116 816	120 154	123 492	126 830	130 168

员年薪体系。除文官类公务员外，还有政务类的行政执行官员（executive civil service），其工资设计不同于普通文官。行政执行官员的薪等分为五个层级（level）（见表10—2）。

表10—2　美国高级文官、行政执行官员、副总统与国会议员、法官的工资情况（2013年3月27日生效）　单位：美元

高级文官工资		
	最低工资	最高工资
实施高级文官绩效评价体系的机构	120 151	180 600
未实施高级文官绩效评价体系的机构	120 151	166 100
行政执行官员工资		
层级	金额	
层级 Ⅰ	200 700	
层级 Ⅱ	180 600	
层级 Ⅲ	166 100	
层级 Ⅳ	156 300	
层级 Ⅴ	146 400	
副总统与国会议员工资		
职务	金额	
副总统	231 900	
参议员	174 900	
众议员	174 900	
众议院代表	174 900	
波多黎各居民委员会委员	174 900	
参议院临时参议长	194 400	
参议院多数党和少数党领袖	194 400	
众议院多数党和少数党领袖	194 400	
众议院发言人	224 600	
法院法官工资		
职务	金额	
美国大法官	223 500	
高等法院助理法官	213 900	
巡回法官	184 500	
地区法官	174 000	
国际贸易法院法官	174 000	

此外，非领导管理岗位的高级文官的工资设置则自成体系。如高层科技、专业文官，行政法律文官，合同诉讼局官员等都有各自的工资等级制度安排。

职等工资制以其职位的工作内容为中心确定工资标准，比较客观。在确定工资标准时，又严格贯彻比较平衡、内部平衡、同工同酬等原则，并以健全的工资法规做后盾，是一种规范化、现代化的雇员工资制度。

10.2.4 结构工资制

结构工资是按工资的各种职能将其分为相应的几个组成部分，分别确定工资额的一种

工资制度。一般由基础工资、职务工资、工龄津贴、奖金四部分组成。结构工资制的优点为：符合按劳分配原则，能合理安排新老人员工资关系；有利于解决人才合理流动和人员相对稳定的矛盾；有利于激励雇员努力学习，提高技术业务水平，搞好自我开发。

1985—1993 年，我国国家机关和事业单位统一实行的是结构工资制。与 1985 年之前的单一级别工资制相比，结构工资制在一定程度上体现了奖优罚劣精神和按劳分配原则。但是，由于未按机关和事业单位的工作性质分别制定结构工资制，因此无法体现不同工作性质的各类人员的劳动差别。此外，不同类别的工作人员实行同一水平的基础工资，有失公平。

10.2.5 职务级别工资制

1. 职务级别工资制的内容

职务级别工资制，简称职级工资制，是我国 1993 年工资改革后，机关工作人员（工勤人员除外）所实行的工资制度。2006 年公务员工资改革之前，职务级别工资由职务工资、级别工资、基础工资和工龄工资四项组成，其中职务工资和级别工资是职级工资的主体。2006 年的工资改革将四项调整为两项，即职务工资和级别工资。

（1）职务工资。职务工资主要体现公务员的工作职责大小。一个职务对应一个工资标准，领导职务和相当层次的非领导职务对应不同的工资标准（见表 10—3）。公务员按所任职务执行相应的职务工资标准。

表 10—3 我国公务员职务工资标准 单位：元/月

职务	工资标准	
	领导职务	非领导职务
国家级正职	4 000	—
国家级副职	3 200	—
省部级正职	2 510	—
省部级副职	1 900	—
厅局级正职	1 410	1 290
厅局级副职	1 080	990
县处级正职	830	760
县处级副职	640	590
乡科级正职	510	480
乡科级副职	430	410
科员	—	380
办事员	—	340

（2）级别工资。级别工资主要体现公务员的实绩和资历。公务员的级别共分 27 级（2006 年之前为 15 级）。一级为最高级别，二十七级为最低级别。每一个职务层次对应若干个级别（见表 6—1），每一个级别设若干个工资档次（见表 10—4）。高级别和低级别对应的工资档次相对较少，最少的为 6 个档次。中等级别对应的工资档次相对较多，最多的为第十六、第十五、第十四级，其对应的工资档次为 14 个。公务员根据所任职务、德才表现、工作实绩和资历确定级别和级别工资档次，执行相应的级别工资标准。

表 10—4 我国公务员级别工资标准表

单位：元/月

级别	档次													
	1	2	3	4	5	6	7	8	9	10	11	12	13	14
一	3 020	3 180	3 340	3 500	3 660	3 820								
二	2 770	2 915	3 060	3 205	3 350	3 495	3 640							
三	2 530	2 670	2 810	2 950	3 090	3 230	3 370	3 510						
四	2 290	2 426	2 562	2 698	2 834	2 970	3 106	3 242	3 378					
五	2 070	2 202	2 334	2 466	2 598	2 730	2 862	2 994	3 126	3 258				
六	1 870	1 996	2 122	2 248	2 374	2 500	2 626	2 752	2 878	3 004	3 130			
七	1 700	1 818	1 936	2 054	2 172	2 290	2 408	2 526	2 644	2 762	2 880			
八	1 560	1 669	1 778	1 887	1 996	2 105	2 214	2 323	2 432	2 541	2 650			
九	1 438	1 538	1 638	1 738	1 838	1 938	2 038	2 138	2 238	2 338	2 438			
十	1 324	1 416	1 508	1 600	1 692	1 784	1 876	1 968	2 060	2 152	2 244			
十一	1 217	1 302	1 387	1 472	1 557	1 642	1 727	1 812	1 897	1 982	2 067	2 152		
十二	1 117	1 196	1 275	1 354	1 433	1 512	1 591	1 670	1 749	1 828	1 907	1 986	2 065	
十三	1 024	1 098	1 172	1 246	1 320	1 394	1 468	1 542	1 616	1 690	1 764	1 838	1 912	1 986
十四	938	1 007	1 076	1 145	1 214	1 283	1 352	1 421	1 490	1 559	1 628	1 697	1 766	1 835
十五	859	924	989	1 054	1 119	1 184	1 249	1 314	1 379	1 444	1 509	1 574	1 639	1 704
十六	786	847	908	969	1 030	1 091	1 152	1 213	1 274	1 335	1 396	1 457	1 518	1 579
十七	719	776	833	890	947	1 004	1 061	1 118	1 175	1 232	1 289	1 346	1 403	
十八	658	711	764	817	870	923	976	1029	1 082	1 135	1 118	1 241	1 294	
十九	602	651	700	749	798	847	896	945	994	1 043	1 092	1 141		
二十	551	596	641	686	731	776	821	866	911	956	1 001			
二十一	504	545	586	627	668	709	750	791	832	873				
二十二	461	498	535	572	609	646	683	720	757					
二十三	422	455	488	521	554	587	620	653						
二十四	386	416	446	476	506	536	566	596						
二十五	352	380	408	436	464	492	520							
二十六	320	347	374	401	428	455								
二十七	290	316	342	368	394	420								

级别和职务有一定的对应关系，职务越高，对应的级别越少；职务越低，对应的级别越多。相邻职务对应的级别有所交叉。级别数高低由所任职务和工作年限共同确定。人员的级别工资只能在所任职务相对应的级数内变动。公务员晋升职务后，执行新任职务的职务工资标准，并按规定晋升级别和增加级别工资。公务员年度考核称职及以上的，一般每五年可在所任职务对应的级别内晋升一个级别，一般每两年可在所任级别对应的工资标准内晋升一个工资档次。公务员的级别达到所任职务对应的最高级别后，不再晋升级别，在最高级别工资标准内晋升级别工资档次。厅局级副职及以下职务层次的公务员，任职时间和级别达到规定条件后，经考核合格，可以享受上一职务层次非领导职务的工资等待遇。

职务级别工资的设置有三个作用：一是宽带制的职务级别设计（一个职务对应更多的工资级别），使受领导职位数限制和机构规格限制不能晋升的人员，通过晋升级别工资档次而提高待遇，有利于调动基层雇员的工作积极性；二是担任同一职务，但资历、工作能力、贡献大小不同的人员，可通过级别工资在待遇上有所差别，更好地贯彻按劳分配原则；三是便于同军队的军衔制、公安系统的警衔制衔接，有利于人员的交流和管理。

2. 职务级别工资制的特点

职务级别工资制同我国原来实行的结构工资制相比，具有两个显著特点：

（1）改变了工资构成。在职务工资制中增设了级别工资，使过去结构工资制中的奖励性工资——奖金独立于工资标准之外。按照新的工资构成，一方面，即使雇员职务不提升也可通过晋升级别提高待遇；另一方面，职务工资、级别工资因人而异，拉开了工资差距，能更好地贯彻按劳分配原则，使过去的平均主义现象有了一定程度的改变。

（2）工资补贴纳入了工资。实行职级工资制后，原来平均发放的各种补贴不再独立于工资而存在，雇员除获得标准工资和按规定享受津贴外，不再享有各种物价补贴和其他福利性补贴，大大降低了工资分配中的平均主义成分。特别是 2006 年工资改革后，取消了原来部门内部的奖金小金库，大大提高了公务员工资的阳光程度。

但是，阳光程度的提高也带来了新的悖论，即工资的一致程度越高，其弹性化程度就越低。虽然新的工资制度规定，对年度考核称职及以上的工作人员，发放年终一次性奖金，奖金标准为本人当年 12 月份的基本工资，可是，公务员的部门和个体绩效在工资中体现不够，对公务员的激励作用相对较弱。

10.2.6 岗位技术等级工资制

岗位技术等级工资制是在综合传统的技术等级工资制与职务工资制的基础上发展起来的。它是以工作技能、责任、强度、工作环境等因素为评价基础，以岗位工资和技能工资为主要单元的工资制度。我国公共部门的技术工人工资实行的就是岗位技术等级工资制。

我国政府机关所实行的岗位技术等级工资制分为岗位工资和技术等级（职务）工资两项。岗位工资根据工作难易程度和工作质量确定，按初级工、中级工、高级工三个技术等级和技师、高级技师两个技术职务设置，分别设若干工资档次。技术等级（职务）工资根据技术水平高低确定，一个技术等级（职务）对应一个工资标准（见表 10—5）。

我国政府机关的普通工人实行岗位工资制。工资的多少由其所从事的岗位工作决定（见表 10—6）。

表 10—5　我国机关技术工人技术等级工资标准表

单位：元/月

	岗位工资																		技术等级工资
	1	2	3	4	5	6	7	8	9	10	11	12	13	14	15	16	17	18	
高级技师	895	936	977	1 024	1 071	1 118	1 171	1 224	1 277	1 336	1 395	1 454	1 519	1 584	1 649				410
技师	760	795	830	865	905	945	985	1 031	1 077	1 123	1 175	1 227	1 279	1 338	1 397				270
高级工	650	681	712	743	777	811	845	882	919	956	998	1 040	1 082	1 129	1 176	1 228	1 280		195
中级工	570	598	626	654	685	716	747	781	815	849	886	923	960	1 001	1 042	1 087	1 132	1 177	155
初级工	500	526	552	578	606	634	662	693	724	755	788	821	854	891	928	965	1 006	1 047	125

表 10—6　我国机关普通工人岗位工资标准表

单位：元/月

	1	2	3	4	5	6	7	8	9	10	11	12	13	14	15	16	17	18	19
普通工	610	634	658	684	710	738	766	797	828	862	896	934	972	1 013	1 054	1 098	1 142	1 186	1 230

政府机关工人基本工资的提升办法为：机关工人年度考核合格及以上的，一般每两年可在对应的岗位工资标准内提升一个工资档次。

10.3　工资形式

在工资分配过程中，工资等级制度只是根据按劳付酬的原则，从工作质量方面确定一定时期的工作标准和工资标准。但员工在不同时期和不同工作条件下，所提供的工作质量与数量是不同的，因此，尚需采取各种具体的方法，将员工的实际工作贡献与工作标准和工资标准相对照，并加以核定，计算出员工应得的工资数额，这就是工资形式。工资形式是对员工实际劳动付出量和相应劳动报酬所得量进行具体计算与支付的方法。

工资主要有计时工资、计件工资、奖金和津贴四种形式，另外还有在此四种形式基础上派生出来的其他形式。

10.3.1　计时工资制

计时工资制是按工作人员的实际工作时间计付工资的一种工资形式。一般是先按工资等级制度为每位工作人员的职位确定出工资级别和相应的工资标准，然后再按实际工作时间计付工资。

计时工资的计算公式为：

$$\text{计时工资额} = \text{单位时间工资标准} \times \text{实际工作时间（制度工时内）}$$

按照计算的时间单位不同，计时工资制可分为：

（1）小时工资制，即按工作人员的实际工作小时数和相应的小时工资标准来计算工资。

（2）日工资制，即按工作人员的实际工作日数和相应的日工资标准计算工资。

（3）周工资制，即按工作人员的实际工作周数和相应的周工资标准计算工资。

（4）月工资制，即按工作人员的月工资标准，以日历月为时间单位计算工资。若出现缺勤或加班，则按相应日数或小时数减发或增发工资。

计时工资制以既定的工资标准和工作时间来计算与支付劳动报酬，比较适合下列情况：

（1）质量比数量更为重要的工作，如科研、教学等。

（2）不便以件数计算的工作，如公共部门的打字员工作，其工作时紧时松，不便以件数计算。另外，许多管理工作也无法以件数衡量，这样，采用计时工资制就比较合适。

（3）规模较小，上级能对下级实施严密监督的组织，适合使用计时工资制，这是因为计时工资简单易行，费用低。

（4）工作周期过长、不便于计件的工作。如基础理论研究、国家重大课题等，需要几个月甚至几年的时间才能完成，最终还有可能失败，但这对国家乃至世界至关重要，这就要求以计时工资制的方式来保证此类工作人员的生活、学习，解除他们的后顾之忧，使其安心工作。

实行计时工资制需同健全的考勤制度相配套，另外，还需有明确的工作责任限制或定额任务限制，否则就会出现“干与不干一个样，干好干坏一个样”的平均主义现象。

10.3.2 计件工资制

计件工资制是根据工作人员在规定时间内所完成的工作量来计算与支付报酬的一种工资形式。它是按成果付酬体系的一种，属于刺激性工资形式。

计件工资由工作等级、工作定额、计件单价三个要素构成。

工作等级又称工作物等级，是按照规定的技术等级标准，对工作的技术复杂程度、责任大小、繁重程度等因素划分等级。工作等级是确定计件单价的基础，工作等级不同，其计件单价也不同。

工作定额是单位工作时间内所完成的合格工作量的标准尺度，它同工作等级一起决定着工作的计件单价，是计件工资的关键要素。工作定额的确定应科学合理，过低则会加大工资支付成本，过高则会挫伤员工的积极性，起不到计件工资应有的作用。

计件单价是完成单位工作量的工资标准，分个人计件单价和集体计价单价两种。计件单价的合理与否，主要取决于工作等级和工作定额的正确度。

计件单价的计算公式为：

在工作量定额情况下：

$$\text{个人计件单价}=\frac{\text{该工作等级的单位时间工资标准}}{\text{单位时间工作定额}}$$

$$\text{集体计件单价}=\frac{\text{计件部门定员内各成员单位时间工资标准之和}}{\text{单位时间工作定额}}$$

在工作时间定额情况下：

$$\text{个人计件单价}=\begin{matrix}\text{该工作等级的}\\\text{单位时间工资标准}\end{matrix}\times\begin{matrix}\text{单位工作的}\\\text{工时定额}\end{matrix}$$

$$\text{集体计件单价}=\begin{matrix}\text{计件部门定员内各成员}\\\text{单位时间工资标准之和}\end{matrix}\times\begin{matrix}\text{该计件部门完成}\\\text{单位产品的工时定额}\end{matrix}$$

有了计件单价之后，员工的工资所得就可由工作量乘以计价单价得出，集体计件的部门可在集体计件工资的基础上，按照每个员工的工资标准、工作量、工作日等因素进行再分配。

按照计件工资实施的方式不同，计件工资制可分为以下几种：

（1）无限计件工资制。无论员工完成或超额完成多少工作定额，都按同一计件单价计付工资，超额不受限制，亏额不保证标准工资。

（2）有限计件工资制。对人员在一定时间内的计件工资收入予以一定限制，主要方法有三种：1）对员工的实得计件工资规定最高限额。2）累退计件单位，即超额工作量达到一定程度，计件单价按一定比例分段累退。3）对实行计件工资制的集体预先规定计件工资总额，计件单价在此总额范围内随工作量多少而浮动。实行有限计件工资，既可以保证组织效益，又可防止固定额不准造成员工工资过高，同时避免员工之间工资差别过大，但在一定程度上影响了员工的工作积极性。

（3）分段单价计件工资制。按照员工工作数量的不同阶段，根据一定差额比例规定不同的计件单价，分别计算工资额。具体做法有三种：1）两种单价计件，即定额内工作量按标准单价计算，超额部分则按一个较高的单价计算。2）累进计件，即定额内工作量按标准单价计算，超额部分按分段递增单价计算。3）累退计件，即定额内工作量按标准单价计价，超额部分则按直接累退或分段累退的单价计算。

（4）计时计件混合制。将员工完成的工作量分为定额内和定额外两部分，分别计付工资。定额内的工作量按员工计时工资标准计付工资，而超定额部分按计件工资计付，这种方法有助于缩小员工之间的工资差别。

（5）包工工资制。将一定数量和质量的工作任务包给员工个人或集体，预先规定完成工作的期限和工资总额，在员工按期按质完成任务后，就可以获得全部包工工资。这种工资制能促使员工提高工作效率，但需要配以严格的监督检查，以保证工作质量。

（6）定额工资制。这是指以操作、管理、服务等定额的完成程度来计付报酬的一种工资形式。这是在计件工资制基础上发展创新的一种工资制形式，比计件工资制适用范围更广，适用于各类工作性质和各类人员。

总之，计件工资制是一种以劳动成果计付报酬的工资形式，过去在我国大多应用于经营性组织，但随着企业化管理精神在公共部门的推行，计件工资制必将在公共部门得到越来越广泛的应用。

10.3.3　奖金制度

依据按劳付酬的原则，员工提供了一定量的劳动，就应得到相应的报酬。计时工资和计件工资是劳动报酬的基本形式。但是，即使工作能力相同的员工，由于工作态度、身体状况等原因，在同一时间内他们的贡献也是不一样的。就同一员工来讲，在前后不同阶段的相同时间里，其劳动贡献也不完全一致，可是所支付的计时工资却是一样的。计时工资不能反映这种劳动差别，需要以奖金作为辅助形式来反映这种差别。计件工资在反映工作量差别方面优于计时工资，但劳动贡献差别不仅仅反映在工作量的差别上，它还包括工作质量的提高、成本的节约等经济技术指标的完成度的差别。因此，计件工资也需以奖金为辅助形式，只有这样，才能更好地贯彻按劳付酬原则，才能真正调动员工的工作积极性。

1. 奖金的特点

奖金是超额劳动报酬的支付形式，其主要特点为：

（1）单一性。奖金可以只对员工某一方面的超额劳动进行计酬，而不考虑其他因素。如工作质量奖、节约奖的支付，就可以不考虑是否超额完成了任务。

（2）灵活性。正因为奖金具有单一性的特点，所以它可以根据需要灵活运用，奖励对象、条件、规模、周期都可随时调整，达到预期激励目标。

（3）及时性。由于奖金具有灵活性，因此可以针对员工的劳动差别及时进行考核，及时作出奖励，起到更好的激励作用和导向作用。

（4）荣誉性。奖金不像计时工资和计件工资那样每个员工都可以得到，而只是对做出了优异成绩的员工的奖励，因此，它不单是一种物质刺激，也是一种荣誉。

2. 奖金的形式

从不同的角度来看，奖金可分为多种形式：

（1）按奖励的周期长短，可把奖金分为月奖、季奖和年度奖。

（2）按一年内奖金发放的次数和目的，可把奖金分为一次性奖励和经常性奖励，一次性奖励通常是对那些为了解决工作中的突出问题或完成有一定时限的紧迫任务而设立的；经常性奖励是为了激励员工在日常工作中多作贡献而设立的，既可以是月奖，也可以是季奖。

（3）按奖金的支付对象，可把奖金分为个人奖和集体奖。

（4）从奖励的考核项目，可将奖金分为单项奖和综合奖两大类。单项奖是以工作中的某一项指标作为计奖条件的奖金，综合奖是以多项考核指标作为计奖条件的奖金。

无论采用什么样的奖金形式，都需要确定合理的奖金总额和奖金标准。

公共部门的奖金总额可以用下列公式计算：

$$\begin{matrix}\text{奖金}\\\text{总额}\end{matrix}=\begin{matrix}\text{财政拨款行政费用}\\\text{或项目预算费用}\end{matrix}-\begin{matrix}\text{实际行政费用支出}\\\text{或实际项目预算费支出}\end{matrix}$$

一般按照员工在工作中的作用以及预计经济效益、社会效益的大小等因素合理确定不同员工的奖金标准，主要职位高于辅助职位，领导者高于被领导者。

3. 制定奖金制度需要考虑的因素

奖金制度的科学与否直接影响到奖励工作的成败，因此，在制定奖金制度时应尽力做到：

（1）奖励的形式应与工作的性质、特点相适应，同时，奖励形式的选择应考虑它对组织其他工作指标的影响，否则，就会对组织工作的完成产生负面作用。

（2）奖励的考核指标应科学、合理。这是因为，员工积极性被调动的程度，取决于他对考核指标的把握程度。预期达到目标的概率越大，激发起的动力就越大，积极性也就越高。奖励的考核指标过高，令大多数员工望尘莫及，就降低了期望值；为奖金而身心疲惫，终究会失去奖金的吸引力。奖励的考核指标过低，则会造成人人有份的平均主义，也起不到奖金应有的激励作用。

（3）奖金的标准应合理、适度。奖金的取得是员工工作行为的直接结果，因此奖金标准的高低也同样影响着员工的工作积极性。奖金标准过低则效价就低，起不到激励作用；奖金标准过高，则成本高，并会产生一定的负面作用。因此，合理的奖金标准应是建立在对员工预期心理调查的基础上，使奖金标准略高于员工的预期目标，以利于增大效价，强化激励。

（4）奖金的发放应公平合理，即应按照员工超额工作成果的大小来确定奖金的多少，全体员工应一视同仁，多超多奖，少超少奖，不超不奖，并及时兑现，保持奖金制度的严肃、公正。

（5）创造良好的组织文化，使全体员工以多得奖金为荣，摒弃落后懒惰思想，保护获奖员工免遭非议。

10.3.4　津贴制度

工作环境有好坏之分，在恶劣环境下工作的人员，不得不承受更多的生理与心理上的损害，这种劳动负面效用需要得到补偿。另外，有些工作场所、工作时间需比正常情况下额外支出更多的生活费用，也需要进行补偿，以保证实际生活水平不下降。这种补偿就是津贴。津贴是对员工在特殊工作环境下工作，以及在特定条件下工作的生活费用额外支出给予补偿的一种工资形式。

1. 津贴的特点

津贴作为工资的辅助形式具有以下特点：

（1）津贴与工作者的劳动数量和质量不发生直接关系，其发放的主要依据是工作环境的优劣。

（2）每种津贴都有特定的补偿目标，具有单一性、针对性的特点。津贴的发放条件、范围、对象、标准一般都有明确的具体规定。一旦支付津贴的条件发生变化，津贴也随之变化，甚至终止。

（3）津贴具有均等分配的特点，即在同一工作环境下工作的员工，不论其贡献大小，均享受同等津贴待遇。

（4）津贴一般在标准工资的 10％～40％幅度内浮动。

2. 津贴的种类

津贴作为合理调节工资关系的补充措施，分为以下种类：

（1）岗位性津贴。这是指为补偿劳动负面效应而引起的生理和心理损失而设立的津贴，如高温津贴、有毒害环境下工作的津贴、高空津贴、夜班津贴等。

（2）地区性津贴。地区性津贴分为艰苦边远地区津贴和地区附加性津贴。艰苦边远地区津贴，是为补偿员工在某些特殊的地理自然条件下工作，付出较多的体力或较高生活费用而设立的津贴，如高寒山区津贴、林区津贴、海岛津贴等。享受津贴的条件和金额都由国家统一规定。地区附加性津贴，是指依据地区经济发展水平和物价情况，由地方政府按地区比较平衡原则所发放的津贴，一般应报中央政府批准。

（3）生活保障性津贴。这是指为保障员工实际工资收入不受外界因素影响，补偿其生活费用的额外开支而设立的津贴，如出差补贴、副食价格补贴等。

10.4　保险制度

保险是一种补偿风险损失，从而减轻损失程度的经济方法，它根据大数法则和概率论的原理，通过保险人与被保险人签订合同，或者按照国家有关法律规定，收取保险费，建立专门用途的后备基金，用于补偿自然灾害、意外事故等给被保险人带来的经济损失，从而维护和调节经济，使其正常运行，保证社会的安定和发展。保险有狭义和广义之分，狭义的保险指专门的保险公司按商业经营原则开办的商业保险形式，包括财产保险和人身保险两大类。广义的保险包含三个方面：一是商业保险；二是由被保险人集资合办，体现互保互助原则的合作保险；三是国家法定的强制性保险，即社会保险，这也是我们本节要谈的主要内容。

所谓社会保险，就是以国家为主体，通过立法对社会劳动者在暂时或永久丧失劳动能力，或者虽有劳动能力而无劳动机会，从而失去收入来源的情况下，给予一定程度的收入损失补偿，使之享有基本生活保障，从而保证劳动再生产和扩大再生产、维持社会安定的社会事业。

社会保险针对的风险是劳动者的收入损失；保障的程度是劳动者在失去收入来源时的基本生活水平，而不是百分之百的完全收入补偿；实施的主体是中央政府或地方政府；实施的手段是强有力的法制手段。一般说来，社会保险的项目主要有养老保险、失业保险、医疗保险、工伤保险、生育保险等。建立公务员保险制度，有利于完善我国社会保险体系，对于保障公务员的基本生活，调动其工作积极性，促进经济发展和社会稳定等，都有重要作用。

10.4.1 养老保险

养老保险是指劳动者达到国家规定的退休年龄，或因年老丧失劳动能力，退出劳动领域，由社会提供经济帮助，保障其基本生活，以使其安度晚年的社会保险项目。老年是每个社会成员生命周期的最后阶段，因而养老保险所覆盖的人数最多，被保险人享受待遇的时间也较长，养老保险与每个人的利益都密切相关。因此，养老保险是社会保险体系中最重要的险种。

1. 养老保险的模式

依据资金筹措方式的不同，世界各国的养老保险大体可分为三种模式：

（1）国家统筹模式。国家统筹模式最早产生于苏联，后被一些社会主义国家所采用。我国过去养老保险实行的就是这种模式，其特点为：

1）资金来源单一。劳动者个人不缴纳任何养老保险费用，所需资金均由国家财政或国有企业负担。

2）养老金给付层次单一。根据工龄长短，对退休者退休前最后一年的工资规定高低不等的比例，以此确定退休金数额。

3）覆盖面窄。该模式实质上由国家统包，由于财力有限，因此统包人数不可能过多，纳入社会保险网络的人数极为有限。如我国社会保险制度改革前，纳入养老保险网络的人数不足全国劳动者的20%，仅限于国家机关、企事业单位和部分集体企业。

（2）强制储蓄模式。这是以新加坡、智利为代表，被少数中等收入国家所采用的养老保险模式，其特点为：

1）养老金来源于用人单位和员工双方或仅来源于员工个人，国家不直接进行财政资助，仅在税收、利率方面给予政策性支持，养老金的丰俭完全取决于员工个人在业期间的储蓄数额。新加坡养老保险金由用人单位和员工共同缴纳，而智利则由员工个人进行资金积累。

2）社会化程度高。由用人单位与员工双方或员工个人缴费储蓄，不受经济成分和组织规模限制，易于推行，因而覆盖面广，社会化程度高。

3）有强有力的养老保险管理机构。在这种模式下，养老保险的管理机构都有较强的管理能力和运营能力。如新加坡的社会养老保险由中央公积金局专门负责，它不仅管理了全国的个人养老金账号，还有权调整用人单位与员工之间的缴费比例，并通过各种办法确保养老基金增值。

（3）投保资助模式。投保资助模式是世界上大多数国家所采用的养老保险模式。养老金来源于用人单位、员工和国家三方。国家颁布法律，强制用人单位和员工共同缴纳养老保险费，双方分别根据工资额的一定比例，按等比制或级差制定期缴纳。只有缴费达到一定年限，员工年老退休才能获得社会保险机构给付的养老金。国家在税收、利率等方面给予政策支持，在养老基金出现赤字时，由国家财政直接补漏。因此，该模式的资金来源稳定可靠。

2. 我国公共部门人员的养老保险政策

1）个人储蓄性养老保险。个人储蓄性养老保险是由职工根据个人收入情况自愿参加的一种养老保险形式。个人储蓄性养老保险由职工个人自愿选择经办机构，个人储蓄性养老保险金由个人所有。

2）法定养老保险。我国各地都有法定养老保险的地方性规定。如 2007 年开始实施的《北京市基本养老保险规定》指出：北京市行政区域内的企业和与之形成劳动关系的城镇职工，城镇个体工商户和灵活就业人员，应当按照规定参加基本养老保险。

相对于企业的养老保险制度建设，我国公共部门养老保险制度改革稍显滞后。目前我国大部分地区的国家机关、事业单位、企业（国有企业和市、县、区主管的集体企业）仍实行退休养老制度。退休养老制度主要有退休条件和离退休待遇等方面的规定。

1）关于退休条件的规定：男工人和男干部年满 60 岁、女工人年满 50 岁、女干部年满 55 岁，连续工龄满 10 年者，可以享受退休待遇；特殊行业或岗位，如从事井下、高空、高温、特别繁重体力劳动或者其他有害身体健康的工作，男工人与男职员年满 55 岁、女工人与女职员年满 45 岁，连续工龄满 10 年的，均可退休养老；男工人年满 50 岁、女工人年满 45 岁，连续工龄满 10 年，由医院证明，并经劳动鉴定委员会确认完全丧失劳动能力的，可办理（提前）退休手续；中央、国家机关的部长，省、自治区、直辖市的党委书记、省长、主席、市长和相当职务的干部，退休年龄可延长至 65 岁；教授、研究员以及相当这一级职称的高级专家，经所在单位报请省、自治区、直辖市政府或中央、国家机关部委批准，可延长退休年龄，但最长不超过 70 岁。

2）关于退休待遇的规定：工人与干部退休，按其工龄长短，按月领取退休金，其标准一般为本人工资的 60%～70%，领取至死亡时为止；特殊行业，如护士、教师退休时工龄达到 30 年者，领取原工资 100%的定额退休金；对于作出特殊贡献者（如获得全国劳动英雄、劳动模范称号的人员），在退休时保持荣誉者，或在革命和建设中有特殊贡献的职工，或部队军以上单位授予英雄称号的转业、复员军人，退休时仍然保持荣誉者，可享受较高的退休待遇，其标准可以高于一般退休标准的 5%～15%。

3）关于离休待遇的规定：1949 年 10 月 1 日中华人民共和国成立以前参加革命工作、享受供给制待遇的干部和在国民党统治区从事地下工作或参加民主党派的人员，以及 1948 年底以前在解放区工作、享受政府薪金待遇的干部，男年满 60 岁，女年满 55 岁，离开工作岗位后享受离休待遇，发给本人退休前工资100%的养老金，并且根据不同时期加发生活补贴。

我国公共部门的退休养老制度始于新中国成立初期，是在传统计划经济体制下逐步形成的，在很长一段时间内发挥着保障离退休人员基本生活、稳定干部队伍、维护社会稳定的积极作用。但随着我国社会经济的发展，过分强调公平而忽视效率的退休养老制度面临着许多困境和危机，因此迫切需要改革，以建立公务员养老保险制度，实行基本养老保险和退休年金相结合制度。

10.4.2 失业保险

失业保险是一种保障劳动者在失去劳动机会和收入来源后，获得经济帮助，从而维持基本生活水平的社会机制。失业是市场经济运行的必然产物，是劳动者个人无法通过自身努力所能控制和避免的收入损失风险，如我国进行机构改革，公职人员下岗。因此，建立失业社会保险机制，是现代国家义不容辞的职责。

1. 失业保险制度类型

依据失业保险的目标和范围不同，各国的失业保险制度可分为以下基本类型：

（1）国家强制性失业保险。由政府规定实施范围，范围之内的人员无一例外必须参加失业保险。

（2）非强制性失业保险。非强制性失业保险分为两类：一是由工会等团体自愿建立，团体成员参加，政府提供大量资助的失业保险。如瑞典，只要参加工会，就自动参加失业保险。二是商业性的失业保险。

（3）失业补助制度。适用于经调查其经济状况达到规定标准的失业者以及无资格享受正常失业保险金的失业者。澳大利亚、新西兰、阿根廷等实行的就是单一的失业补助制度。

（4）综合型失业保险制度，即强制性或非强制性失业保险与失业补助相结合的失业保险制度。具体做法是，在规定期限内失业者领取稍高的失业保险金，规定期限结束后仍未就业，则领取较低的失业救助金；或在强制范围内的失业者享受失业保险金，在强制范围之外的失业者领取失业救助金。

2. 失业保险待遇

失业保险金的筹措方式有：国家、用人单位、员工三方分担，国家全部负担，用人单位与员工分担，国家与用人单位分担，用人单位全部负担，员工全部负担等多种方式。

失业保险待遇包括：

（1）失业基本津贴。失业基本津贴是失业保险待遇的主要成分，是规定期限内失业者赖以生活的主要来源。关于失业津贴标准的确定，国际劳工组织第168号公约规定，当津贴以受保护人所缴纳的或以其名义所缴纳的费用，或以其过去收入为依据时，其数额应定为不低于过去收入的50%；对津贴的数额和其所考虑的收入规定最高限额，此限额可与技术员工工资或有关地区平均工资相联系；当此种津贴不以所缴纳的费用或过去的收入为依据时，其数额应定为不低于法定最低工资或普通工人工资的50%，或按照基本生活费用的最低数额确定，以高者为准。对于基本津贴的给付等待期，国际劳工组织建议一般为失业登记之后 3 天，至多不超过 7 天。给付期限为每年至少 156 个工作日，在任何情况下都不得少于 78 个工作日。

（2）失业救助金。失业救助金分三种情况：一是对失业津贴给付期结束后，仍未就业者给付失业救助金；二是对没有就业的新成长劳动力和在基准期内没有就业经历或投保记录的重返劳动力市场的劳动者在就业之前给付失业救助金；三是对所有失业者均给付失业救助金，没有给付期限，如澳大利亚、新西兰等国家。

（3）附加失业津贴。附加失业津贴是失业者供养的直系亲属的津贴，被供养者越多，津贴额也越多。附加失业津贴常以固定金额形式或失业者原工资的一定比例给付。

（4）补充失业津贴。补充失业津贴是用人单位为其员工提供的津贴，用以提高员工失业后的生活水平。此外，大多数国家都有失业培训，以帮助失业者尽快就业，培训经费由财政资助或来源于失业保险基金。

3. 我国的失业保险政策（以北京市政策为蓝本）

（1）缴费规定。行政区域内的各类企业中，具有城镇户口的职工，都必须由企业和职工个人向劳动部门按季度缴纳失业保险费。用人单位和个人应缴纳的失业保险费标准为：

1）国有企业、城镇集体企业、股份制企业及各类联营企业、私营企业和事业单位，按本单位上年职工月平均工资总额的 1.5%缴纳。

2）外商投资企业和港、澳、台商投资企业按本单位中方职工上年月平均工资总额的 1.5%缴纳。

3）职工个人按本人上年月平均工资总额的 0.5%缴纳。职工本人月平均工资总额高于上一年本市职工月平均工资总额的 300%以上部分，不作为缴纳失业保险费的基数。

4）用人单位招用的农民合同制工人本人不缴纳失业保险费。

（2）享受条件。职工所在企业和职工个人参加失业保险后，因下列情况而失业的职工可以享受失业保险待遇：

1）依法宣告破产企业的职工。

2）濒临破产的企业在法定整顿期间被精减的职工。

3）按照国家有关规定被撤销、解散企业的职工。

4）按照国家有关规定停产整顿企业被精减的职工。

5）终止、解除劳动合同的职工。

6）企业辞退、除名或者开除的职工。

单位和职工个人未按规定缴纳失业保险费以及辞职或自动离职的失业职工不能享受失业保险待遇。

（3）申报程序。失业人员与单位终止、解除劳动（聘用）或者工作关系之日起 40 日内，持与单位终止、解除劳动（聘用）或者工作关系的证明，户口簿，身份证和 3 张一寸免冠照片到户口所在地的街道、镇劳动和社会保障部门办理失业登记，符合领取失业保险金的，同时办理申领失业保险金手续。

（4）期限规定。失业人员领取失业保险金的期限，需根据其失业前累计缴费的时间确定：

1）累计缴费时间满 1 年不满 2 年的，可以领取 3 个月的失业保险金。

2）累计缴费时间满 2 年不满 3 年的，可以领取 6 个月的失业保险金。

3）累计缴费时间满 3 年不满 4 年的，可以领取 9 个月的失业保险金。

4）累计缴费时间满 4 年不满 5 年的，可以领取 12 个月的失业保险金。

5）累计缴费时间满 5 年的，可以领取 13 个月的失业保险金。

6）累计缴费时间为 5 年以上的，按每满一年增发一个月的办法计算，领取失业保险金的期限最长不得超过 24 个月。

（5）根据《北京市失业保险规定》和党中央、国务院关于提高低收入人员工资水平的要求，北京市失业人员的失业保险金月发放标准为：

1）累计缴费时间不满 5 年的，按最低工资标准的 70%发放。

2）累计缴费时间满 5 年不满 10 年的，按最低工资标准的 75%发放。

3）累计缴费时间满 10 年不满 15 年的，按最低工资标准的 80%发放。

4）累计缴费时间满 15 年不满 20 年的，按最低工资标准的 85%发放。

5）累计缴费时间为 20 年以上，按最低工资标准的 90%发放。

6）从第 13 个月起，失业保险金一律按最低工资标准的 70%发放。

（6）失业人员享受医疗补助金标准：

1）根据缴费时间长短，分别按照其领取的失业保险金总额和医疗费的60%～80%予以补助。

2）失业人员在领取失业保险金期间，患危重病住院治疗或者连续门诊治疗，累计医疗费支出超过本人应享受的医疗补助金总额 2 000 元以上，其超过2 000元以上的部分，个人及其家庭生活困难难以支付的，可以申请一次性医疗补助，一次性医疗补助按照医疗费的 80%予以补助，但补助金不得超过本人应领取失业保险金总额的 200%。

3）失业人员在领取失业保险金期间死亡，其丧葬补助金和抚恤金的标准是：按照本市在职职工丧葬费的标准，一次性发给 800 元丧葬补助金。

4）有供养直系亲属的，按照死者生前当月领取失业保险金的标准和供养人数给予一次性抚恤金，供养 1 人的，给付 6 个月的抚恤金；供养 2 人的，给付 9 个月的抚恤金；供养 3 人以上的，给付 12 个月的抚恤金。

（7）失业人员在领取失业保险金期间符合下列条件之一的，可以向街道、镇劳动和社会保障部门申请一次性领取失业保险金：

1）从事个体经营、兴办企业的，持营业执照、身份证、求职证及失业保险金领取证。

2）户口迁往外省、市的，持户口迁移证、失业保险金领取证、身份证、求职证。

3）失业人员从事自由职业的，在办理了就业登记手续后，持身份证、求职证、失业保险金领取证和就业登记卡。

4）失业人员一次性领取失业保险金后，不再享受其他失业保险待遇。

由于具体情况不同，我国不同地区对于失业保险的具体规定有所不同。但是目前我国绝大部分地区的失业保险保障范围为城镇企业（国有企业、城镇集体企业、外商投资企业、城镇私营企业以及其他城镇企业）和事业单位职工，公务员暂未纳入失业保险保障范围。究其原因，主要是因为新中国成立以来，我国传统干部人事制度对国家机关工作人员无偿提供了充分、完善的国家保险和就业保障。随着经济体制和政治体制改革的加快，以及国家公务员制度的推进和社会主义市场经济体制的建立，国家公务员失业现象不可避免，因此迫切需要改善传统的国家公务员社会保障制度，建立新时期的国家公务员失业保险制度。

10.4.3　医疗保险

医疗保险是指劳动者因患病而暂时失去劳动能力和收入来源，国家和社会给予其一定的医疗服务、假期和收入补偿，以促其恢复劳动能力，尽快投入劳动过程的社会机制。

1. 医疗保险的特点

（1）医疗保险与劳动者的关系最为密切。每一个人都会生病，而且发生的频率和严重程度难以预料。因此，医疗保险和每个劳动者都息息相关，是社会保险的重要内容。

（2）医疗保险和其他人身保险相互交织。医疗保险常常和其他人身保险交织在一起，如养老保险的养老金待遇应包括必要的老年保健费用；女职工生育保险中医疗服务是主要内容；工伤保险中，受伤员工除获得工伤假期和保险金外，还包括免费医治创伤的医疗服务和必要的康复服务。其他险种都不具备医疗保险这个特点。

（3）医疗保险存在独特的第三方付费制。医疗保险资金筹集以后，归医疗服务供方和需方以外的第三方——保险机构管理和支付。医疗保险这种独特的第三方付费制同公共医疗费用的急剧上涨有必然联系，因此，这种第三方付费制从传统的按服务项目付费转变为事前预付是必然的发展趋势。

（4）医疗保险的享受待遇与缴费水平不是正相关。在实行投保制的国家，劳动者必须缴纳保险费，才能取得享受医疗保险的资格，但享受到的医疗保险待遇却与缴费多少无关，而是与实际需要——病情有关，而其他险种的待遇往往与在业期间的工资水平正相关。

2. 医疗保险待遇

医疗保险待遇是指参加医疗保险的被保险人遭受疾病困扰时所获得的各种补偿、服务与帮助，包括如下内容：

（1）疾病津贴。疾病津贴是劳动者因患病而暂时离开工作岗位、失去收入来源时所获得的能维持基本生活的收入补偿。

疾病津贴的计发方式有三种：一是与患病前工资挂钩，患病初期疾病津贴为原工资的100%，随着患病期的延长，比例逐渐下降。二是与工龄挂钩，即工龄越长，给付比例越高。三是按统一标准给付。

关于疾病津贴的领取等待期，国际劳工组织建议不超过 3 天。领取的期限并非无限期，国际劳工组织建议，每次患病的疾病津贴给付期最长为 26 周；若给付期结束后疾病仍未痊愈，应改为领取社会救助金。

（2）医疗服务。医疗服务包含患者的医疗服务和被扶养者的医疗服务。患者的医疗服务是医疗保险的主要内容，包含门诊、检查、医治、用药、住院等。被扶养者的医疗服务是医疗保险向被保险人扶养的家属提供的医疗服务。

（3）被扶养者补助。劳动者患病后暂时失去收入来源，会影响其扶养的配偶及未成年子女的生活。医疗保险除向患病劳动者给付疾病津贴外，还应向其扶养的亲属给付必要数额的现金补助，但数额应低于疾病津贴。

（4）病假。病假也是医疗社会保险待遇的一部分，其期限同领取疾病津贴的期限相同。在此期间，劳动者因患病而无法工作，用人单位应保留其工作机会，不得将其解雇。

根据国务院的有关规定，国家公职人员的病假待遇如表 10—7 所示。

表 10—7　　公职人员病假待遇

A（年） R（%） B（月）	A<10	A≥10	1949 年 9 月 2 日前参加工作
B≤2	100	100	100
3≤B≤6	90	100	100
B≥6	70	80	90

注：A 为工作年限，B 为病假月数，R 为病假期间领取津贴占原工资的比例。

病假待遇根据工作年限和病假长度分段确定：

若一名机关工作人员的工作年限少于 10 年，病假为 2 个月，则每月可领全额原工资；若病假超过 2 个月，则从第 3 个月起，每月领取原工资的 90%；若病假超过 6 个月，则从第 7 个月起每月领取原工资的 70%。

获得省部级以上劳动英雄、劳动模范称号并保持荣誉的工作人员，其病假期间的工资可适当提高。

3. 我国公共部门的医疗保险制度

（1）我国传统职工医疗保险制度。

我国传统职工医疗保险制度主要包括公费医疗制度、劳保医疗制度和大病统筹等制度。

公费医疗制度始于革命战争年代，新中国成立后逐步发展完善。公费医疗享受对象为各级政府、党派、人民团体及文化、教育、科研、卫生等事业单位的工作人员及离退休人员，二等乙级以上革命伤残军人，高等院校在校学生。公费医疗的经费来源于国家预算拨款，由国家财政负担，待遇较为优厚。根据国家规定，除挂号费、营养滋补药品以及整容、矫形等少数项目由个人自付费用外，其他医药费全部或大部分由公费医疗经费开支。

劳保医疗制度建立于 20 世纪 50 年代初，其保障范围为全民所有制企业和城镇集体所有制企业的职工及离退休人员。劳保医疗的待遇标准与公费医疗基本相同，但在管理体制、经费来源和开支范围方面有所不同。劳保医疗属于企业福利，一般由企业自行管理。其经费来源于从职工工资总额中提取的 14%的职工福利费。劳保医疗经费除用于职工医药费外，还用于职工供养的直系亲属的医疗费补助、企业医务人员工资、企业医疗机构设备购置、医务经费等。

企业职工大病统筹制度建立于 20 世纪 90 年代，其主要目的是保证企业职工和退休人员患大病时得到基本医疗，均衡企业医疗费用负担。其基本原则为互助互济、风险共担，保证基本医疗，克服浪费，国家、企业、个人三者合理负担。但目前，随着我国社会保障制度的改革和新型医疗保险制度的建立，部分地区（如北京市）的大病统筹制度已经废止。

(2) 新型职工基本医疗保险制度。

我国传统职工医疗保险制度对保障广大职工身体健康、促进国民经济发展、维护社会稳定发挥了重要作用，但随着经济发展和改革的深入，特别是在建立社会主义市场经济体制的形势下，传统职工医疗保险制度的缺陷日益凸显，主要表现为覆盖面窄、社会化程度低、浪费情况严重等。为了适应新形势，我国公共部门医疗保险制度不断探索改革之路。改革的基本方向是建立低水平、广覆盖、统账结合的城镇职工基本医疗保险制度。改革后，员工本人应适当负担一定比例的医疗费用。具体情况不同，各地的规定有所不同。北京市规定，基本医疗保险基金由用人单位缴纳的基本医疗保险费、职工个人缴纳的基本医疗保险费、基本医疗保险费的利息、基本医疗保险费的滞纳金、依法纳入基本医疗保险基金的其他资金组成。

(3) 补充医疗保险制度。

改革以后的新型职工基本医疗保险制度限制了给付范围和最高数额，因此有必要建立补充医疗保险制度，以解决部分发生大额医疗费用的参保人员的实际困难。我国的补充医疗保险制度主要包括国家公务员医疗补助和企业补充医疗保险。

根据国务院办公厅于 2000 年 5 月转发的《劳动和社会保障部、财政部关于实行国家公务员医疗补助的意见》，享受医疗补助的范围为：符合原《国家公务员暂行条例》和《国家公务员制度实施方案》规定的国家行政机关工作人员和退休人员；经人事部或省、自治区、直辖市人民政府批准列入依照国家公务员制度管理的事业单位的工作人员和退休人员；经中共中央组织部或省、自治区、直辖市党委批准列入参照国家公务员制度管理的党群机关，人大、政协机关，各民主党派和工商联机关以及列入参照国家公务员管理的其他单位机关工作人员和退休人员；审判机关、检察机关的工作人员和退休人员。医疗补助经费来源按照现行财政管理体制，由同级财政列入当年财政预算，专款专用、单独建账、单独管理，与基本医疗保险基金分开核算。医疗补助经费主要用于：基本医疗保险统筹基金最高支付限额以上，符合基本医疗保险用药、诊疗范围和医疗服务设施标准的医疗费用补助；在基本医疗保险支付范围内，个人自付超过一定数额的医疗费用补助；中央和省级人民政府规定享受医疗照顾的人员，在就诊、住院时按规定补助的医疗费用。关于医疗补助的标准，各地具体规定有所不同，在京中央国家机关公务员医疗补助的标准为：在一个年度内发生的住院医疗费用超过基本医疗保险统筹基金最高支付限额以上的部分，5 万元以下的部分补助 90%，5 万元以上的部分补助 95%；在一个年度内发生的住院医疗费用，在基本医疗保险统筹基金最高交付限额以下应由个人负担的部分（含个人账户支付部分），退休人员和享受医疗照顾的司局级以上（含司局级）在职人员补助 95%，其他在职人员补助 90%；在一个年度内发生的门诊医疗费用累计超过 1 300 元（含个人账户支付部分）以上的部分，退休人员和享受医疗照顾的司局级以上（含司局级）在职人员补助 95%，其他在职人员补助 90%。

为加快医疗保险制度改革步伐，进一步完善多层次的医疗保障体系，劳动和社会保障部、财政部于 2002 年联合发布了《关于企业补充医疗保险有关问题的通知》，允许企业在按规定参加当地基本医疗保险基础上，建立补充医疗保险，用于对城镇职工基本医疗保险制度支付以外由职工个人负担的医药费用进行适当的补助；企业补充医疗保险费在工资总额 4%以内的部分，企业可直接从成本中列支，不再经同级财政部门审批；企业补充医疗保险资金由企业或行业集中使用和管理，单独建账，单独管理。

10.4.4 工伤保险

工伤保险是指对因工受伤（包括职业病造成的伤害）而暂时或永久失去劳动能力的劳动者给予经济补偿和帮助，保证其基本生活的社会机制。

1. 工伤保险类型

世界各国实行的工伤保险大致有三种类型：

第一种是国家统一实行强制性的工伤保险，这是最普遍的类型。用人单位定期向工伤保险机构缴费，由工伤保险机构支付医疗费用及残障赔偿金等费用。

第二种是国家强制用人单位向商业保险公司投保，为其员工遭受工伤事故时提供基本保障。美国等 20 多个国家实行该类工伤保险制度。

第三种是国家规定用人单位必须为其因工受伤的雇员赔偿经济损失。至于是向商业保险公司投保还是从自有资金中为受伤员工提供经济赔偿，由用人单位决定。

2. 工伤保险制度实施原则

（1）无责任补偿原则。无责任补偿原则是指工伤事故发生后，无论事故责任在谁，都应及时对受伤者进行经济补偿，又称补偿不究过失原则。工伤事故是突发性事例，可能由于各种原因造成，一旦发生工伤，受伤者不仅身心遭受极大痛苦，而且会因劳动能力的突然丧失而暂时或永久失去收入来源，因此，及时对其进行经济帮助，可维持其本人及家属的基本生活不受影响，促进其劳动能力的尽快恢复，增强劳动者的经济安全感，稳定社会秩序。但无责任补偿并不意味着不要查清事故原因，不追究事故责任。相反，只有分析原因，总结教训，加强安全防范措施，才能从根本上减少工伤事故的发生，这与无责任补偿并不矛盾。

（2）因工受伤与非因工受伤相区别的原则。因工受伤是劳动者为他人和社会做出的牺牲；非因工受伤与因工受伤在存在形式上一样，都是机体或器官受到损伤，但在性质上并不属为他人和社会做出的牺牲，二者在待遇上有着明显的差别。因工受伤者享受的医疗服务范围和伤残津贴水平要明显高于非因工受伤者。

（3）直接经济损失和间接经济损失相区别的原则。直接经济收入是指因工受伤者的第一职业的劳动报酬，这是工伤保险的补偿内容。间接经济收入是指劳动者第一职业之外的其他收入，这不在工伤保险的范围之内。

3. 工伤的确认

工伤事故是指在工作岗位上，从事与工作有关的劳动中发生的人身伤害事故。即使不在工作岗位上，但由于工作环境、条件不良而引起的人身伤害事故，也属工伤事故。国际上通常将因下述情况之一产生的伤害视为工伤：

（1）在工作现场从事本职工作时中毒、负伤、死亡。

（2）根据工作现场负责人或单位负责人的指令，从事非本职的临时性活动而中毒、负伤、死亡。

（3）没有负责人的指令，但为维护单位或他人利益紧急排险而中毒、负伤、死亡。

（4）在上班途中发生非本人过失的交通事故而负伤、致残、死亡。

（5）在因公出差或调动工作途中发生非本人过失的交通事故而负伤、致残、死亡。

（6）从事抢险救灾等维护群众利益，保障社会安全的活动而中毒、负伤、死亡。

4. 工伤保险待遇

工伤保险的待遇一般包括医疗服务、短期负伤津贴、残障恤金、丧葬费与遗属恤金等内容。

（1）医疗服务。工伤保险的医疗服务包括挂号、诊断、治疗、药品、检验、手术、住院费、医疗期间的膳食费、就医交通费以及疗养、康复、安装假肢等辅助器具等多项内容，其涵盖面要比医疗保险更多、更全面，带有褒奖性质。

（2）短期负伤津贴。这是对受伤者在康复或评残之前失去的收入（主要指工资收入）的补偿，一般按负伤前一段时间的平均工资的一定比例给付，其标准一般高于普通疾病津贴，给付等待期一般为 1～3 天，给付最长期限一般为26～52 周，若最长领取期限结束后仍未痊愈，经伤残鉴定后领取残障恤金。但也有一些国家没有规定具体期限，如日本、卢森堡等国的负伤津贴没有期限规定，一直领到痊愈为止。

（3）残障恤金。残障是指机体器官受到损害，发生功能障碍或智力退化，对医疗与护理依赖程度较高，而且不能复原的一种状态。劳动者遭受工伤和职业病，医疗期终结后经劳动能力鉴定，可确定残障性质，评定残障等级，按等级享受相应的残障恤金待遇。

（4）丧葬费与遗属恤金。因工死亡者的亲属可获得办理后事所需的丧葬费与遗属恤金，一般以固定金额形式支付。

根据国务院 2003 年 4 月发布的《工伤保险条例》第二条的规定，应该参加工伤保险的单位为我国境内的“各类企业、有雇工的个体工商户”，公职人员暂未纳入工伤保险覆盖范围，只在《工伤保险条例》附则中规定“国家机关和依照或者参照国家公务员制度进行人事管理的事业单位、社会团体的工作人员因工作遭受事故伤害或者患职业病的，由所在单位支付费用”。一般来说，公职人员因工受伤后，执行的是国家机关工作人员伤残抚恤办法，由民政部门按照伤残等级发给伤残抚恤金，抚恤金待遇由地方政府具体规定。但是，随着社会保险制度的完善与机构改革的深入，需要建立统一规范的工伤保险体系，这就要求扩充工伤保险覆盖范围，同时根据不同部门的风险水平，确定合适的缴费率，实现更大范围的互助互济、分担风险，以维护公共部门的正常秩序，保障公职人员的合法权益。

10.4.5　生育保险

生育保险是指妇女因怀孕、分娩等生育行为而暂时丧失劳动能力、失去收入来源时给予其物质帮助的保险制度。目前全世界已有 80 多个国家正式建立了生育保险制度，保险费的筹措由用人单位同员工共同承担，或由用人单位、国家财政承担。生育保险的实施能保障妇女在生育期间获得收入损失补偿，维持基本生活水平；能保证生育妇女身体健康与劳动能力恢复，以及新生儿的健康成长，促进劳动力的再生产和扩大再生产；能为妇女广泛参与社会经济活动创造条件；有利于贯彻、执行国家的人口政策。

生育保险的待遇包含医疗服务、生育假期、生育津贴、新生儿补助等内容。

我国生育保险的待遇为：

（1）医疗服务。医疗服务包括检查、接生、手术、住院、用药等项目，超出规定项目的医疗服务和用药费用由本人负担；生育出院后，因生育引起疾病的医疗费用由生育保险支付；小产或流产，经单位所在地计划生育部门证明，其流产费也由生育保险支付。

（2）产假。产假为 90 天，其中产前休假 15 天，产后休假 75 天，如系难产，则增加 15 天。多胞胎生育的，每多生一个婴儿，增加 15 天。

怀孕不满 4 个月流产时，根据医务部门意见，给予产假 15～30 天；怀孕 4 个月以上流产时，给予产假 42 天。

生育妇女职工产假期满后因病需要再休息治疗，则自产假结束时起，按病假规定确定休假期限及经济待遇。

（3）生育津贴。生育妇女在产假期间，按照所在单位上年度员工月平均工资的 100%领取生育津贴。

（4）哺乳待遇。有不满一周岁婴儿的女职员，在其每天工作时间内有两次哺乳时间，每次 30 分钟。多胞胎生育的，每多哺乳一个婴儿，每次哺乳时间增加 30 分钟。哺乳时间应算做工作时间。

女职员在哺乳期内，其所在单位不得安排其从事国家规定的第三级体力劳动强度的劳动和哺乳期禁忌从事的劳动，不得延长其劳动时间和安排从事夜班劳动。

10.5 福利制度

10.5.1 福利的含义

福利有广义和狭义之分。从广义上讲，凡是有关改善员工生活质量的公益性事业和所采取的措施都可称为福利。它几乎包括了人们所享受的一切物质待遇，当然也囊括了社会保险、社会救助、社会优抚等内容，几乎成为社会保障的同义语。狭义的福利则专指社会保障体系中除社会保险、社会救助和社会优抚之外改善雇员生活质量的诸种措施。公职人员的福利，就是指公共部门为改善和提高政府及公营部门工作人员的生活质量，在工资之外给予经济上帮助和生活上照顾的一系列措施。

建立公共部门福利制度，有利于提高公职人员的生活水平，降低公职人员的流动率，提高公共部门的工作效率。它与社会保险同属于社会保障体系，但存在着根本的区别：

（1）目标不同。社会保险的目标在于保障劳动者的基本生活，而福利的目标在于使人们的生活水平在原有的基础上进一步的提高。

（2）作用性质不同。社会保险一般由国家立法强制实施，而福利则既有法定的，也有组织依据实际情况自主建立和实施的。

（3）享受条件不同。社会保险以权利义务的对等为基本原则，要享受保险待遇，必须具备基本条件，而福利不需要享受者为之付出代价，也就是说，享受福利待遇是无特定条件的。

10.5.2　福利的实施原则

近几年，公共部门特别是国有垄断企业的员工福利受到了社会的广泛关注，这从另一个角度说明，公共部门员工的福利设置不是随意的，应当遵守合理的原则。

（1）公职人员的福利水平要与国家的经济发展水平相适应。公职人员的福利费用大多来自财政预算拨款，因此，国家经济发展水平决定着福利水平。另外，福利不论是以货币形式还是以实物形式存在，过多的福利支出都会形成对市场的冲击，尤其在通货膨胀较严重的情况下，过高的福利水平会对宏观经济产生破坏作用。

（2）福利要与组织承受能力相适应。福利虽然是员工普遍收益的事业，但毕竟需要经济投入，因此，福利水平必须与组织的经济承受能力相适应。过高的福利开支，会削减组织其他运转费用的开支，成为组织的包袱，进而影响组织目标的实现。

（3）要正确处理工资与福利的关系。工资在国民收入分配中占主导地位。福利只是辅助分配形式。尽管福利具有工资所不具备的某些优越性，但也有与宏观经济管理目标相背离的弊端。比如，过多的福利发放会拉大社会成员的个人收入差距；福利是较典型的隐性收入，现有的税收手段难以对其进行有效追踪检查；工资向福利的转化会导致大量税源流失，影响国家财政收入；适当的公职人员福利具有激励工作动机的正面功能，但福利毕竟属于工资之外的收益，过多的员工福利发放必然削弱公职人员的工作动力。因此，必须确保工资在国民收入分配格局中的主体地位，福利只能是对工资的必要补充。

10.5.3　福利的内容

公职人员的福利是由各单位根据自身经济实力、管理目标和员工的不同需要自主建立的，因此，不同单位之间的福利内容可能差别很大。尽管如此，世界各国，尤其是市场经济国家的公职人员福利制度有一定的规定，大致包括：节日与带薪假期、各种补贴或补助、各种优惠服务等制度。

我国现行的公职人员福利主要有：

1. 福利补贴、补助

（1）生活补助。我国规定，国家机关、事业单位的工作人员可获得各种生活补助，包括洗理费、书报补助、夏季防暑降温费、夜餐补助、独生子女牛奶补贴、婴幼儿补贴等。

（2）上下班交通费补贴。交通费补贴的实施范围是省、市、自治区人民政府所在地，以及 50 万以上人口的市和重要工矿区。补贴对象是家距工作地点 2 000 米以上，必须乘坐公共汽车、电车或骑自行车上下班的职工，一般是补贴固定金额或月票的一定比例及适当的自行车修理费。经费在事业经费或行政经费中开支。

（3）冬季宿舍取暖补贴。取暖补贴的实施范围是秦岭—淮河以北地区及以南地区个别海拔较高、气候寒冷的县、自治区。补贴对象是在单位工作 1 年以上，与家属同住在一起的职员。住在有暖气设备住房内的职工，由国家免费供暖，不发给取暖补贴。

（4）通信补助。科员以上公职人员都享受公务活动无线通信工具补助，级别不一样，补助标准也不一样。副局级以上公职人员还享受住宅电话补助。地方公职人员享受住宅电话补助的级别相应降低。

2. 探亲制度

享受探亲待遇的对象和条件是：凡在公共部门工作 1 年以上，与配偶不住在一起，并且不能在公休假日团聚的，可以享受探望配偶的待遇；与父母不住在一起，并且不能在公休假日团聚的，可享受探望父母的待遇。未婚公职人员探望父母，每年给假一次，假期 20 天。若单位当年不能给假或本人自愿两年探亲一次，两年合并一次假期为 45 天。已婚公职人员探望配偶，每年给一方探亲假一次，假期为 30 天。已婚公职人员（双方在一起）探望父母，每四年给假一次，假期 20 天。可根据实际情况给予路程假，探亲假与路程假均包括公休假日和法定假日。

公职人员探望配偶和未婚公职人员探望父母的往返路费，由所在单位负担；已婚公职人员探望父母的往返路费，在本人月标准工资 30%以内的，由本人自理，超过部分由所在单位负担；年满 50 周岁，连续乘火车 48 小车以上的，可以报销硬席卧铺费用；中途必须中转住宿的，可以报销住宿费。

符合探望配偶条件的公职人员，因工作需要当年不能探望配偶，其不实行探亲制度的配偶可以到公职人员工作地点探亲，公职人员所在单位应按规定报销其往返路费。

国家机关、事业单位职工在探亲假和路程假期内，其工资按下列标准计发：

（1）机关工作人员，按本人职务工资、级别工资、基础工资与工龄工资之和计发。

（2）机关技术工人，按本人岗位工资、技术等级（职务）工资与按国家规定比例计算的奖金之和计发。

（3）机关普通工人，按本人岗位工资与按国家规定比例计算的奖金之和计发。

（4）事业单位职工，按本人职务（技术等级）工资与按国家规定比例计算的津贴（其中，体育运动员，按本人体育基础津贴与成绩津贴）之和计发。

3. 休假制度

国家实行劳动者每日工作时间不超过 8 小时，每周平均不超过 40 小时的工时制度，元旦、春节、清明节、国际劳动节、端午节、中秋节、国庆节及法律法规规定的其他休假节日为公职人员的法定休假日。

平常时间安排公职人员延长工作时间，每日不得超过 1 小时，如系特殊原因，则每日不得超过 3 小时，每月不得超过 36 小时，并需给付不低于正常工资 150%的报酬；在休息日安排公职人员工作又不能安排补休的，需给付不低于正常工资 200%的报酬；法定休假日安排公职人员工作的，需给付不低于正常工资 300%的报酬。

公职人员连续工作 1 年以上的，享受带薪年休假（以下简称年休假）。国务院 2007 年通过的《职工带薪年休假条例》规定：

（1）职工累计工作已满 1 年不满 10 年的，年休假 5 天；已满 10 年不满 20 年的，年休假 10 天；已满 20 年的，年休假 15 天。国家法定休假日、休息日不计入年休假的假期。

（2）职工在年休假期间享受与正常工作期间相同的工资收入。

（3）职工有下列情形之一的，不享受当年的年休假：职工依法享受寒暑假，其休假天数多于年休假天数的；职工请事假累计 20 天以上且单位按照规定不扣工资的；累计工作满 1 年不满 10 年的职工，请病假累计 2 个月以上的；累计工作满 10 年不满 20 年的职工，请病假累计 3 个月以上的；累计工作满 20 年以上的职工，请病假累计 4 个月以上的。

（4）年休假在1个年度内可以集中安排，也可以分段安排，一般不跨年度安排。单位因生产、工作特点，确有必要跨年度安排职工年休假的，可以跨1个年度安排。

（5）单位确因工作需要不能安排职工休年休假的，经职工本人同意，可以不安排职工休年休假。对职工应休未休的年休假天数，单位应当按照该职工日工资收入的300%支付年休假工资报酬。

根据财政部《关于国营企业职工请婚丧假和路程假问题的通知》规定，职工本人结婚或职工的直系亲属（父母、配偶和子女）死亡时，可以根据具体情况，由本单位行政领导批准，酌情给予1～3天的婚丧假。职工结婚时双方不在一地工作的；职工在外地的直系亲属死亡时需要职工本人去外地料理丧事，都可以根据路程远近，另给予路程假。在批准的婚丧假和路程假期间，职工的工资照发，途中的车船费，全部由职工自理。但不同地区的具体规定有所不同。如北京市规定：职工本人结婚的，可以请婚假，假期为7天。如果女年满23周岁，男年满25周岁以上初婚的，为晚婚，增加奖励假7天。假期均不包括公休、法定假日在内。工作人员的配偶、直系亲属、同住岳父母（公婆）去世的，可以请丧假，假期不超过5天。到外地奔丧的，可以酌情给路程假。假期工资照发。

根据国务院《国家机关工作人员病假期间生活待遇的规定》，公职人员因病休假在2个月以内的，发给原工资；公职人员因病休假在2个月以上的，工作年限不满10年的，发给本人原工资的90%；工作年限满10年的，工资照发。公职人员因病休假超过6个月的，工作年限不满10年的，发给本人原工资的70%；工作年限满10年和10年以上的，发给本人原工资的80%。

对于公职人员的事假，国家没有统一规定，各地根据具体情况制定具体办法。如北京市规定：凡因私事必须本人办理的，可以请事假，事假全年累计在15天以内的，工资照发；超过15天的，可酌情扣发超假期间工资。

4. 集体生活福利设施

单位集体生活福利是公职人员福利的主要内容，其目的是尽可能减轻公职人员的家务劳动负担，使其有更充沛的工作精力和更充分的自我发展机会。

目前，我国主要的公职人员福利设施有：

（1）员工食堂。员工食堂主要实行收支差额补贴，不以营利为目的，但社会化是其发展方向。

（2）保育设施。保育设施是为了减轻女性公职人员的保育负担，保证人口再生产的顺利进行，包括托儿所、幼儿园等。

（3）员工住宅。这是我国集体福利的主要部分，包括单身集体宿舍、家属住宅、低房租住房、集资建房、住房公积金以及购租房补贴等。随着改革的深入，福利分房制度逐步被取消。《国务院关于进一步深化城镇住房制度改革加快住房建设的通知》中明确提出："深化城镇住房制度改革的目标是：停止住房实物分配，逐步实行住房分配货币化；建立和完善以经济适用住房为主的多层次城镇住房供应体系"。其中，住房公积金是近几年实行的住房福利措施，其做法是：每月扣除公职人员工资的一定比例，单位再配之以相应的款额，双方共同筹资，积累一笔住房基金。积累到一定规模，可发给个人自由购置商品房，或由单位代购。住房基金属于公职人员个人的部分，可以转移和继承。除此以外，

1999 年，国务院针对公务员人群专门下发了《在京中央和国家机关进一步深化住房制度改革实施方案》，提出“从 1998 年底起，在京中央机关和国家机关停止住房实物分配，逐步实行住房分配货币化”，并明确规定了职工购房补贴建筑面积的标准为：公务员：科级以下，60 平方米；正、副科级，70 平方米；副处级，80 平方米；正处级，90 平方米；副司（局）级，105 平方米；正司（局）级，120 平方米。

（4）其他设备，包括浴室、理发室，卫生室等。

（5）集体文化娱乐设施。

本章小结

人力资源的工资设计和管理是一项关系到资源分配、劳动力补偿与保障、人员激励与利益平衡的重要管理事项。围绕着组织战略薪酬制度的设计和发展，本章首先介绍了工资的基本内涵与公共部门工资分配的原则，进而讲述了公共部门的基本工资等级制度，然后详细介绍了公共部门实施的基本工资形式。与此同时，作为工资制度的必要补充，公共部门人力资源的福利和保险制度，对于保障公职人员享有法定的工作和生活条件，降低公职人员因意外承担的风险损失，具有重要意义。因此，本章还以我国公共部门现有的保险、福利制度为主线，全面阐述了保险、福利制度规定的基本内容，分析了公职人员保险、福利制度遵循的基本原则。

思考题

1. 工资的含义是什么？它有哪些职能？
2. 公共部门工资确定的基本原则主要有哪些？
3. 什么是工资等级制度，其主要类型是什么？
4. 什么是职务等级工资制，其主要内容是什么？
5. 我国公费医疗制度的基本内容是什么？
6. 我国国家公务员享受哪些福利项目？

第 11 章

公共部门人力资源的交流调配与回避管理

人力资源能够通过一定渠道合理地流动，是人力资源发展、组织富有活力并达成人事相宜目的的必备条件。为此，公共部门设置了多种人才流动的方式。除了考试录用的“入口”管理途径，退休、辞职、辞退的“出口”管理途径，以及职务升降的垂直流动之外，公共部门还在管理中专门建立了横向的人才交流、调配的制度和措施，以保证公共部门人力资源的良性流动，并能够与社会劳动力市场衔接起来，创建一个开放的人才交流、发展体系。这一切在各国的国家公务员制度中得到了明确的体现。

11.1 公职人员交流调配的含义与功能

11.1.1 公职人员交流调配的含义

公职人员交流调配是指根据国家行政机关以及国有企事业组织工作的需要、锻炼人才的需要或其他法定的原因，依据法定的管理程序和方法，对系统内部公职人员的人事流动，以及系统之间的人事流动，进行的组织、控制、协调等管理活动和过程的总称。

公职系统的交流调配管理具有如下特点：

（1）公职系统的交流调配具有形式上的多样性。根据交流调配人员的不同性质、不同需要和不同层次，人事行政管理有针对性地设计了多种交流调配方式和管理环节。大致可以划分为两种基本类型：1）系统内组织与系统外组织之间的人员交流调配。例如，我国公务员的交流调配，包括行政系统外组织的工作人员流动到国家行政机关，获得公务员身份的过程，以及公务员流动出行政系统，服务于行政系统外的组织，失去公务员身份的过程。2）系统内部的公职人员，跨地区、跨部门、跨单位和跨职位流动的过程。

（2）交流调配管理对象的特定性。人事行政管理制度中的每一种交流调配措施都针对特定的管理对象。这样分类调配管理的目的在于，区分和明确管理对象的性质和层次，根据不同的人员性质，有计划地采取行之有效的措施，做好交流调配工作。在中国公务员交流调配制度中，每一项具体的管理内容，其管理对象都有特殊规定。

（3）交流调配的计划性。作为一项人事管理活动，交流调配不是公务员的个人行为，也不完全是某个单位的个体行为。为了保证对行政机关人才结构和人才质量的宏观调控与长期规划，以及公职人员能力与潜力的最大限度发挥，交流调配活动要在人事部门的统一调控下，有计划、有组织、有步骤地进行，甚至还要采取一些强制性或指令性的措施。如在我国，国家人事部和地方各级人民政府的人事主管部门，都设有专门从事交流调配管理的职能机构，专职负责交流调配工作的政策制定、规划、审查、报批、备案等。

11.1.2 交流调配的作用

交流调配是公共部门人力资源管理的一项不可缺少的措施，它体现了公职系统的开放性，推进了人力资源的发展。同时，它承担着多种重要的功能。

（1）开阔视野，锻炼干部。通过有计划的人事交流和岗位轮换，可以使公职人员在不同的行政岗位上丰富管理经验和知识，增长阅历和才干，达到锻炼干部、提高干部素质和能力的目的。同时，通过交流调配，可以从其他组织向行政机关输送新鲜血液，带来新的管理理念和管理思想，也可以激发公职人员在新的岗位上努力学习、积极探索的精神，从而防止公职人员及其机关因循守旧、不思进取，保持和发展整个公职系统的朝气与活力，实现稳定与流动、维持与发展之间的平衡。就这一点而言，交流调配也是公务员制度激励机制的重要组成部分。

（2）促进公职系统用人和治事的统一。交流调配措施为公职人员学以致用和适才适用开辟了道路。在公职系统中，存在着一些专业不对口、学非所用、能力不足或才能难以发挥的公职人员。这些公职人员在现有的工作岗位上或不能运用他们的特长为组织和公众服务，或不能胜任组织分配给他们的工作，通过交流调配岗位流动，实现最大限度地发挥公务员的聪明才智，实现适才适用目标。就这一点而言，交流调配又是公务员制度更新机制的体现。

（3）打破政治上的“关系网”，杜绝各种不正之风对行政活动客观性和公正性的影响。一些特殊行政职位上和担任领导职务的公职人员，如果在一个岗位任职过久，其周围往往形成盘根错节的人际关系网。公职人员一旦陷入其中，就会受到人为因素的干扰或困扰，影响公务执行的客观性与公正性。有些严重偏私者，还会置党、国家、人民利益于不顾，以权力做交易，谋求自己和关系网的利益，破坏政府在公众中的形象。因此，定期交流、轮换岗位，有助于保持公职人员正常的工作关系，使其正确地执行公务活动，维护党、国家、人民的利益和政府的声誉。就这一点而言，交流调配又是具有权力监督功能的机制。

（4）为行政机构改革做必要的配套工作。机构改革工作和人事管理工作是联系在一起的，机构改革必然要求一些人事管理措施适应改革的思路。在机构精简过程中，人事部门面临着为数较多的公职人员交流调配事务，而交流调配工作的质量和绩效，又涉及公职人员的安置，进而影响到行政机构改革的成果。因此，必须重视交流调配工作在机构改革中的作用。

(5) 解决公职人员的实际生活困难。通过交流活动，组织可以妥善、合理地解决公职人员的一些个人生活困难，如夫妻长期两地分居、上下班路途遥远等，体现党、国家和政府对公职人员的关心，具有稳定公务员队伍的作用。就这一点而言，交流调配又是现代人事行政管理保障机制的反映。

11.1.3 公职人员交流调配管理的原则

公职人员的交流调配管理之所以要有组织、有计划地进行，是因为交流活动中往往涉及多个单位、多重关系和多种因素。

一般而言，交流调配要受以下因素的影响和制约：在用人单位层面上，受机构编制影响，组织必然要考虑到人才需求状况、职位结构、职位空缺情况和与人才输出单位的协调等；在人事主管部门层面上，要考虑到交流总体规划、交流形式和程序等；在被交流个人层面上，要考虑其任职资格、素质与个人职业生涯发展等状况；在社会管理层面上，要考虑异地交流中涉及的户口迁移等问题。

由于交流管理的复杂性质，人事主管机构和各单位的人事管理部门在开展这些工作时，必须遵循一定的原则，保证交流调配成果的积极性。

(1) 量才使用原则。适才适用是交流调配工作的出发点和归宿点。其原因在于，交流调配的目的就是实现组织获得德才兼备的人才与个人最大限度地发挥自身才能的有机统一，促进人力资源的发展。因此，在交流中，应根据工作职位合理配置的需要，将有专业特长和能力的公职人员调配到相应的工作岗位上，发挥其聪明才智，达到人事相宜的目标。

(2) 集中化调控与分散化管理相结合的原则。为了实现人事相宜，在交流管理的体制上，可采用集中化调控和分散化管理相结合的方式。集中化调控是指一级政府的人事主管机构对政府内的交流进行短期（年度）和中期规划，控制交流的结构和方向，用以指导交流工作；对行政单位报批的交流人员采取备案、审查、审批等宏观调控措施；监督行政单位的交流调配工作。分散化管理是指行政单位根据工作需要，获得建议、申请或决定交流人才的权限。这样，既可以保证单位在供需统一的情况下做到量才使用，又可以保证交流的计划性，减少交流的负面作用。

(3) 依法交流调配原则。交流调配是公职人员的管理制度，它要求按照法定的条件、措施和程序进行。如调配的公职人员必须要符合拟任职位资格条件，符合编制定额条件，符合考核考绩的条件和程序等。只有依法（条件和程序）进行交流调配，才能防范交流中的任人唯亲、裙带关系等不正之风，真正保证有能力的人员被任用到适当的工作岗位上去。

(4) 个人服从组织与合理照顾个人利益原则。交流调配是行政组织一项整体有序的工作，是从公职人员执行公务的需要出发的。公职人员个人有义务服从组织因工作需要而作出的交流调配安排，并按规定的期限到职就任，不得拖延或拒不服从安排。同时，公职人员的切身利益和合理要求，也要受到组织的保护和照顾，使公职人员能够减少后顾之忧，积极投身于新的工作岗位。

11.2 公职人员交流调配的形式

各国的人事行政管理制度中，对公职人员交流调配管理的范围、种类、形式、方法、条件、程序都有明文规定，彼此有共性，也有差异性。我国现行的公务员交流调配措施是国家公务员制度的重要组成部分，它根据交流调配对象的不同与交流范围的不同，采用调任、转任、轮换和挂职锻炼四种基本形式。

11.2.1 公职人员的调任管理

1. 调任的含义和特点

我国公务员制度中规定，调任是指国家行政机关以外的工作人员，通过一定程序调入国家行政机关担任领导职务或助理调研员以上非领导职务的人事交流活动，以及公务员调出行政机关，到其他组织系统任职的人事交流活动。

调任的特点是：

（1）调任包括调出和调入两项基本内容。

（2）调任活动涉及公职身份的获得与丧失。调入的工作人员进入行政系统后，获得了公务员身份和相应的法定权利、义务；调出的工作人员则不再具有公职身份，由新的任职系统的管理规定和序列来管理。身份改变是调任与其他交流途径完全不同的一点。

（3）调任的范围。调任是行政系统公务员与其他系统（党的机关、权力机关、司法检察机关、群众团体、企事业单位等）之间的工作人员跨系统的交流调配。

（4）调任的对象。不是所有的公职人员都可以通过调任管道进出行政系统。调任中的调入有明确的适用范围和限制。它针对的是已经在原机关中担任一定的职务或有一定职称、资历，并在调入行政机关后也拟担任一定的领导职务或助理调研员以上的非领导职务的交流人员。而主任科员以下的非领导职务序列的公务员进入公职系统，则不适用于调任管理途径，一般采用社会公开考试竞争、择优录用的渠道。

（5）调任的目的。调任的目的是为了满足国家建设与工作需要，调剂行政机关的职位余缺，调整公务员队伍的结构，加强行政机关与其他机关的联系和交流，促进公务员和其他组织工作人员的个人成长与发展等。

2. 调任的条件

（1）调入的条件以及限制。1）调入的首要条件是国家行政机关拥有编制定额和相应的职位空缺。2）拟调入的工作人员必须具备新任职务所要求的政治思想水平、工作能力、业务素质和相应的年龄、资历、学历、知识等条件，以满足新工作的需要。如果没有这一限制性要求，可能出现调入过滥、人浮于事的现象，从而影响行政工作的连续性，阻碍本机关公务员的正常升迁。3）调入公务员队伍的工作人员还必须符合有关任职回避的规定和要求。

（2）调出的条件。如果公务员得到其他机关、单位接收，要向所在的行政机关提出调出申请，由原人事任免机关审查、批准后，正式办理调离手续。个人申请调出公职系统的公务员一般要符合国家关于服务年限的规定。

3. 调任的程序

（1）调入的程序。1）工作人员调动时，无论是组织调动，还是个人申请调动，都应由调出、调入的单位进行商洽，并征求被调工作人员的意见，然后按干部交流调配管理权限，报主管部门审核批准。2）有权调入工作人员的机关是具有人事任免权限的行政机关，行政机关内的人事管理机构具体负责调入工作的实施。3）拟调入的工作人员必须具有原服务单位开具的同意调出的证明，并要出示相应的资格、表现等证明及档案材料。4）必须经过行政机关的考核，取得合格成绩。5）根据国家公务员调任管理权限的规定，采取集中审核、集中审批的方式，由一级政府的人事主管部门审批各职能部门的人员调入申请。6）拟调入的工作人员需被行政机关送到指定的培训机构，接受业务培训。培训合格者才能在规定的时间内办理手续，到新岗位任职。以上程序保证了行政机关调入工作的制度化与规范化。

（2）调出的程序。公务员调出行政机关有两种方式：1）行政机关根据管理和工作的需要，有组织地将一批公务员输出到非行政机关任职。2）公务员个人因特长、才能、专业或个人困难，申请到非行政机关任职。前者要求组织必须提前通知公务员本人，征求其意见，并酌情解决由调出给公务员带来的个人困难。后者要求个人必须提出申请，获得有任免权的行政机关的批准，在办妥了原机关的公务移交手续后，方可办理调出手续。调出的人员不再保留公务员身份。

11.2.2　公职人员的转任管理

1. 转任的含义与特点

我国公务员制度中规定，转任是指公务员因工作需要或其他正当理由，在国家行政机关内部进行跨地区、跨部门的调动，或在同一部门中的不同职位之间进行转换任职的人事交流活动。它表现出以下特点：

（1）转任是公务员在行政系统中的内部流动活动。同时，它是行政系统内人员交流最为常见的方式。因为，只要符合法定条件，公务员无论是跨职业、跨单位，还是跨地区、跨部门，都可通过转任途径得到交流调配。

（2）转任不涉及公务员身份的去留问题。在转任中，改变的只是公务员的服务机构和行政隶属关系。

（3）公务员的转任只能是平级调动，而不涉及职务的升降。除了自愿之外，转任一般也不得降低当事者的行政级别和工资收入。

（4）转任的目的。组织有计划、有目的地抽调公务员充实或加强某一方面的工作；调剂行政机关的人才余缺，转任超编富余人员；调整行政机关内部的职位结构和人员素质结构；改变学非所长和专业不对口的状况；解决公务员实际生活困难，以及实现任职、公务回避，防止裙带关系等。

2. 转任的条件与限制

转任交流也不是随意进行的，无论是对用人的行政机关，还是公务员个人，都有明确的条件要求和限制因素。

（1）每个年度政府人事主管部门对转任的人员数量有大致的限定。

（2）转任必须在用人单位有相应职位空缺的情况下才能进行。

（3）转任过程中，用人单位除了要考虑转任人员的正当理由外，还要根据组织职位结构和职位发展需要，通盘考虑转任者的知识、能力与素质构成。

（4）转任者必须具备拟转任职位所要求的资格条件，经考核合格后，才能办理转任手续。国家公务员制度实行的是在工作分析基础上形成的职位分类管理。每一职系内职位的任职资格要求，都是由职位说明书确定。用人单位要依据职位说明书的要求，对转任者进行考核。尤其是跨职系的转任者，必须能够具备拟转职系、职位的资格条件。

3. 转任手续的规定

在我国国家公务员的转任管理中，人事主管部门根据国情，对转任的权限、程序和手续办理有一些具体规定。

（1）国务院部门之间，各省、自治区、直辖市之间，国务院部门和各省、自治区、直辖市之间，因工作需要调动的公务员，可由各有关部门，省、自治区、直辖市的行政机关之间，以及人事部门之间直接商洽，经调入地区人事部门审批同意和备案之后，按规定办理转任手续。

（2）国务院各部门因工作需要调入在京外直属单位工作的公务员，需办理调动手续。

（3）国务院各部门因工作需要或解决干部困难，从外地调入北京的处级及以下的公务员，需经审查批准。其调动手续，从省、自治区、直辖市调入的，由国家人事部通知有关省、自治区、直辖市的人事部门办理；由本部门京外直属单位调入的，由各部门自行办理。

（4）实行主管部门和地方双重领导的，国务院有关主管部门调动公务员，按国务院批准的有关法规办理调动手续。

（5）因解决夫妻分居、家庭困难等原因需调动公务员时，县级以上的人事部门之间可以通过商洽，直接办理调动手续。县级以上的行政机关也可通过商洽，经县级以上人事部门同意调入后，办理调入手续。

（6）由于工作需要、机构搬迁、落实政策等原因，所调动的公务员的配偶及随调机关的公勤人员，经调入地区主管人事部门批准，抄送劳动部门备案后，与成批调动的公务员一起办理调动手续。

11.2.3 公职人员的轮换管理

1. 轮换的含义与特点

我国公务员制度中规定，轮换是一种特殊的转任形式，它是指在国家行政机关内，对担任领导职务和某些工作性质特殊的非领导职务的人员，进行有计划的岗位、职务轮换的交流活动。

在许多国家，轮换被作为一种较成功的组织发展和人事管理制度与技术而得到了较广泛的使用。在我国行政机关，轮换具有较强的政治性和强制性。它是我党干部工作的优良传统。1962 年党的八届十中全会通过的《中共中央关于有计划有步骤地交流各级党政主要领导干部的决定》，就对轮换制度作了较全面系统的规定，轮换已成为我国培养领导骨干和树立廉政之风的重要途径。轮换具有以下鲜明的特点：

（1）轮换的对象是特定的。1）在机关中担任主要领导职务的公务员。2）某些工作性质特殊的非领导职务的公务员，主要是那些拥有直接管理人、财、物和计划、审批等权力的公务员。

（2）轮换具有计划性和强制性。国家对哪些领导和非领导职务必须轮换，以及任职多少年限必须轮换都作了明确的限定。在我国，担任国务院、省级人民政府机关副处级以上领导职务和其他地方各级人民政府机关正科级以上领导职务的公务员，在同一职位连续任职的最高年限为 5 年。也就是说，5 年是职务轮换的极限，到了 5 年必须进行职位轮换。

（3）轮换的目的是特定的。1）通过轮换，使领导干部开阔视野、丰富经验，得到全面锻炼。2）防止各种关系网的形成，为公务员公正地执行公务创造客观环境。

2. 轮换的方式

（1）由于国家公务员的职务轮换涉及公务员职务任免问题，所以按照国家公务员的管理权限，轮换管理由人事任免机关负责组织，由机关内人事管理部门负责具体实施和运作。

（2）轮换的途径分为三种形式：1）本部门、本单位内不同领导职位之间的轮换。2）一级政府中不同部门之间领导职位的轮换。3）中央行政机关与地方行政机关之间的职位轮换。

（3）轮换人员的职务和等级保持相对稳定。轮换人员的职务和等级一般不因轮换而改变。如果要予以提拔晋升使用，必须进行严格的考核。

11.2.4　公职人员的挂职锻炼管理

1. 挂职锻炼的含义

我国公务员制度中规定，挂职锻炼是指国家行政机关有计划地选派国家公务员在一定时间内到基层单位或企事业单位担任一定职务、锻炼才干的内部交流活动。它的特点是：

（1）挂职锻炼有两种：1）对于无领导经验的公务员，为使其获得全面的领导经验，安排其到基层单位担任某一领导职务的锻炼。2）对于初任的青年公务员，由于其缺乏实践经验，安排其到基层单位任职，从事具体业务工作，使其了解实际、积累经验和增长才干。无论哪种形式，挂职锻炼的目的都是培养年轻干部，开发公共部门的人力资源，以便形成良好的干部梯队。

（2）挂职锻炼不涉及公务员行政隶属关系的改变。它不改变双方单位的编制，不办理公务员的调动手续。只在一定时间内改变挂职锻炼公务员的工作关系。公务员在人事行政上仍受原机关管理，只在业务工作上受接收单位的领导和指导。

（3）挂职锻炼公务员的主要流向是基层机关和企事业单位。其中基层机关是一个相对的概念。如对国务院和省级政府而言，基层机关就是地、市以下（含地、市）的机关；对县级政府而言，基层机关就是乡镇或街道机关。此外，所指的机关也不排除行政机关以外的国家权力机关、司法机关或党群机关等。

2. 挂职锻炼的期限与组织

在我国，挂职锻炼的期限一般规定为 1～2 年，这既可以使公务员得到锻炼，又不会影响公务员在机关的发展和个人生活。

要使挂职锻炼制度化，就要进行有组织的管理。行政机关可以与特定的基层单位建立联系，为公务员输出挂职寻求途径。在挂职锻炼期间，行政机关的人事部门也应与基层单位保持沟通，及时了解公务员在基层单位的工作能力和表现情况，将锻炼期间的考核业绩与其今后的奖惩、任用、晋升等环节联系起来，防止出现“锻炼好坏一个样”的现象，避免挫伤挂职锻炼人员的积极性。根据国家对直接从学校毕业的初任公务员必须到基层单位挂职锻炼的要求，行政机关的人事管理部门每年都必须有计划地安排一定比例的公务员到基层单位锻炼。同时，人事部门对在公务员挂职锻炼期间应享受的生活福利和补贴等待遇给予了明确的规定，使公务员安心也乐于到基层锻炼，体会锻炼对他们成长的意义。

11.3　公职人员的回避管理

11.3.1　公职人员回避的作用

回避原是司法审判中要求法官避嫌所使用的术语。在人事行政管理中，它是指在国家行政机关中，为了防止公职人员出于某种亲情关系或个人利益，不能秉公执行公务，甚至徇私枉法、以权谋私，而对其任职和执行公务等作出的事前限制性措施。它是国家公务员监控机制的组成部分。

回避制度以公职人员对亲属回避为中心。它的实施是针对行政实践中，由于亲属聚集在一个部门或单位，客观上造成的执行公务过程中的不良后果，以及一系列社会问题。集中表现为：第一，导致机关内部形成不正常的人际关系，破坏了应有的正常的工作原则和工作关系。第二，模糊了“公事”与“私事”的界限，加之亲情关系的掣肘，使公务员不能以客观、公正的态度秉公执行公务。第三，妨碍机关组织实行严格、科学的管理。遇亲属的违法乱纪问题就予以包庇、说情，阻碍了机关的依法管理。第四，用亲属不讲原则，造成因人设机构、机构臃肿和人浮于事等现象，同时挫伤了机关干部的工作积极性和进取心。第五，导致任人唯亲和裙带关系等不正之风，严重破坏了党和政府的声誉，动摇了公众对党和政府的信任。人们视其为滋生腐败现象的温床。

由此可见，建立回避制度具有必然性与必要性。它既是一项人事管理制度，更是自古以来肃清吏治的一项政治管理制度。回避在我们的政治生活和社会生活中发挥着重要的作用。

（1）回避有助于防止腐败的产生，促进国家行政机关的廉政建设。作为事前强制性措施，回避具有明确的预防性。它通过组织限制和自觉的任职、公务回避，减少或消除亲属聚集在同一机关、部门、单位的可能性，从而降低上述问题出现的几率。国家行政机关也可以此作为加强廉政建设、秉公执法的重要举措之一。

（2）回避有助于维护机关正常的工作原则，保证公务员以客观、公正的态度执行公务，为公众服务。在复杂的关系网中，公务员在执行公务时往往受亲情关系的干扰，处事左右为难。如果公务员偏私的情感统治了其思想的话，那么他就不会以公正的态度从事行政活动。回避正是要避免不良人际关系环境的出现，使公务员秉公办事，恪尽职守。

（3）回避有助于维持或提高机关干部的素质水平，促使公务员健康成长。实行回避制度，不仅能为公务员提供一个相对和谐宽松的工作环境，而且更能按照干部“四化”的标准和任人唯贤、德才兼备的组织原则，客观公正地使用干部，摒弃亲情关系可能带来的任人唯亲、裙带关系等不良影响，从而为公务员健康成长和人力资源的正常开发、使用创造条件。

（4）回避有助于消除政治上的不安定因素，促进政治团结、社会稳定。如上所述，亲属聚集在一个单位往往是裙带风盛行和腐败现象滋生的温床，而这些又是社会公众深恶痛绝的。它激起公众对政府的不满，甚至助长了敌对情绪的产生。实行回避制度，则对消除腐败现象、提高政府的合法性、促进社会稳定具有积极的意义。

11.3.2　回避的原则

（1）政策配套原则。回避制度的贯彻，仅仅靠某一项措施是难以实现的。它必须有其他的配套政策和措施作保证，特别是要摒除与回避制度相违背的社会政策。如在我国，军队转业军官安置、干部配偶随调、福利住房分配和亲属顶替等有关政策规定，在实际的运作中都多少促使“近亲繁殖”现象的加剧。因此，加强回避制度配套措施及实施回避的社会保障体系的建立，是完善回避制度、推进人事行政改革的重要一环。

（2）依法回避原则。回避制度同样遵循有法可依、执法必严、违法必究的原则。对于需回避的公务员，必须按照法定的回避范围、回避程序进行回避。对于无正当理由，拒不遵守回避制度，也不服从组织安排的公务员，要给予批评或必要的政纪处分，以维护回避制度的严肃性。

（3）内外监督原则。创造一种视任人唯亲与裙带风气可耻的组织环境，发展回避制度实施的组织监督体系。1）增强回避制度执行的透明度。2）完善群众监督与组织监督相结合的管理体制和机制。3）制定和发展回避监督的措施。4）强化对回避实行情况的审查与追踪。

（4）自我约束原则。回避制度的发展方向应是由外部的群众监督和组织强制，转向公务员的自律意识和高度自觉的行为。要使公务员明确回避制度的重要意义，自觉、主动地遵守有关回避的规定。如遇到需要任职回避的，应主动向主管部门提出；如在公务执行中需要回避的，应主动回避。这也是考察公务员政治素质和职业道德的重要标准之一。

11.3.3　回避的形式

回避针对的是亲属聚集现象，因此回避涉及亲属关系的范围包括夫妻关系、直系血亲（包括拟制血亲）关系、三代以内旁系血亲及其配偶关系、近姻亲（包括配偶的父母、兄弟姐妹，儿女的配偶和父母等）关系等。

我国的国家公务员制度实行四种基本回避方式：任职回避、公务回避、地区回避和卸任回避。

（1）任职回避。任职回避是指在上述回避范围中的公职人员，不得担任双方直接隶属于同一行政首长的职务，不得担任有直接上下级领导关系的职务，也不得在其中一方担任领导职务的单位从事人事、财务、物资、计划、监察和审计等方面的工作。凡存在上述亲属关系的，其中一方必须申请回避。如在我国，在国务院各工作部门，双方不能在同一部委担任司局级干部，也不能在同一司局中担任处长，但可以在不同司局中担任处长。

任职回避一般实行在以工作需要出发的前提下以低避高的方法，即尽量调整那些在本部门中担任职务较低和承担责任较小的亲属一方。回避可根据职务状况在本部门进行；本部门无法调整的，可与其他单位或部门协调。如果调整存在着编制、工作性质调整等困难，可由上级主管部门协调解决。

（2）公务回避。公务回避是指公职人员在执行某一项公务的过程中，所受理或处理的事件涉及本人或其上述亲属的利害关系时，应主动提出回避，并不得以任何方式对公务的执行和处理施加影响。

公务回避特别针对某些特殊性质职位上的公务活动，如监察、审计、仲裁、案件审理、税费稽查、项目资金审批、出国审批、人事考核、录用、任免奖励、调配等。如果公务员从事的公务活动存在着与所列亲属人员的利害关系时，公务员必须主动回避，不得参与调查、讨论、审核、决定等。如果本人没有主动提出，行政机关也要安排公务员回避。如果当事人了解公务员与公务之间的某种关系，可以向公务员主管部门或公务员管理部门提出，要求公务员回避。如果公务员利用权力之便和公务关系，对案件处理进行干预或施加影响，视其情节和后果，由公务员任免机关给予记过直至开除的行政处分。构成犯罪的，由司法机关依法追究刑事责任。

（3）地区回避。地区回避是指在一定级别的政府中，担任主要领导职务的公务员回避在原籍任职，以避免其亲属、宗族对其正常公务活动的干扰。

在我国，实行地区回避的主要是在县级以下的地方人民政府担任主要领导职务的公务员，包括县长、副县长，县人事局长、县公安局长，乡镇长、副乡镇长等。有条件的地区，还要考虑对在税收、工商、市场管理部门担任领导职务的公务员实行地区回避。同时，考虑到民族自治地方工作的特殊性，在民族自治县、乡镇担任领导职务的公务员则不受地区回避的限制。

（4）卸任回避。卸任回避是指国家公务员在离退休后，有子女、亲戚、朋友试图利用其任职期间的关系或影响力谋取个人利益时，对离退休公务员行为所作的必要限制。要求离退休干部不得干预原单位的工作，在一定时期内也不得在与原任职务有关的企业部门受聘，以防利用余权，施加影响，损害国家和政府的利益。这些规定已经成为离退休公务员必须承担的义务。

本章小结

人力资源的合理流动是人才成长以及实现人事相宜目标的重要途径。为了保障公职人员锻炼才干、适才适用和职位交流，保证公职人员履行职责的客观性和公正性，公共部门设计了一系列适用于不同目的的人员流动制度。本章从我国国家公务员制度中的人员流动管理政策着眼，详细介绍了不同形式、不同目的的公职人员流动途径，分析了各种流动方式的对象、条件和限制，讨论了各种流动政策的适用范围并对我国公职人员任职过程中的各种回避形式进行了分析，阐述了公职人员回避制度对于保证行政管理公正性所具有的意义。

思考题

1. 交流调配在公共部门人力资源管理中发挥着什么样的作用?
2. 在我国国家公务员体系中，交流调配管理的基本形式或途径是什么?
3. 每一种交流调配形式的对象、条件与限制各是什么?
4. 公共部门为什么要建立公职人员回避制度?
5. 我们应该采用什么样的原则指导公共部门的回避管理工作?
6. 公共部门回避管理的类型和内容是什么?

第 12 章

公职人员的辞职、辞退、退休管理

辞职、辞退、退休是人力资源的“出口”管理，是人力资源新陈代谢、汰换更新机制的体现，是保证公共部门人员精干、高效的主要措施，是公共部门人力资源管理的重要一环。

12.1　公职人员的辞职制度

12.1.1　辞职的含义及功能

辞职是指公职人员根据本人意愿，经任免机关或主管部门批准，辞去所担任的领导职务，或解除与所在单位的职务关系的行为。

辞职是建立在公职人员自愿基础上的，是公职人员的自由择业权利的体现。辞职分为两种情况：一种是辞去原来担任的领导职务，改任他职；另一种是完全解除与原单位的职务关系。辞职作为人力资源的出口之一，其功能体现在两个方面：

（1）辞职制度的建立有利于人才的合理流动和公共部门工作效率的提高。1）允许公职人员辞职，有利于辞职人员找到适合自己的职务和职业，改变用非所学、用非所长的局面，避免出现人员的部门所有制和单位所有制，增加人员的合理流动性，实现人力资源的合理配置，符合市场经济下的自由竞争原则。2）欲辞职的人员一般不安心工作，质量和效率就难以保证，允许他们辞去职务和工作，对组织来讲并不是坏事，组织还可以找到合适的人选来顶替，这对组织效率的提高必将有所裨益。

（2）辞职制度的建立是公职人员就业权利的有效保障。大多数国家的宪法都规定公民有就业权，就业权本身就包含自主择业的权利。因此，辞职制度是公民就业权利的保障，也是公务员法的内容之一。我国的公务员法就专门规定了辞职制度，只要公务员有正当合法理由，任何单位和个人都不得侵犯公务员辞职权的行使。

12.1.2 辞职的条件

辞职是公职人员的法定权利，但辞职并不是无条件的。对于辞职的限制条件，各国相关规定的限制程度各不相同。如法国规定，公职人员辞职必须写正式报告，并经主管领导批准。在批准前，要严密查明辞职的实际情况与充分理由，若理由不充分，要受严厉处分，或撤职，或取消退休金。对集体辞职的，一概不予批准，并给予法律制裁。而瑞士法律则规定，公职人员如行政任期届满后申请辞职，任命当局应在3个月内接受申请。我国公职人员辞职的具体限制条件为：

（1）未满国家公共部门规定的最低服务年限的不得辞职。为了维护公共部门利益及工作的连续性和稳定性，公共部门一般规定新招募人员的最低服务年限。我国公共部门规定的最低服务年限是3～5年。未满最低服务年限的公职人员不得辞职，或赔偿公共部门一定费用方可辞职。

（2）在涉及国家安全、重要机密等特殊职位任职的公职人员不得辞职。若本人坚决要求辞职的，须先调离原职位工作满3年后，才能批准。

（3）正在接受审查的公职人员不得辞职。若公职人员犯有某种过失、违纪行为或被指控有渎职、受贿行为，在问题调查清楚及处理前不得辞职。

（4）其他不宜辞职的原因。如被公共部门送出去进修培训、未满规定服务年限等。

除上述辞职限制条件外的公职人员若自愿辞职，须向上级主管部门及任免机关提出书面申请，任免机关应在3个月内予以审批，审批期间，申请人不得擅自离职。

12.1.3 辞职的待遇

（1）公职人员辞职后，任免机关可根据需要重新安排任职或调离国家公共部门。其职级待遇按新任职务确定。与公共部门完全解除工作关系的，将不再享受公职人员待遇。

（2）公职人员辞职后，半年内被重新录用到其他公共部门的，其工龄连续计算；超过半年的，其前后工龄合并计算。

（3）辞职公职人员的个人档案由原单位人才交流中心负责保存。

（4）国家公职人员辞职后，两年内到与原单位有隶属关系的企业或者营利性事业单位任职，须经原任免机关批准。

（5）违反辞职规定、擅自离职的，任免机关不予办理辞职手续；对因擅自离职给国家造成政治、经济损失的，应给予行政处分或经济处分；国家公共部门对违反辞职规定擅自离职的公职人员，给予开除处分。

12.2 公职人员的辞退制度

12.2.1 辞退的含义及功能

辞退是组织依据法律规定，与不适合在本组织工作的人员解除工作关系的行为和制度。

公职人员的辞退，是公共部门依照相关的法律规定，通过一定的法律程序，与公职人员解除职务关系的行为和制度。辞退公职人员是公共部门的权力，无须征得公职人员本人的同意，但必须严格按照法定程序来办理。

辞退制度是提高公职人员素质、确保公共部门精简高效的重要手段。这是因为，不管是招募过程中的失误使不合格的人员混进公职人员队伍，还是公共部门工作复杂化程度的提高使原来称职的人员变得不称职，都影响了组织目标的实现，都要求公共部门人力资源管理有一种劣汰机制，来清除这些不称职的人员，保证公职人员的素质。而辞退制度的建立，使这种劣汰机制得以实现，因此，辞退制度是提高公职人员素质的重要手段。另外，辞退制度的建立，使公共部门人员能进能出，使机构膨胀、臃肿得到一定程度的遏制。同时，对公职人员也是一种鞭策，促使其努力工作，积极向上，改变过去“干好干坏一个样”、“不求有功但求无过”的官僚主义作风，进一步实现公共部门的精简高效。

12.2.2 辞退的条件

辞退的滥用，实际上是对公职人员合法权益的侵害，因此对于辞退的条件，各国都有严格的明确的规定。日本政府规定的辞退条件是：（1）工作成绩不佳；（2）因身心不健康，对执行服务不利或有困难；（3）其他缺少所任官职的必备条件；（4）由于官制、定员变动或预算减少，出现废职或人员过剩。美国政府规定的辞退条件为：（1）因政治原因而被辞退；（2）因本人能力不强不能留任文官职务；（3）一经确定有不忠于美国政府的嫌疑，将被取消联邦政府职员资格。另外，大多数国家也规定被辞退的公职人员有要求赔偿损失的权利。

我国对公共部门辞退公职人员的相应规定是：

国家公职人员有下列情形之一的，可予以辞退：（1）在年度考核中，连续两年被确定为不称职的；（2）不胜任现职工作，又不接受其他安排的；（3）因所在机关调整、撤销、合并或者增减编制名额需要调整工作，本人拒绝合理安排的；（4）不履行国家公职人员义务，不遵守公职人员纪律，经教育仍无转变，不适合继续在机关工作，又不宜给予开除处分的；（5）旷工或者因公外出、请假期满无正当理由逾期不归连续超过 15 天，或者一年内累计超过 30 天的。

公职人员有下列情形之一的，不得被辞退：（1）公职人员休假期间；（2）因工伤、职业病经医院证明进行治疗、疗养期间；（3）女性公职人员在孕期、产期及哺乳期间。

辞退国家公职人员，按管理权限决定，并以书面形式通知本人。

需要指出的是，辞退与开除虽然都是公共部门主动解除与公职人员的工作关系，但存在着性质上的不同。开除是对公职人员最严重的行政处分，只适用于那些严重违法失职、严重侵犯人民群众利益、损害国家公共部门声誉、屡教不改的公职人员，而辞退不是行政处分，辞退后的待遇要比开除后的待遇优越得多。

12.2.3 辞退的待遇

对于被辞退的公职人员，各国一般都给予一定的赔偿金和失业保险。如法国政府规定，对于不能胜任业务而被解雇的公职人员，根据规定，可领取一定的赔偿金。瑞士政府规定，改变与解除公务关系，公职人员保留要求赔偿损失的权利；确定赔偿金额应考虑到联邦提供的社会保险基金。我国关于被辞退人员的待遇规定是：

（1）被辞退的国家公职人员，可根据国家有关规定享受失业保险。被辞退的公职人员在暂时失去职业到再次就业期间，可获得物质上的帮助即失业保险。

（2）被辞退的国家公职人员，不再保留国家公职人员身份，一定年限内不准重新录用到国家公共部门。符合条件，再次被录用到国家公共部门的，其公职人员工龄合并计算。

（3）被辞退的公职人员，其个人档案由原单位或人才服务中心保存。

12.3 公职人员的退休制度

12.3.1 退休的含义及功能

退休是指公职人员工作达到一定年限，符合规定年龄和法定条件，按照法定程序离开工作职位并领取养老金的行为和制度。退休制度包括退休条件、程序、待遇等内容。

退休是公共部门人力资源“出口”管理的主要方式和内容，其具体功能为：

（1）退休是公共部门人员循环更新的主要方法，是保持公职人员队伍生机和活力的重要措施。公共部门人力资源的循环更新是指年老体衰的公职人员退出公共部门，空出职位以招募、甄选新的年轻人员，这是新陈代谢自然规律在公共部门管理中的体现。年轻人精力充沛，思想活跃，会使公共部门充满生机和活力。

（2）严格的退休制度是职务终身制的控制阀。退休制度以法规形式规定公职人员达到一定年龄必须退休，这既不以公职人员个人的意志为转移，也是公职人员必须履行的义务。公职人员特别是领导职位上的公职人员年老不退，年轻人员就无法晋升。一方面，该退休的公职人员因年老体衰、工作能力下降，会影响公共部门的工作效率和组织目标的实现；另一方面，该退休的公职人员不退也会造成机构臃肿、冗员充斥，与现代管理的精简高效原则相违背。而人本能上对权力的占有欲使处于领导职位上的公职人员一般都不愿轻言退休，最高兴的是领导职务终身相随。这就需要严格退休规定，强调退休制度面前人人平等，不能以“顾问”、“返聘”等种种形式变相违反退休规定，形成变相的领导职务终身制。

（3）完善的退休制度能调动公职人员的工作积极性。1）退休制度的严格执行，使年轻公职人员能够看到自己的晋升希望，激励他们更加努力工作。2）完善的退休制度是与完善的养老保险相配套的，这不仅使退休者安享晚年，而且对年轻的在职公职人员也是一种激励和鼓舞，使他们不必为退休后的生活而忧虑，更加安心努力工作。

12.3.2 退休的条件

退休的条件是指公职人员获得享受退休待遇的资格所应达到的基本条件，包括年龄条件和工龄条件两个基本方面。工作性质、工作环境、身体状况等因素特殊的，在年龄条件、工龄条件的要求上存在着差别。

公职人员退休年龄的确定，受到生活水平、身体素质、平均寿命、社会保险负担能力等因素的影响，各国并不一致，但具体做法一般有两种：一是规定退休的最高年龄，即强制退休年龄；二是允许申请退休的年龄，即自愿退休年龄。根据对世界上 87 个国家的统计，规定退休的最高年龄为男性 65 岁、女性 60 岁的有 30 个国家，其他国家都规定在 60 岁或 60 岁以下。自愿退休的年龄低于强制退休年龄。

在确定退休的年龄限制时，一般还配以相应的工龄要求和参加社会保险的时间限制，依据工作性质和身体状况的不同，制定出不同的年龄标准。综观世界各国的退休制度，关于年龄和工龄的规定，大体有四种类型：

（1）公职人员必须达到一定的年龄和工作年限才可退休，二者缺一不可。如东欧一些国家规定男 60 岁，满 25 年工龄，女 55 岁，满 20 年工龄，方可退休。

（2）公职人员只有在年龄和参加保险年限同时符合规定时，才能退休。如日本规定，男女退休年龄均为 60 岁，参加社会保险 20 年。

（3）依身体状况不同可提前或推迟退休。美国规定，凡身体致残者，工龄 5 年以上，不限年龄，随时可以退休；相反，身体健康，还能胜任工作者，可推迟退休。匈牙利规定，对接近退休年龄、经体检证明因病不能继续工作者，可提前退休。

（4）工作性质不同，其退休年龄也不同。如法国政府规定，常驻服务的公职人员 60 岁才可退休，而流动服务的公职人员 55 岁即可退休。

我国关于退休的年龄、工龄规定为：凡男年满 60 周岁，女年满 55 周岁或丧失工作能力的公职人员应当退休。凡男年满 55 周岁，女年满 50 周岁，且工作年限满 20 年的；或工作年限满 30 年的公职人员，经本人提出要求、任免机关批准，可以提前退休。

此外，我国现行的还有离休和退职两种特殊退休形式。新中国成立以前参加革命工作的老干部，达到国家规定退休年龄，或虽未达到规定退休年龄但因身体不能正常工作，本人要求离职的，经组织审查符合条件，确定为离休。离休人员发给离休荣誉证书，落实安置地点，离休待遇高于普通退休待遇。公职人员达到了退休年龄但未达到规定的工作年限，或非因工丧失工作能力而离开工作岗位的，称为退职，退职待遇低于普通退休待遇。随着时间的推移，享受离休待遇的人员将越来越少，直至没有。同时，随着我国保险制度的改革推进，公职人员的退休势必纳入养老保险系列，退职人员与普通退休人员在待遇上的差别，也将最终体现在保险待遇的差别上。由于养老保险金的发放标准将因工作年限和是否因工丧失劳动能力而有所不同，原来在待遇标准上需作退职处理的情况，通过养老保险金的发放而得到解决，退职这一形式也将消失。因此，离休和退职都只是暂时性的退休形式，必将随着时间的推移而退出历史舞台。

12.3.3 退休的待遇

外国公职人员的退休待遇是由养老保险制度决定的，我们在前面已有详细阐述。我国公职人员的退休待遇主要有以下几方面：

1. 政治待遇

政治待遇是指退休人员所享有的各种政治权利。注重退休人员的政治待遇是我国退休制度的特色。我国的公共部门大都有专门的处、室负责退休人员的政治学习、组织生活，保证他们各项政治权利的落实。对于退休公职人员的政治待遇，国务院明确规定，退休干部与同级在职公职人员一样看文件、听报告、阅读有关资料，了解重要的政治、社会事件与党和国家的方针、政策，使退休人员能更好地关心、参与国家大事，为政治、经济的发展发挥余热、献计献策。

2. 退休金待遇

到目前为止，我国还没有建立起完善的养老保险制度，退休公职人员的生活来源主要是靠退休金，关于退休金发放标准的规定分两种情况：

(1) 1993 年 9 月 30 日前已办理退休手续的人员，不实行职级工资制，参照同级在职人员的工资水平，适当增加离退休金。离休人员原则按照同职务在职人员的平均增资水平增加离休金；退休人员按照同职务在职人员平均增资额的 90%增加退休金。离退休前无职务的人员，按照中央和地方的相关规定确定增资额。

(2) 1993 年 9 月 30 日之后实行职级工资制的离退休人员的离退休金按下列办法计发：

1) 离休公职人员的离休金，按本人原基本工资的 100%计发。

2) 退休公职人员的退休金，基础工资和工龄工资按本人原标准的 100%计发，职务工资和级别工资按本人原标准的一定比例计发。其中，工作满 35 年的，职务工资、级别工资两项之和按 88%计发；工作满 30 年、不满 35 年的，职务工资、级别工资两项之和按 82%计发；工作满 20 年、不满 30 年的，职务工资、级别工资两项之和按 75%计发。

3) 在职公职人员调整工资标准时，离退休人员作相同幅度的调整。

3. 其他待遇

退休公职人员除按规定享有政治待遇、退休金待遇之外，还享有为保障晚年生活所必需的一系列物质待遇。按照我国有关规定，退休公职人员所享受的其他待遇包括两部分：

(1) 退休公职人员在职时所享受的公费医疗、住房标准、房租、取暖、物价补贴等福利待遇，退休后仍继续享有。

(2) 为保障退休公职人员生活，我国还为退休人员增设了一系列特殊福利待遇，主要有以下三种：

1) 特殊贡献补助费。这是国家对获得全国劳动英雄、模范称号，在退休时仍然保持其荣誉的公职人员；省、自治区、直辖市人民政府认为在新民主主义革命和社会主义革命、社会主义建设的各条战线上有特殊贡献的公职人员；部队军以上单位授予战斗英雄称号和认为对作战、军队建设有特殊贡献的转业、复员军人，在退休时仍然保持其荣誉的公职人员的一种奖励。上述人员在退休时，其退休金标准可在一般标准的基础上提高 5%～15%。同时，国家为鼓励公职人员到艰苦地区工作，对长期在艰苦地区工作的人员，退休时可根据工龄长短，分别提高5%～10%的退休金计发标准。

2) 护理费。这是国家对因工致残的退休人员特设的一项费用。凡因工致残、生活不能自理的退休干部，可根据情况发给一定数额的护理费，其标准由当地政府根据当地情况而定。

3) 易地安家补助费。公职人员退休后易地安置的，由原工作机关发给安家补助费，到农村安家的发给建房补助费。关于易地安置我国有详细的规定，易地安置的情况有三种：第一，只身一人在一地的，可以到配偶所在地安置；第二，工作地没有子女照顾的，可以到子女所在地安置；第三，由内地到边远、艰苦地区工作，身体确实不能适应继续在当地生活的，可以到本人退休时所在省、自治区辖区内条件较好的中小城镇，或到本人原调出单位所在地，或到本人、配偶原籍的中小城镇安置。公职人员退休后易地安置的，其原在一起共同生活的配偶及未成年子女可以随迁，本人及随迁家属前往居住地的车船费、住宿费及行李托运费等由原工作单位按规定报销。易地安置后，由接收地区有关组织按规定给付各项退休待遇。

12.3.4 退休公职人员的管理

退休公职人员的管理，对保障退休人员的晚年生活有着重要作用，对社会的稳定、发展有着重要影响。因此，世界各国都很重视退休公职人员的管理。不同的国家，其退休人员的管理机构设置也不相同。有的是由国家文官委员会、保险机构、工会等统一管理，如美国、英国、泰国、墨西哥等，而有的是由工会、保险机构共同管理，如保加利亚、波兰等。国外对退休公职人员的管理内容主要是养老金和各种福利的发放。

我国对退休公职人员的管理一般由原单位负责，易地安置的由地方组织、人事或民政部门管理。其管理内容除退休金、福利发放外，还有退休公职人员的政治生活安排等特殊内容。目前，我国对退休公职人员的分散化管理，给公共部门造成了很大负担，且管理效果较差。随着我国养老保险制度的实施，退休公职人员的管理也必将走向社会化的统一管理。

本章小结

公职人员的“出口”管理是保证公职队伍正常更新、政府与公职人员之间双向选择的重要机制。辞职、辞退制度打破了人员的单位所有制，为员工自主选择开辟了通道。同时，辞退制度强化了公职系统的激励机制，增强了公职人员提高工作绩效的内在动力。本章对公共组织的辞职、辞退制度的功能和法定条件进行了讨论，明确指出了辞职、辞退制度的功能。退休是公职系统新老正常交替的制度安排，本章对其内涵和政策规定予以分析，并讨论了公职人员退休后的待遇问题与政策导向。

思考题

1. 公共部门人力资源的“出口”管理方式有哪些？
2. 辞职的含义与功能是什么？
3. 辞退和辞职的区别何在？
4. 公共部门建立正常的辞职和辞退制度的意义是什么？
5. 退休的含义和功能是什么？
6. 退休和退职的区别是什么？

参考文献

中文文献

1. ［美］E. H. 施恩. 职业的有效管理. 北京：三联书店，1992

2. ［美］B·盖伊·彼得斯. 政府未来的治理模式. 北京：中国人民大学出版社，2001

3. ［美］保罗·C·纳特，罗伯特·W·巴可夫. 公共和第三部门组织的战略管理：领导手册. 北京：中国人民大学出版社，2001

4. ［美］彼得·圣吉. 第五项修炼：学习型组织的艺术与实务. 上海：上海三联书店，2002

5. ［美］彼得·圣吉等. 变革之舞：学习型组织持续发展面对的挑战. 北京：东方出版社，2001

6. ［美］彼得·S·潘德等. 6δ 管理法：追求卓越的阶梯. 北京：机械工业出版社，2001

7. 曹荣，孙宗虎编著. 绩效考评与激励管理. 北京：世界知识出版社，2002

8. 曹志主编. 中华人民共和国干部人事制度概要. 北京：北京大学出版社，1985

9. 曹志主编. 资本主义国家公务员制度概要. 北京：北京大学出版社，1985

10. 曹志主编. 苏东社会主义国家干部人事制度概要. 北京：北京大学出版社，1985

11. 陈宇. 人力资源管理的经济活动分析. 北京：中国劳动出版社，1991

12. ［美］戴维·奥斯本，特德·盖布勒. 改革政府：企业精神如何改革着公营部门. 上海：上海译文出版社，1996

13. ［加］狄祖善，霍思安编. 人力资源管理案例. 北京：机械工业出版社，1999

14. ［美］弗雷德·R·戴维. 战略管理. 北京：经济科学出版社，1998

15. ［英］尼基·海斯. 成功的团队管理. 北京：清华大学出版社，2002

16. 贾鹏举. 各国人事制度. 台北：千华出版公司，1998

17. ［美］加里·德斯勒. 人力资源管理（第六版）. 北京：中国人民大学出版社，1999

18. ［美］杰瑞·吉利，安·梅坎尼克. 超越学习型组织：通过领先的人力资源管理实践创造一种崇尚持续成长和发展的文化. 北京：经济管理出版社，2003

19. ［美］杰伊·谢夫利兹，戴维·罗森布卢姆. 政府人事管理. 北京：中共中央党校出版社，1997

20. 金诤. 科举制度与中国文化. 上海：上海人民出版社，1990

21. ［美］亨利·明茨伯格等. 战略历程：纵览战略管理学派. 北京：机械工业出版社，2002

22. 黄达强主编. 各国公务员制度比较研究. 北京：中国人民大学出版社，1990

23. ［美］蓝志勇. 行政官僚与现代社会. 广州：中山大学出版社，2003

24. ［美］劳伦斯·克雷曼. 人力资源管理. 北京：机械工业出版社，1999

25. ［美］雷蒙德·诺伊. 员工培训与开发. 北京：中国人民大学出版社，2001

26. ［美］雷蒙德·诺伊等. 人力资源管理. 北京：中国人民大学出版社，2001

27. 李铁. 中国文官制度. 北京：中国政法大学出版社，1989

28. ［美］罗纳德·克林格勒，约翰·纳尔班迪. 公共部门人力资源管理：系统与战略. 北京：中国人民大学出版社，2001

29. ［美］洛丝特. 全面质量管理. 北京：中国人民大学出版社，1999

30. ［美］迈克尔·茨威尔. 创造基于能力的企业文化. 北京：华夏出版社，2002

31. ［美］迈克尔·波特. 竞争优势. 北京：华夏出版社，1997

32. ［英］奈杰尔·尼尔·安德森. 组织创新与变革. 北京：清华大学出版社，2002

33. ［美］尼古拉斯·亨利. 公共行政与公共事务. 北京：中国人民大学出版社，2002

34. ［美］帕纳斯. 人力资源. 哈尔滨：黑龙江教育出版社，1990

35. ［美］琼·E·派恩斯. 公共和非营利性组织的人力资源管理. 北京：清华大学出版社，2002

36. ［美］乔恩·卡曾巴赫等. 团队的智慧：创建绩优组织. 北京：经济科学出版社，1999

37. ［英］乔尔·阿伯巴奇，［美］罗伯特·普特南. 两种人：官僚与政客. 北京：求实出版社，1990

38. ［美］乔治·T·米尔科维奇，杰里·M·纽曼. 薪酬管理. 北京：中国人民大学出版社，2002

39. ［美］斯蒂芬·P·罗宾斯. 组织行为学（第七版）. 北京：中国人民大学出版社，1997

40. 尚水利. 团队精神. 北京：时事出版社，2001

41. ［美］史蒂文·科恩，罗纳德·布兰德. 政府全面质量管理：实践指南. 北京：中国人民大学出版社，2002

42. 谭健编著. 西方公务员制度. 北京：北京出版社，1989

43. 仝志敏主编. 国家公务员管理——高层次人力资源开发. 天津：百花文艺出版

社，1994

44. 武欣编著. 绩效管理实务手册. 北京：机械工业出版社，2001

45. ［美］西奥多·舒尔茨. 人力资本投资：教育和研究的作用. 北京：商务印书馆，1990

46. 萧鸣政. 现代人事考评技术及其应用. 北京：中国人民大学出版社，1997

47. 徐颂陶，徐理明主编. 神圣的天职：中国现代人事管理. 北京：中国人事出版社，1996

48. 徐芳. 团队绩效测评技术与实践. 北京：中国人民大学出版社，2003

49. ［美］雅克·恩兹，杰克·菲利普. 人力资源管理新视野：用结果衡量人力资源职能. 北京：机械工业出版社，2003

50. ［美］亚瑟·小舍曼等. 人力资源管理. 大连：东北财经大学出版社，2001

51. 杨伯揆等. 西方文官系统. 成都：四川人民出版社，1985

52. ［美］约瑟夫·J·马尔托奇奥. 战略薪酬：人力资源管理方法. 北京：社会科学文献出版社，2002

53. 曾繁正主编. 人事行政管理学. 北京：红旗出版社，1998

54. ［美］詹姆斯·威尔逊. 美国官僚政治——政府机构的行为及其动因. 北京：中国社会科学出版社，1995

55. ［美］詹姆斯·沃克. 人力资源战略. 北京：中国人民大学出版社，2001

56. 张成福，王俊杰主编. 现代人力资源管理与发展. 北京：中国人事出版社，1999

57. 张德编著. 人力资源开发与管理. 北京：清华大学出版社，1996

58. 郑晓明编著. 现代企业人力资源管理导论. 北京：机械工业出版社，2002

英文文献

1. Ban, Carolyn, Norma M. Riccucci. *Public Personnel Management: Current Concerns, Future Challenges*. 3rd edition. New York: Addison-Wesley Longman, Inc., 2002

2. Berman, Evan, James S. Bowman, Jonathan West, Montgomery Wart. *Human Resource Management in Public Service*. Thousand Oaks: Sage Publications, Inc., 2001

3. Boxall, Peter F., John Purcell. *Strategy and Human Resources Management*. New York: Palgrave Macmillan, 2003

4. Bratton, John et al., *Human Resource Management: Theory & Practice*. New York: Addison-Wesley Longman, Inc., 2012

5. Buford, James Ansell. *Human Resources Management in Local Government: Concepts and Applications for Students and Practitioners*. Ohio: South-Western, 2002

6. Burns, John. *Asian Civil Service System: Improving Efficiency and Productivity*. Singapore: Times Academic Press, 1994

7. Cohen, S., W. Eimicke. The Overregulated Civil Service. *Review of Public Personnel Administration*, 1994: 15, 11-27

8. Cole, Gerald. *Personnel and Human Resources Management*. London: Continuum, 2002

9. Daley, M. Dennis. *Strategic Human Resource Management: People and Performance Management in the Public Sector*. New Jersey: Upper Saddle River, 2002

10. Dessler, John. *Human Resources Management*. New Jersey: Prentice Hall, 2003

11. Dresang, Dennis L.. *Public Personnel Management and Public Policy*. New York: Addison-Wesley Longman, Inc., 2002

12. Farhad, Analoui. *The Changing Patterns of Human Resources Management*. England: Ashgate, 2002

13. Hays, Steven. *Public Personnel Administration: Problems and Prospects*. New Jersey: Prentice Hall, 1990

14. Kolb, David. *Experiential Learning: Experience as the Source of Learning and Development*. Englewood Cliffs, N.J.: Prentice-Hall Inc., 1984

15. Kolb, David, Joyce S. Osland, Irwin M. Ribin. *The Organizational Behavior Reader*. Englewood Cliffs, N.J.: Prentice-Hall Inc., 1975

16. Lawler, Edward E.. *Creating a Strategic Human Resources Organization: An Assessment of Trends and New Directions*. California: Stanford University Press, 2003

17. Lee, Yong S.. *Public Personnel Administration and Constitutional Values*. Westport: Quorum Books, 1992

18. Mello, Jeffrey. *Strategic Human Resources Management*. Ohio: South-Western College Publication, 2002

19. Peters, B.G., D.J. Savoie. Civil Service Reform: Misdiagnosing the Patient. *Public Administration Review*, 1994: 54, 418−425

20. Riley, D. Dennis. *Public Personnel Management*. New York: Addison-Wesley Educational Publishers, Inc., 2002

21. Shafritz, J.N. Riccucci, A. Hyde, D. Rosenbloom. *Personnel Management in Government: Politics and Process*. 4^{th}ed. New York: Marcel Dekker, 1992

22. Susan, Jackson, Micheal Hitt, Angelo Denis. *Managing Knowledge for Sustained Competitive Advantage, Designing Strategies for Effective Human Resources Management*. San Francisco: Jossey-Bass, 2003

23. Thompson, Frank. *Classics of Public Personnel Policy*. Oak Park: Moore Publishing Company, Inc., 1979

24. Townley, Barbara. *Reframing Human Resources Management: Power, Ethics, and the Subject at Work*. London: Sage Publications, 1994

25. Caiden, Gerald E.. The Problem of Ensuring the Public Accountability of Public Officials. In Joseph G. Jabbra, et al. eds.. *Public Service Accountability*. West Harfort, Conn.: Kuniarian, 1993

26. Labib, Nadia, Appelbaum, Steven H.. Strategic Downsizing: A Human Re-

sources Perspective. *Human Resource Planning*, 1994 (16)

27. Matbys, Nicholas J. Burack, Elmer H.. Strategic Downsizing: Human Resources Planning Approaches. *Human Resource Planning*, 1994 (16)

28. Forum: Reinventing Public Management. *The Public Manager*, Vol. 22. 1993

29. Forum: Government Performance and Result Act. *The Public Manager*, Vol. 24. 1995

30. Kemp, Peter. Next Steps for the British Civil Service. *Governance*, Vol. 3. 1990

31. O' Toole, Barry J.. The British Civil Service in the 1990s: Are Business Practices Really Best. *Teaching Public Administration*, Vol. 15. 1994

32. Richards, Sue, Rodrigues, Jeff. Strategies for Management in the Civil Service: Change of Direction. *Public Money & Management*, Vol. 13. 1993

33. Oughton, John. Market Testing: The Future of the Civil Service. *Public Policy and Administration*, Vol. 9. 1994

人大版公共管理类教材

公共管理类专业教材——学科基础课教材

书名	作者
现代管理学原理（第三版）（“十一五”国家级规划教材）	娄成武　魏淑艳
一般管理学原理（第四版）	张康之　周　军
管理学基础（第三版）	方振邦
政治学原理（第三版）	景跃进　张小劲
现代政治学原理（第四版）	石永义　刘玉萼　张　璋
公共管理学（第二版）	陈振明
公共管理学——一种不同于传统行政学的研究途径（第二版）	陈振明
公共管理学（第三版）（数字教材版）（“十二五”国家级规划教材）	蔡立辉　王乐夫
公共管理学（精编版）	王乐夫　蔡立辉
公共管理学（第三版）	张康之　郑家昊
公共管理概论（第二版）	朱立言　谢　明
公共政策导论（第六版）（数字教材版）	谢　明
公共政策概论（第二版）	谢　明
公共政策学——政策分析的理论、方法和技术（“十一五”国家级规划教材）	陈振明
公共政策学（第二版）	杨宏山
政策科学——公共政策分析导论（第二版）	陈振明
公共经济学（第三版）（“十二五”国家级规划教材）	高培勇
公共经济学教程	秦立建
政府经济学（第四版）（“十一五”国家级规划教材）	郭小聪
政府经济学（第四版）	潘明星　韩丽华

公共管理类专业教材——方法课教材

书名	作者
公共管理研究方法	何兰萍　张俊艳
行政学研究方法与应用案例	萧鸣政　等
管理定量分析：方法与技术（第三版）	刘兰剑

公共管理类专业教材——行政管理、公共事业管理专业教材

书名	作者
行政法学导论（第二版）	姜晓萍
公共部门人力资源管理（第四版）	孙柏瑛　祁凡骅
公共部门人力资源开发与管理（第五版）（“十二五”国家级规划教材）	孙柏瑛　祁凡骅
公共部门人力资源管理（第三版）	滕玉成　于　萍
公共部门人力资源管理概论（第二版）	方振邦
公共部门人力资源管理案例	周均旭
行政管理学（第五版）（数字教材版）	郭小聪
公共行政学（第五版）	彭和平
公共行政学（第二版）	张康之　张乾友
行政学导论（第三版）	齐明山

书名	作者
行政管理学导引与案例	陈季修
管理心理学（第三版）	范逢春
公共组织行为学（第三版）（“十一五”国家级规划教材）	孙 萍 张 平
公共组织学（第四版）	李传军
行政组织学（第二版）	张 昕 李 泉
公共组织理论	陆明远 冯 楠
公共事业管理概论（第三版）	朱仁显
公共组织财务管理（第三版）（“十一五”国家级规划教材）	王为民
国家公务员制度（第五版）（数字教材版）（“十二五”国家级规划教材）	舒 放 贾自欣
国家公务员制度概论（第二版）	刘碧强 郗永勤
公务员制度概论	李如海
公务员制度	温志强 王彦平 郝雅立
当代国家公务员制度：理论与实践	胡春艳
行政领导学（第三版）	朱立言 李国梁
领导学（第五版）	邱霈恩
领导学	孙 健
现代市政学（第五版）（数字教材版）	王佃利
市政管理学（第五版）（“十一五”国家级规划教材）	杨宏山
社区管理（第四版）	汪大海 魏 娜 郇建立
社区管理原理与案例	魏 娜
电子政务教程（第三版）（“十一五”国家级规划教材）	赵国俊
电子政府与电子政务（第二版）（“十一五”国家级规划教材）	张锐昕
行政伦理学教程（第四版）（“十二五”国家级规划教材）	张康之 李传军
公共危机管理概论（第二版）	王宏伟
公共危机管理	唐 钧
非营利组织管理（第二版）	康晓光
当代中国政府与政治（第二版）	景跃进 陈明明 肖 滨
当代中国政府与行政（第三版）	魏 娜 吴爱明
地方政府学概论（第二版）	方 雷
地方政府管理（第二版）	陈瑞莲 张紧跟
管理秘书实务（第三版）	赵锁龙
行政秘书学	唐 钧
公文写作与处理	赵国俊
机关管理的原理与方法（第三版）	赵国俊 陈幽泓
公共部门绩效管理（第二版）	方振邦
政府绩效管理（第二版）	方振邦 葛蕾蕾
政府绩效评估	蔡立辉
政府公共关系（第二版）（“十一五”国家级规划教材）	廖为建 张 宁
西方行政学理论概要（第二版）（“十一五”国家级规划教材）	丁 煌
公共行政学史（第二版）	何艳玲
西方公共管理名著导读	汪大海
文化管理学（第三版）（“十二五”国家级规划教材）	孙 萍
文化创意产业导论	魏鹏举
卫生事业管理（第二版）（“十一五”国家级规划教材）	李 鲁
现代公用事业管理	崔运武

公共管理类专业教材——劳动与社会保障专业教材

书名	作者
社会保障概论（第七版）	孙光德　董克用
社会保障学	戴卫东
劳动经济学（“十一五”国家级规划教材）	董克用　刘　昕
劳动法与社会保障法	黎建飞
社会保险学（第四版）	孙树菡　朱丽敏
社会保障基金管理	李春根
社会保障国际比较	仇雨临

公共管理类专业教材——土地资源管理专业教材

书名	作者
土地经济学（第八版）（“十一五”国家级规划教材）	毕宝德
土地法学（第二版）	严金明
土地资源学	张正峰　赵文武
土地资源管理学（第二版）	张正峰
国土空间规划学	张占录　张正峰
国土空间规划学导论	刘润秋　唐　鹏
不动产估价（第二版）（“十一五”国家级规划教材）	叶剑平　曲卫东
土地信息系统	曲卫东　韩　琼
地籍管理（第五版）（“十一五”国家级规划教材）	谭　峻　林增杰

公共管理类专业教材——城市管理专业教材

书名	作者
城市管理学（第四版）	杨宏山
城市管理学：公共视角	陆　军　等
城市经济学（第二版）	叶裕民　周　麟
城市总体规划原理	郐艳丽　田　莉
中国城市管理史概论	郑　国

公共管理类专业教材——应急管理专业教材

书名	作者
应急管理导论：原理与案例	李燕凌　朱正威 张海波　章文光
应急管理概论	王宏伟
应急管理理论与实践	唐　钧
突发事件风险管理	张小明
应急管理新论	王宏伟
新媒体时代的应急管理与危机公关	唐　钧
公共安全风险治理	唐　钧

公共管理硕士（MPA）教材——核心课教材

书名	作者
全国公共管理硕士（MPA）核心课程教学指导纲要	全国公共管理专业学位研究生教育指导委员会
社会主义建设理论与实践（第三版）	李景治　蒲国良
公共管理英语（修订版）	顾建光
学术规范和论文写作	胡宏伟
公共管理学（第三版）（全国优秀教材二等奖）	张成福　党秀云
公共管理学原理（修订版）	陈振明
公共管理导论	竺乾威　朱春奎　李瑞昌
公共政策分析	陈振明
公共政策分析导论	陈振明
公共政策分析概论（修订版）	谢　明
公共部门经济学（第三版）	高培勇　崔　军
公共经济学	唐任伍
行政法学（修订版）	皮纯协　张成福
行政法学概论（第三版）	胡锦光
非营利组织管理概论（修订版）	王　名
非营利组织管理	王　名　王　超
公共管理伦理学（修订版）	张康之
社会研究方法	陈振明
电子政务理论与方法（第五版）	金江军
公文写作概论	高永贵

公共管理硕士（MPA）教材——专业方向必修课、选修课教材

书名	作者
公务员制度教程（第六版）	舒　放　王克良
比较政府与政治（修订版）	卓　越
当代中国政府与政治（第三版）	吴爱明　朱国斌　林　震
公共部门人力资源管理及案例教程（第三版）	陈天祥
公共部门绩效评估（修订版）	卓　越
公共部门危机管理（第三版）	张小明
应急管理通论（第二版）	李雪峰
公共部门战略管理（修订版）	陈振明
MPA 学位论文写作指南	汪大海

图书在版编目（CIP）数据

公共部门人力资源管理/孙柏瑛，祁凡骅编著. —4版. —北京：中国人民大学出版社，2013.6
21世纪公共行政系列教材
ISBN 978-7-300-17747-2

Ⅰ.①公… Ⅱ.①孙…②祁… Ⅲ.①人力资源管理-高等学校-教材 Ⅳ.①D035.2

中国版本图书馆CIP数据核字（2013）第141792号

21世纪公共行政系列教材
公共部门人力资源管理（第四版）
中国人民大学行政管理学系　组编
孙柏瑛　祁凡骅　编著
Gonggong Bumen Renli Ziyuan Guanli

出版发行	中国人民大学出版社		
社　址	北京中关村大街31号	**邮政编码**	100080
电　话	010－62511242（总编室）		010－62511770（质管部）
	010－82501766（邮购部）		010－62514148（门市部）
	010－62511173（发行公司）		010－62515275（盗版举报）
网　址	http://www.crup.com.cn		
经　销	新华书店		
印　刷	北京密兴印刷有限公司	**版　次**	1999年3月第1版
开　本	787 mm×1092 mm　1/16		2013年7月第4版
印　张	16.75 插页1	**印　次**	2025年6月第21次印刷
字　数	365 000	**定　价**	45.00元

中国人民大学出版社　管理分社

教师教学服务说明

中国人民大学出版社管理分社以出版工商管理和公共管理类精品图书为宗旨。为更好地服务一线教师，我们着力建设了一批数字化、立体化的网络教学资源。教师可以通过以下方式获得免费下载教学资源的权限：

- 在中国人民大学出版社网站 www.crup.com.cn 进行注册，注册后进入“会员中心”，在左侧点击“我的教师认证”，填写相关信息，提交后等待审核。我们将在一个工作日内为您开通相关资源的下载权限。
- 如您急需教学资源或需要其他帮助，请加入教师 QQ 群或在工作时间与我们联络。

中国人民大学出版社　管理分社

教师 QQ 群： 648333426（工商管理）　114970332（财会）　648117133（公共管理）
教师群仅限教师加入，入群请备注（学校＋姓名）

联系电话： 010-62515782，82501868，82501048，62514760

电子邮箱： glcbfs@crup.com.cn

通讯地址： 北京市海淀区中关村大街甲 59 号文化大厦 1501 室（100872）

管理书社　　人大社财会　　公共管理与政治学悦读坊